幼兒園教保活動課程設計

（第二版）

蔡春美　主編

蔡春美、廖藪芬、羅素玲　著

 **作者簡介**

蔡春美（兼主編）——————————

- ◦ 學歷：國立臺灣師範大學教育研究所碩士
- ◦ 經歷：國立臺北教育大學幼兒教育學系教授兼系主任
  - 臺北市／臺北縣／基隆市幼稚園評鑑委員
  - 新北市／臺北市幼兒園評鑑委員
  - 新北市公立教保服務人員甄選評審委員
  - 國立臺北教育大學幼兒與家庭教育學系兼任教授
  - 新北市幼兒教育學會理事長
- ◦ 現職：國立臺北教育大學幼兒與家庭教育學系退休教授
  - 中國幼稚教育學會理事
  - 教育部核定之幼兒園輔導人員
  - 《巧連智》兒童雜誌監修

廖藪芬——————————————————

- ◦ 學歷：國立臺東大學幼兒教育學系碩士
  - 銘傳大學都市規劃與防災學系碩士
  - 國立臺中師範學院幼兒教育學系
- ◦ 經歷：新北市幼兒園評鑑委員
  - 新北市教保輔導團輔導員
  - 新北市公立教保服務人員甄選評審委員
  - 國立臺北護理健康大學兼任講師
  - 康寧大學幼兒保育科業界教師
  - 新北市樹林區武林國小附設幼兒園教師／園主任
  - 新北市立鶯歌幼兒園園長
- ◦ 現職：新北市立新店幼兒園園長
  - 新北市防災教育輔導團幼兒教育組組長

羅素玲 ────────────────────────

- 學歷：輔仁大學教育領導與發展研究所碩士
　　　　臺北市立師範學院幼兒教育學系
- 經歷：新北市幼兒園評鑑委員
　　　　新北市教保輔導團輔導員
　　　　新北市公立教保服務人員甄選評審委員
　　　　馬偕醫護管理專科學校幼兒保育科兼任講師
　　　　新北市幼兒教育學會理事
　　　　新北市板橋區私立光星幼兒園園長
- 現職：康寧大學嬰幼兒保育學系兼任講師
　　　　教育部核定之幼兒園輔導人員

❤ 二版序

本書第一版承蒙大家厚愛，於 2019 年出版後，在三年內創下四刷的紀錄，非常感謝。

本書以幼托整合後的最新法規及幼兒教育原理，說明幼兒園的教保活動課程設計，兼顧理論與實務。全書共分為九章，前三章介紹與課程相關的基本理論及幼教課程演變簡史，第四章至第九章則以課程設計實務為主，以新的「課程大綱」、112 學年至 116 學年幼兒園基礎評鑑指標，以及部分相關法規修正為基準，從簡單到複雜，逐步舉例說明幼兒園課程設計的方法與原理，並附有多種表格可供讀者運用。

此次二版修訂，乃有鑑於教育部最近公布「一百十二學年至一百十六學年幼兒園基礎評鑑指標」，以及部分相關法規之修正，有些內容需要修改增刪，因此除了依據法規修正部分內容外，也依時效修正相關說明與表格，而附錄亦有部分更動，讀者可酌予參用。本書不但適合大學幼教、幼保、兒童福利及相關科系做為教科用書，也是現職幼兒園教保服務人員、兒童福利人員非常實用的參考書。

最後，感謝心理林總編輯敬堯及編輯群協助編輯再版事宜。作者學識修養有限，全書內容如有不妥之處或其他疏漏，敬請方家不吝指正。

蔡春美、廖藪芬、羅素玲　謹識
2023 年 9 月

❤ 初版序

　　本人從事幼教師資培育與幼兒園現場輔導工作已逾三十年，深感學生與老師們對幼兒園的教保活動設計常覺無力感，他們常以東抄西抄、人云亦云的方式進行課程設計，若問為何這樣編寫，卻說不出所以然。我國於 2011 年通過《幼兒教育及照顧法》，並於次年正式啟動「幼托整合」，將幼稚園與托兒所都改稱為幼兒園。在課程方面，教育部於 2012 年先公布「幼兒園教保活動課程暫行大綱」，試用五年後，於 2016 年 12 月 1 日發布「幼兒園教保活動課程大綱」（簡稱「課程大綱」），讓幼兒園的教保服務人員有了課程設計與活動實施的依據。但是，因「課程大綱」分六大領域，各領域皆有領域目標、課程目標、分齡學習指標，讓幼教、幼保科系的學生、幼兒園的老師，以及準備進入職場的新手老師都很緊張，更覺課程設計非常困難。本人有鑑於此，乃邀請對幼兒園課程與教學非常熟悉，並對新的「課程大綱」有專精研究的兩位園長參與本書的撰寫工作，希望本書能幫助幼教、幼保科系的學生、幼兒園的老師，以及準備進入職場的新手老師，在課程設計與教案編寫方面都能得心應手。

　　本書基於上述想法，全書分為九章，前三章介紹與課程相關的基本理論及幼教課程演變簡史，第四章至第九章則以課程設計實務為主，以「課程大綱」為基準，從簡單到複雜逐步說明幼兒園課程設計的方法與原理，相信這是目前最貼近現場老師的參考書。由於幼兒園的幼兒對教保員或幼教師，一律都稱為「老師」，因此雖然在正式法規使用「教保服務人員」的名稱，本書則以「老師」代之；他們都須熟悉課程設計，所以本書內容適合不同世代的教保服務人員閱讀，尤其可幫助老師們理解及運用「課程大綱」來進行幼兒園課程設計，相信本書對初學者或參

加各種幼教、教保服務人員的甄試,也是很有幫助的參考書。此外,本書還收錄幼兒園常用的表格,老師們可依需要從心理出版社的網站下載運用。

　　本書得以順利出版第三刷,感謝心理出版社編輯人員的費心,以及在構想與撰寫過程中,承蒙臺北市立大學幸曼玲教授多方指導,還有許多幼教先進使用本書後的指教,謹致予最高的敬意與謝忱。

蔡春美、廖藪芬、羅素玲　謹識

2022 年 1 月

♥目次

附錄

附錄請於心理出版社網站「下載區」下載
https://www.psy.com.tw
解壓縮密碼：9786267178677

表次

圖次

第 一 章

課程的基本概念

蔡春美

「課程是什麼？」
「課程包括哪些要素？」
「課程有哪些結構？」
「容易混淆的課程相關名詞有哪些？」

本章旨在探討課程的基本概念，全章分四節說明。首先，說明課程的定義；其次，列舉課程包括哪些要素；再次，列舉學者們對課程結構的看法；最後，再從一般人容易混淆的相關名詞加以辨識，以供讀者順利學習後續章節。

第一節 課程的定義

課程（curriculum）一詞源自於拉丁文，原意是指跑馬的軌道（a course to run），被引申為「有計畫的學習經驗」或「學習的進程」，也就是學生學習時必須遵循的途徑（王文科，2007；黃政傑，2000；歐用生，1994）。一般人提到課程較會聯想到學校所安排的學科或科目，這是比較傳統的說法，但隨著教育哲學與價值觀多元化的呈現，以及各時代與社會中不同教育目的之訴求影響下，有關課程的範圍已不限定於教室內的學科學習，而課程的定義一直是眾說紛紜的（簡楚瑛，2009，頁3），下列是幾種較常被引用的課程定義。

壹、課程是科目或學科內容

課程是科目或學科內容，這是最為一般老師所接受的課程定義，也是傳統的課程觀點，也就是將課程視為學校所教之科目，例如：國文、英文、化學、物理、數學等學科之教材內容，這是較狹義的課程定義。

對幼兒教育而言，課程以科目或學科內容為定義不太合宜。基於幼兒的身心發展特徵與小學以上的學生不同，依據教育部頒行的「幼兒園教保活動課程大綱」（以下簡稱「**課程大綱**」），幼兒園的課程是以身體動作與健康、認知、語文、社會、情緒、美感六大領域統整實施。因此，以科目或學科內容為課程的定義，將課程視為固定、靜態的東西，是將課程與學科科目混為一談（簡楚瑛，2009，頁3）。

貳、課程是一種產品

此一定義是強調課程是看得到、摸得到的文書資料，包括：上課所用的教科書、教育部頒定的課程綱要、老師所寫的教案、學生完成的作業及考卷等，這些在教學前、教學中和教學後所留下的成果，都是課程的產品（李翠玲，2001）。

對幼兒教育而言，課程以產品為定義尤具意義，因為幼兒的個別差異較大，不認識字，沒有固定教科書，老師須設計活動，觀察幼兒後留下相關紀錄，這些書面文件就成為課程發展與教學成效的具體證據。

以「產品」導向來定義課程，能使課程與教學有具體與明確的方向，有利於課程規劃與教學實務進行，但課程的定義並不能只以書面文件來說明，尚有非書面的部分，因此如果概括以「產品」導向來定義課程，仍未達完備境界。

參、課程是一種預期的、有意願的學習成果

認為課程是一種預期的、有意願的學習成果，此一定義是受到1960

年代，學校非常重視教育計畫的實施成效，講求績效責任（accountabi-lity）的影響，因此也使得學者在定義課程時，強調課程的實施結果能獲得成效（Wiles & Bondi, 2007；引自簡楚瑛，2009）。持此看法者，在發展課程時，須先設定課程所欲達到的具體目標、學習成果，再來擬訂課程計畫，把課程定義為目標或結果導向的學習，但其缺點是會有較大的局限性，因為許多學習是無法以具體目標敘寫出來，若能敘寫出來的行為目標又會侷限學習的廣度與深度（簡楚瑛，2009，頁 4）。

對幼兒園常見的教學活動設計而言，以行為目標來設計活動內容的教案還頗盛行，近年來才開始有較多樣的設計型態。教育部頒行「幼兒園教保活動課程大綱」後，則以課程目標為教學目標，以不同年齡層的學習指標為設計活動內容的方向，但這並不意味「**課程大綱**」裡的課程定義承認課程是一種預期的、有意願的學習成果。

肆、課程是一種計畫

自 1950 年代以來，課程是計畫的觀點就頗受重視與盛行，例如：美國課程專家 Tyler 與 Taba 所提出的課程觀點：

- 課程是學校為學習者所規劃、主導的所有學習活動，學習者學習之目的在於達成教育目標（Tyler, 1949, p. 18）。
- 課程是學習的計畫，包含幾項元素：目的與目標、內容之組織與選擇、教與學的模式、對結果的評價（Taba, 1962, pp. 10-11）。

上述兩位學者的觀點認為，課程是教學行動的計畫，是一種書面文件，包含了為達到某些特定的教學目標，所設立的教學策略（Ornstein & Hunkins, 2009）。以「課程是計畫」為定義的觀點，就是認為所有課程的計畫步驟都是事先擬訂好的，有完整的計畫目標、有詳細的過程與方法，因此課程計畫十分強調完整的目標、內容、方法，以及評量的規劃（盧素碧，1998），讓老師在執行課程規劃時，可以有很具體的遵循方向和步驟。

此類課程定義較偏重於課程的計畫內涵，簡言之，課程是一種「計畫」。而相對於「課程」一詞，「教學」則為課程計畫之「實踐」、「執行」，或稱之為「實施」。這個定義要比把課程定義為「科目」或「目標─成果」來的周延，因為它包含了課程的要素（實質上的內涵）和課程的程序成分，但它的不足之處還是在於將課程視為是靜態的，由成人事先設計好後，應用在學生身上（簡楚瑛，2009，頁5）。

對幼兒教育而言，認為「課程是計畫」的觀點是有必要的，尤其是對準備當幼兒園老師的初學者來說，由於從來沒有教學經驗，如不事先設計課程，那要如何到現場教學呢？所以師資培育的必修科目一定有「課程設計」這門課，讓初學者學習如何設計課程。但幼兒園老師千萬不能只以「課程的定義就是計畫」為滿足。

伍、課程是一種學習到的經驗

課程被視為是學習者的一切學習經驗，此定義乃源自美國著名的教育家杜威（J. Dewey, 1859-1952）的觀點。他認為教育即生活、生活即教育，鼓勵學習者「從做中學習」（learning by doing），強調的是學習者的活動、需求和經驗，學習的考慮因素幾乎涵蓋學校內學生所有的學習經驗，甚至包含學生在校外的學習經驗。若是能影響其學習結果者，也應該是課程的一部分。因此，課程被視為學習者與環境中的人、事、物互動的結果（盧素碧，1998），不重視課程的事先計畫，但是強調學習環境的規劃與安排。

相對於課程是一種教育者的計畫來說，課程是學習者的學習經驗之定義，已經將課程的中心，從教育者、社會與文化等轉到以學習者為中心，是一項觀念性的改變。此類將課程視為學習者的學習經驗之定義，自二十世紀以來一直被提及，但其中所謂的「經驗」之範圍卻一直在改變，例如：1918年，Bobbit提出課程的定義是：「學習者所經歷的全部過程中所獲得之經驗，不論這些經歷是在計畫中或非計畫中產生的」。

1957 年，Smith、Stanley 與 Shores 提出課程的定義是：「學生在學校有計畫的安排和教師的指導下，所獲得的學習經驗」，亦即開始將課程的定義偏重其內容設計及教師引導的過程。1996 年，Doll 提出「課程是學習者在學校主辦下，藉由正式與非正式的學習內容和過程而獲得之知識、技能及看法、評論與價值觀」。2000 年，Sowell 也提出「課程就是教給學生的東西，包括計畫與非計畫的資訊、技能與態度」。可見這些學者將這些「教育經驗」也納入「課程經驗」。

國內一些學者（黃光雄、蔡清田，1999；黃政傑，1991；黃炳煌，1996）也將教育經驗視為教師藉由教學情境的安排，以引導學習者可欲的反應行為，此種經驗可稱之為「課程經驗」，但不是所有教育經驗或是課程經驗皆會有學習經驗，因為學習經驗指的是學習者與其所能反應的外在環境條件間之互動與交互作用，而每位學習者條件不一，因此所獲得之學習經驗也會不同。

2007 年，Wiles 與 Bondi 更進一步提出「課程是一套價值觀或目標的組合，透過發展的過程提供學生經驗」。兩位學者強調「發展過程」，顯示課程並非固定、靜態的經驗而已，而是包含著動態、多元、持續變化的發展特性。此一「課程即經驗」的定義，要比前四種定義更符合目前教育場域上所需之課程概念。對幼兒教育而言，此課程定義是目前幼兒園常用的，我們可以說「幼兒在幼兒園的所有學習經驗都是課程」；就以「**課程大綱**」來說，課程指的是「有計畫、有目的提供幼兒學習的機會」（幸曼玲等人，2018a，頁 37）。所以，除了六大領域由各幼兒園選擇不同課程模式統整實施外，尚須注意例行性活動的安排，以及班級經營、情境營造、親職教育等的規劃，也把「課程發展」相關事項列入基礎評鑑的項目。「課程即經驗」的定義雖較符合現代教育思潮，但在實施時要能周延且完整性的照顧到每位學習者的學習經驗，也是深具挑戰性的工作（簡楚瑛，2009，頁 7）。

由上述有關課程的五種定義來看，課程的定義範圍有窄有寬，教學者要採用何種定義看待課程，必須考慮學習者的年齡、發展及其需要，也要考慮教學者對課程與教學的經驗、能力與需要而定。事實上，沒有一種定義可完整說明課程的定義，但從幼兒園現場來看，老師必須有教學前的準備，所以課程是一種計畫；幼兒園評鑑時，須準備資料文件讓評鑑委員了解幼兒園的課程，故課程也是需要書面的產品；在設計課程及實際教學時，課程就須顧及幼兒能獲得哪些經驗，也要從目標思考到幼兒的學習成果。可見前述五種定義在幼兒園裡，除第一種定義「課程是科目或學科內容」較不合宜外，其餘四種都有引用的時候。課程發展者不必墨守某一種課程定義，可視實際需要而決定採用最適當的課程定義（陳淑琴等人，2018，頁 65）。

第二節　課程的要素

對課程要素的說明有許多不同說法，本節將課程的基本要素分為目標、內容、方法、評量，說明如下。

壹、目標

課程乃是實現教育目標的工具，因此在設計課程之前需先擬訂教育目標，以做為編製課程之指針，但課程因教學對象為大學生或中小學生或幼兒等的不同，其目標就不會相同。整體而言，國家有國家的教育目標，各級學校教育則在國家教育目標下訂有不同的教育目標。

我國的教育目標是以民國 18 年（1929 年）4 月國民政府正式公布的《中華民國教育宗旨及其實施方針》為最高方針，其內容是：「中華民國之教育，根據三民主義，以充實人民生活，扶植社會生存，發展國民生計，延續民族生命為目的，務期民族獨立，民權普遍，民生發展，以促進世界大同」。

幼兒教育的目標就是《幼兒教育及照顧法》（教育部，2022）第 11 條的內容，共九項，茲列如下：

　　　1. 維護幼兒身心健康。

　　　2. 養成幼兒良好習慣。

　　　3. 豐富幼兒生活經驗。

　　　4. 增進幼兒倫理觀念。

　　　5. 培養幼兒合群習性。

　　　6. 拓展幼兒美感經驗。

　　　7. 發展幼兒創意思維。

　　　8. 建構幼兒文化認同。

　　　9. 啟發幼兒關懷環境。

　　從小範圍的課程來說，幼兒園日常進行的課程也一樣須擬訂目標，通常稱之為「教學目標」，更縮小範圍就是「活動目標」，這些目標都各有其功能，指引課程的進行。自從「**課程大綱**」公布後，幼兒園的教育目標就是總綱的「總目標」，這與《幼兒教育及照顧法》第 11 條的九項目標是一致的，其下六大領域各有其領域目標，領域目標之下有課程目標。因此，課程的第一要素「目標」，在幼兒教育之階層關係，如圖 1-1 所示。

貳、內容

　　課程的第二要素「內容」是指，依據教學對象的經驗及社會的需求選擇要教學的內容，亦即決定「要教什麼？」以及「如何安排所要教給學生的東西？」換句話說，「內容」乃指「教材的選擇與組織」，此將在第二章詳細說明。

　　幼兒園的課程內容範圍就是課綱的六大領域：身體動作與健康、認知、語文、社會、情緒、美感，各領域之課程目標下皆有四個年齡層：大班、中班、小班及幼幼班的學習指標，可作為課程設計的參考方向。

圖 1-1　不同層級的目標隸屬關係圖

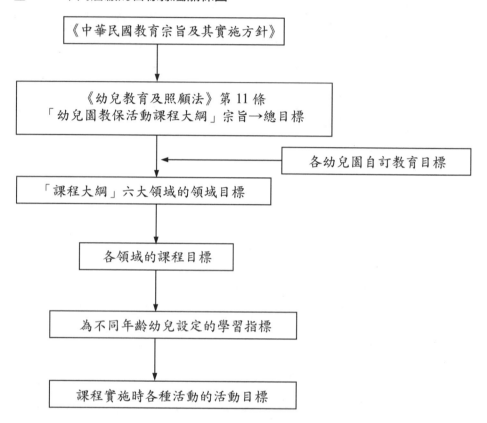

《中華民國教育宗旨及其實施方針》

《幼兒教育及照顧法》第 11 條
「幼兒園教保活動課程大綱」宗旨→總目標

各幼兒園自訂教育目標

「課程大綱」六大領域的領域目標

各領域的課程目標

為不同年齡幼兒設定的學習指標

課程實施時各種活動的活動目標

而各領域之教材如何統整實施，則須注意教材之連貫性與跨領域教材之聯繫及先後程序的合宜安排，將在後面章節說明，亦可在「教學原理」與「教材教法」的科目中進一步學習。

參、方法

　　課程的第三要素「方法」是指，當擬訂目標也選擇了教材、組織教材後，如何教給學生，也就是教學方法的問題。教學絕非單方面的灌輸給學生就了事，而是要設法引起學生的興趣、提高學習效果，達到教學的目標。

一般來說，教學方法有講述法、討論法、角色扮演、實驗法等，從教學型態而言，亦有團體教學、小組教學，在幼兒園還有個別的學習區（角落）教學等，幼兒園的教學方法有許多方式，將在其後各章提及。不同的教學模式所用的教學方法也不盡相同，老師要能臨機應變，注意幼兒的興趣及運用環境的資源，彈性活用產生最高的學習效果。

肆、評量

　　課程的第四要素是「評量」，又稱「評鑑」，基本上是依據教學目標，透過測驗、量表、晤談或觀察等方法與技術，蒐集量化或質性的資料，採取觀察觀點，對學生之學習結果作價值判斷的歷程（簡楚瑛，2016，頁17）。在幼兒園中，由於幼兒不寫測驗卷，故評量方法以觀察法之運用最普遍。

　　課程的設計從目標擬訂，到內容的選擇與組織，再以適宜的教學方法執行後，就要評估產生哪些教育成效？整個歷程的設計是否完善？能否達成教學目標？而「評鑑」就是評斷這些過程的重要步驟。依照教學原理，教學者還應依據評鑑之結果，隨時作必要之調整與修正，才能進行理想的課程。因此，評鑑乃是課程設計流程中之終點，但同時也是一個新的起點（蔡秋桃，1996，頁8），這樣才能使課程真正符合學習者與社會的需求。

　　綜而言之，較通常的說法，課程的要素有前述目標、內容、方法與評鑑四者，而「**課程大綱**」對課程的定義是：「有計畫、有目的提供幼兒學習的機會，以引領幼兒能力的成長」，在這樣的定義下，課程有四個要素：(1)有計畫的；(2)有系統的；(3)有引導的；(4)有預期結果的。而「活動」是執行課程的方式，透過連貫的活動引領幼兒朝向課程目標學習（幸曼玲等人，2018a，頁37）。

第三節 課程的結構

從第一節課程定義的第五種說法「課程是一種學習到的經驗」來看，我們可以說「幼兒在幼兒園裡所有的生活經驗就是課程」。然而，如果這些生活經驗都是課程的話，就可以有條理說明課程的結構嗎？依據課程學理可區分課程為「顯著課程」（explicit curriculum）、「潛在課程」（hidden curriculum），以及「懸缺課程」或「空無課程」（null curriculum）等三種類型，詳述如下（黃光雄、蔡清田，2015）。

壹、顯著課程

「顯著課程」係指學校及教師依據政府所公布的課程綱要或課程標準等課程計畫，例如：「國民中小學九年一貫課程綱要」。通常，「顯著課程」同時包括看得到的「正式課程」（formal curriculum）以及「正式課程」之外的「非正式課程」（unformal curriculum）。「正式課程」是指，官方有意計畫和教導的領域／科目，以幼兒教育而言，在 2016 年12 月公布的「課程大綱」即屬之，此大綱將幼兒園的課程分成六大領域，並期望培養六大核心素養，其總綱、六大領域與六大核心素養的關係，如圖 1-2 所示。

貳、潛在課程

「潛在課程」是指由學校的物質、社會及認知等環境所形成的學生非預期的學習結果；換言之，「潛在課程」乃指不明顯、不易察覺的課程，學生可能經由學校環境當中人、事、物的互動過程，而學習到的內容或經驗（黃光雄，1996）。這個課程的新領域，從 1970 年代在美國得到課程學者的關注（黃光雄、蔡清田，2015）。潛在課程學習的結果包括認知領域和情意領域，尤其是情意領域，例如：態度、價值觀、人生

圖 1-2　總綱、六大領域與六大核心素養關係圖

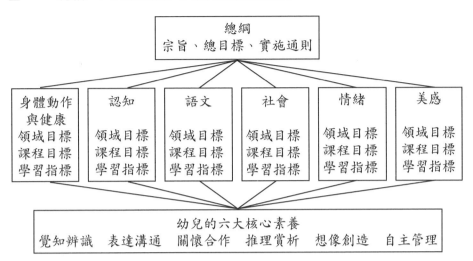

註：引自教育部（2016，頁 6）。

觀等，而這些不一定是正面、積極的，常有負面、消極的影響，且其影響常非教師的意圖，乃是學生不知不覺受到影響，有時這些影響還頗深刻而久遠。因此，潛在課程值得教育工作者注意與關心，通常可從物質環境（如校園規劃、校舍設計、教室安排等）、社會環境（如學校制度、措施及儀式等）、認知環境（如師生互動、教學方法、教師舉止等）三方面產生影響。

參、懸缺課程

「懸缺課程」又稱「空無課程」，是指學校應教卻沒有教的學習內容，例如：開放心胸、包容異己、熱愛藝術、愛心耐心、處理衝突之技巧等。懸缺課程的探討約可分三層面：一是學校教育忽略的心智能力；二是學校課程遺漏的科目或教材；三是學校教育疏忽的情意陶冶（黃光雄、蔡清田，2015）。在心智能力上，學校容易強調合乎邏輯思考的文字或數字教學，而忽略非邏輯的想像思考能力的培養，對文學創作較忽

略；在科目或教材上，限於時間或教師專長，也無法將學生需了解的科目或教材傾囊相授；在情意陶冶上，包括價值、態度及情緒等層面，由於社會重視智育，常忽略情意方面的教育，例如：藝術科目較被忽略，數理科目較被重視，就是明顯實例。當然，教師常忽略身教而只重視言教，亦是情意領域易淪為懸缺課程之因素之一。懸缺課程事實上是一種相對、動態的理念，亦即各國、各校與不同教師間，有其彼此不同之懸缺課程。總之，懸缺課程的概念至少可警示教學者儘量不要有懸缺課程的現象，而導致無法達成學校教育目標。以下舉某幼兒園的課程結構圖（如圖 1-3 所示），以幫助讀者對課程的三種結構有更清晰概念。

　　有關課程結構的分類，簡楚瑛依據 1996 年 Woods 提出的觀點，分為時間結構（chronological structure）及概念結構（conceptual structure）（簡楚瑛，2016，頁 208）。時間結構是指以時間次序來表示課程結構，教師在進行課程決定時，依照學年、學期、月、週、日、小時等間隔單位來安排課程的進行，因此課程的開始和結果有其明確時間表，例如：學期進度表、週作息表等。概念架構則是指課程是由不同層次的概念類別組合而成，而這些不同層次的概念類別皆是依據同一個目標而產生，例如：教學主題的內容、所採用的方法、安排的系列活動等。各種課程模式都可用時間結構與概念結構來分析。

新北市立鶯歌幼兒園大象班，陳恩婕（5 歲）

圖 1-3　某幼兒園的課程結構圖

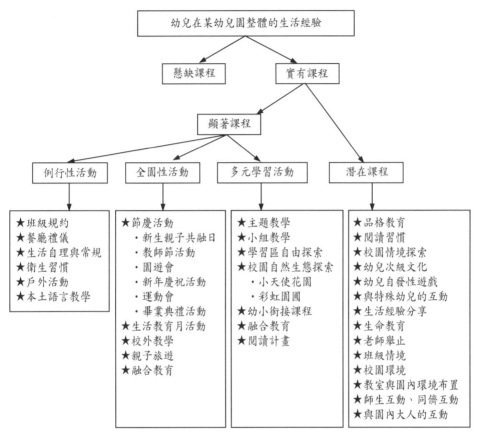

第四節　課程相關名詞辨識

　　在學習課程設計之前，除需了解課程的定義、要素與結構外，尚須辨別相關的名詞，茲列舉初學者較易混淆的課程相關名詞，說明如下。

壹、教學（instruction）

　　「課程」是指「教什麼」，而「教學」則是「如何教」與「如何學」

的問題。課程的決策講求計畫性，教學的決策則講求方法論；課程計畫先於教學，在計畫過程中，既為課程也為教學而做決定（簡楚瑛，2009，頁8）。教學的意義可以是「教師經由詳細的計畫和設計，運用適當的技術和方法，為鼓勵及激發學生自動學習，以獲得生活上所需的知識、技能、習慣和理想的一種工作或活動」（高廣孚，1998）；方炳林也指出，「教學乃教師依據學習的原理、原則，運用適當的方法、技術，刺激、指導和鼓勵學生自動學習，以達成教育目的的活動」（方炳林，1992）。可見教學是有其理論依據，需要仔細計畫與設計，也是一種師生互動的過程。

貳、教材（teaching materials）

教材乃指教學的材料，也是教師進行教學過程中，所運用的一切材料和方法，因此教材是教與學的材料，是師生教學互動過程中的媒介。教材可以說是達成教學目標的工具（張翠娥，1998），例如：教師欲教導學生「友愛」的觀念，就可以利用說故事、影片欣賞或故事繪本來引導，或是經由扮演遊戲等方法進行，這些方法和材料，都可稱為教材（陳淑琴等人，2018，頁78）。

參、課程設計（curriculum design）

課程設計是指課程要素的選擇、組織與安排的方法過程（黃政傑，1991），其包含擬訂教學目標、選擇組織教學活動、執行評鑑工作的「科學技術」。因此，課程設計的本質是一種實務工作，不是一種理論的研究，旨在設計一套課程產品系統，以達成教學目標（黃光雄、蔡清田，2015）。課程設計的人員可能是國家聘用或贊助的研究人員，也可能是出版社的編輯人員，或是其研究機構的人員，也可能是教室中的個別教師。本書所說明的「課程設計」，是指幼兒園各班老師如何設計幼兒教保活動課程為主。

肆、課程發展（curriculum development）

　　課程發展是指課程經由發展而逐漸生長、擴充或進步，以趨完美境界之意，因此課程發展之目的即在發展出一種理想的課程，而其功能則在於實現教育目標。廣義的「課程發展」是指創造課程時的完整歷程，包含課程製作、實施及再回頭修正課程所經歷的各階段（如課程設計階段、課程發展階段、課程評鑑階段等），是循環性的演進過程；狹義的「課程發展」著重在課程要素（如目的、內容、方法與評量）之選擇與組織的演進歷程（簡楚瑛，2009，頁60）。

　　整體而言，課程發展至少有下列十二個特性（簡楚瑛，2009，頁61-64）：

1. 課程發展是不可避免且必須的。
2. 課程是時代的產物，隨著時代與社會的變化而逐漸改變。
3. 課程發展是系統化的。
4. 課程發展涉及的面向是全面而廣泛的。
5. 課程發展是從現有的課程出發，在脈絡中發展。
6. 課程發展是一項合作的團體活動，需要眾人的參與，也唯有所有參與者產生改變時，課程才可能有所改變。
7. 由上往下與由下往上兩個推動課程發展的策略都是必須的。
8. 課程發展依循的是相關且合理的教育原則。
9. 課程發展基本上是選擇與決定的過程。
10. 課程發展需要豐富的資源支持，包括：經費、材料、時間、專門知識。
11. 課程發展是一項充滿挑戰的旅程，而不是羅列細節的藍圖。
12. 教學與行政領導者在課程發展過程中扮演著重要的角色。

思考與練習題

1. 何謂課程？課程包含哪些要素？

2. 試舉例說明顯著課程、潛在課程、懸缺課程。

3. 試說明教學與教材兩名詞之區別。

4. 何謂課程發展？試舉印象最深的三個特性。

第二章

課程組織與課程設計

蔡春美

「課程組織有哪些方式？」
「課程組織有哪些類型？」
「課程組織的規準有哪些？」
「課程有哪些設計的模式？」
「課程設計的原則為何？」

本章旨在探討課程組織與課程設計，全章分五節說明。首先，說明課程組織的方式；其次，列舉課程組織包括哪些類型；再次，列舉課程組織的規準；接著，說明課程設計模式的分類；最後，再說明課程設計的原則，以供讀者對課程組織與課程設計有基本的認識。

第一節 課程組織的方式

　　前章提及課程四要素：目標、內容、方法和評量，其中的「方法」是指，依目標選擇適當的課程內容後，必須將這些內容排列以安排教學活動，再以適當的評量方式，檢視教學活動是否已達成既定的教學目標，其中的選擇課程內容、安排教學活動就是本節所要說明的課程組織。如果課程組織合宜，則教學效果就能提升，而課程組織的方式可分論理組織法和心理組織法兩種，茲分述如下。

壹、論理組織法

　　所謂論理組織法是指，依據學科課程本質進行由淺入深的系統介紹，能顧及學科本質的完整性，按部就班學習，不會有遺漏，學習者所獲得的知識較為完整而有系統，其缺點則是忽略了學習者的興趣與經驗。傳統的小學、中學乃至大學的學科領域課程組織方式，大都採用論理組織法，例如：歷史科是由上古時代依時間順序介紹到現代；地理科則由歐洲、美洲、非洲到亞洲這樣組織教材。論理組織法在本質上偏向教師中心的課程組織方式。

貳、心理組織法

　　心理組織法則是依據學習者的能力、需要和興趣，來組織課程教材，以學習者的經驗為出發點，尊重學習者的興趣與經驗，逐漸拓展其學習經驗，較不顧及學科的系統和完整性，大多數的幼兒教育課程，採用此種課程組織方式為主（蔡秋桃，1996，頁75），例如：歷史科是先從學生熟悉的現代講起，再回溯到近代史、中世紀史等；而地理科則先從學生所居住的臺灣談起，再逐步擴展到亞洲、中東、歐洲、美洲、非洲，這是顧及學習者的興趣與經驗的課程組織方式。心理組織法在本質上則較偏向以學生為本位的課程組織方式。上述兩種課程組織方式的比較，如表 2-1 所示。

表 2-1　論理組織法與心理組織法之比較

	論理組織法	心理組織法
比較	・無法顧及學習者的興趣與需要。 ・能顧及學科的完整性、系統性。 ・學習者所獲得的知識較完整。 ・適合年齡層較大者。	・能滿足學習者的興趣與需要。 ・課程較彈性。 ・以學生的經驗為教材出發點。 ・適用於年齡層較小者。

註：引自陳淑琴等人（2018，頁 70）。

總之，在選擇適當的課程組織方式時，必須先考慮學習者的身心特質和課程的性質。對於年齡較小的學習者，宜採用心理組織法，但是針對較大年齡的學習者，且注重知識領域的系統介紹時，則可採用論理組織法。其實，課程組織方式可以彈性選擇運用，配合課程發展者的需要，穿插運用，實不必拘泥某一種課程組織方式。通常幼兒教育的課程組織是採心理組織法，重視幼兒的生活經驗與興趣。

第二節　課程組織的類型

　　傳統的課程組織多採科目本位的「分科課程」，隨著社會生活日趨複雜，傳統的分科教學已無法滿足時代的需要，所以出現許多不同類型的課程組織，包括：個別科目課程（individual subject curriculum）、相關課程（correlated curriculum）、融合課程（fused curriculum）、廣域課程（broad curriculum）、核心課程（core curriculum）、活動課程（activity curriculum），以及經驗課程（experienced curriculum）等六種類型。這六種課程類型也可歸納為科目課程（subject curriculum）、核心課程，以及活動課程三種（黃光雄、蔡清田，2015），茲分述如下。

壹、科目課程

　　科目課程是最古典的課程組織型態，係課程設計者根據知識性質，分門別類組織整理成特定學科，例如：國語、數學、社會、自然、唱遊、美勞等學科課程組織。目前臺灣小學的課程組織，即採用這種學科組織型態。學校一旦決定開設某些科目，整個學校的課程組織就很清楚的呈現出來。

　・科目課程組織型態之特徵有（陳淑琴等人，2018，頁71）：

　　1. 課程內容依據知識領域分類，趨向專門化。

　　2. 學科內容依照學科知識邏輯安排，循序漸進協助學習。

3. 學科內容能反應學科結構和探討方法,學習者較能預期掌控。

・科目課程組織型態之限制有(陳淑琴等人,2018,頁71):

1. 各個學科有其嚴密的組織,更新不易。

2. 學科之間因本位主義作祟,產生所謂的階級性,有礙課程革新。

3. 知識在分科領域的切割下支離破碎,學習者不易有完整的概念。

4. 科目課程採用論理組織法,忽略學習者的需要和興趣,且易與實際生活脫節。

貳、核心課程

核心課程可以說是反科目課程人士所倡導的(Smith et al., 1957),不受學科限制,以主題或問題為中心,例如:「核能發電與人民生活的問題」,任何學科領域只要是與探索的主題相關,或是能夠促進問題的了解和解決,都可以成為核心課程的一部分。核心課程最大的特色是以社會研究為組織中心,有系統的協助學生學習社會活動和社會問題,而非僅是某一學科學習。核心課程的另一特色,是師生合作、共同學習,在了解、解決問題的過程中,學生的經驗和想法都必須受到尊重,教師有義務提供相關資訊,以協助學生了解、解決問題。時間是核心課程的主要問題,學習者需要充分的時間,進行資料蒐集、分析和研判,問題解決的方法決定後,仍然需要時間測試和修正。因此,充裕的時間是核心課程實施時的首要條件。

核心課程乃利用核心觀念作為課程的焦點中心,可以具備許多功能,茲列舉如下(黃光雄、蔡清田,2015):

1. 核心觀念可以讓學科的單元或主題更為結構化,並能針對其所要處理的內容層面提供一個觀點,師生共同計畫已進行明智判斷所涵蓋的課程內容。

2. 以核心觀念作為單元的焦點,可以確保更完整充分的寬度與廣度範圍,滿足學生需求,以作為課程設計者所要組織發展的內容。

3. 核心觀念也可以作為學科結構，並設計成為學習的重點，打破學科界線。

4. 利用核心觀念作為課程組織內容的中心，能聚焦主要觀念，可作為選擇內容的規準，掌握範圍。

5. 涵蓋主要觀念並結合少量的具體內容實例，可以突破時間限制。

6. 以核心觀念為焦點中心，可以作為課程組織的「經緯線」，確保課程內容的繼續性或順序性或統整性，提供完整的結構，可以和學生的經驗進行比較對照。

7. 以核心觀念組織課程，可以將學科內容轉化為教育歷程的學習方法歷程，免除學科內容與學習歷程分離對立的缺失。

參、活動課程

活動課程亦稱經驗課程，源自杜威的經驗主義。杜威在 1897 年於芝加哥大學創立實驗學校，施行活動式的課程型態（activity curriculum），「活動課程」一詞首次出現，但廣被採用則在 1920 年之後。目前，美國的幼兒教育、中小學課程，極多採用活動課程組織型態。活動課程是依照學習者的興趣，組織規劃課程，採用心理組織法安排教材；學習者的經驗是課程的起始點，也是課程的發展重心，強調學習者與環境中人、事、物的互動過程，因此活動課程十分重視學習環境的規劃。活動課程重視學習者的興趣與需要，能與學習者的生活經驗結合，幾乎可以彌補學科課程組織的不足，但在施行時，最大的障礙在於教師本身，教師的理念和專業知識，對課程的成敗具有決定性的影響。教師必須已確實具有豐富的專業經驗，才能適切掌握學生的學習契機，不致於招致教育效率上的質疑。

活動課程強調學生實作的經驗，以學生興趣為課程的起點，但因學生興趣容易轉變，因此其規劃不宜僵化，必須保留彈性設計，師資應有通識博雅的教育基礎。

茲將上述三種課程組織類型之特性做一比較，如表 2-2 所示。

表 2-2　課程組織類型之比較

比較項目 ＼ 課程類型	科目課程	核心課程	活動課程
發展重心	以學科為主	以社會研究為主	以學習者的興趣與經驗為主
強調	教材內容之教學	跨領域之探索與研究	學習者與環境之互動
課程組織	論理組織法	心理組織法	心理組織法
教學情境	由指導者控制	由學習者與指導者合作	由學習者與他人互動合作
適合對象	中學以上	大專校院、中學	幼兒園、小學
受限因素	1. 有階級性，不易更新。 2. 易忽略學習者的興趣與需要。 3. 孤立地教授知識，而致知識無法融合於生活中。 4. 被動的接收知識。 5. 學習者無法主動思考。	1. 易受時間限制且耗時。 2. 課程設計易流於社會事實呈現，而缺乏社會改進內容。 3. 學習者的興趣與社會需求難兩全。	1. 指導者本身必須具備活動設計之專業知能。 2. 重視當時興趣的課程，而無法形成經驗的連貫與累積。 3. 學習順序難掌控、易重複與缺漏。 4. 學習效率與需要性因人而異，不易達到一致性。 5. 指導者必須充分了解幼兒及兒童發展之理論與實務。

註：引自陳淑琴等人（2018，頁 73）。

第三節 課程組織的規準

課程組織是建構課程理論的重要步驟，其最重要的是組織規準，包括：繼續性（continuity）、順序性（sequence）、統整性（integration），以及銜接性（articulation）（黃光雄、蔡清田，2015），茲分述如下。

壹、繼續性

繼續性是指在課程組織的「廣度」（space）範圍內的水平組織，其所包含的主要課程因素在不同時間階段予以「直線式」的重複敘述（Tyler, 1949），例如：幼兒園中的天氣概念，小班也許有課程單元為「下雨了」，中班可能的單元就是「雨天、晴天」，到了大班就改成「天氣的變化」單元，這就是同一個概念在不同階段重複出現，但是在課程上會逐漸加深、加廣，以符合課程型態的持續性。

課程組織的繼續性或累進學習原則，可以應用於所有不同類型的學習，如思考、態度與技能，但學習經驗必須透過課程設計者在事前加以組織規劃，才能促成課程內容材料與學習經驗的逐漸複雜化，以促進學生心智反應的逐漸成熟。

貳、順序性

順序性或稱程序性，乃指課程的「深度」範圍內的垂直組織規準，使學習的機會建立在前一個學習經驗或課程內容之上，但卻對同一課程要素作更深、更廣、更複雜的處理。

處理順序性就是處理學習經驗的先後排序問題，學習者新經驗的學習必須建立在舊經驗之上，學習內容必須由淺入深、由近而遠、由簡單到複雜、由具體到抽象，循序漸進的組織排序，學習者才能做有效的學習，這就是課程組織的順序性。

參、統整性

統整性是指課程「橫」的聯繫之水平組織，包括認知、技能、情境之統整與學科科目之統整（Tyler, 1949）。課程發展者必須統整學習者所有的學習領域，連結科目與科目間的關聯性，增加學習的意義，避免學生的學習成為支離破碎的孤立知識，俾使學習與學習者的生活互為關聯，產生更有效的學習。

統整可以促成課程的意義化、內化、類化與簡化（黃炳煌，1999），課程統整的設計正可彌補分科課程的不足。如果某一學科領域的事實原則能與其他學科領域的事實原則進行統整，特別是將某一門學科知識應用到不同學科領域，則學習將更為有效，更可以豐富學生的學習經驗，也才能培養社會的所需人才，更可奠定教師的專業地位之重要性（蔡清田，2004）。

肆、銜接性

銜接性是指課程要素各方面的相互關係，包括水平關係與垂直關係。水平關係乃指課程內容同時出現的各種要素之間的關聯，例如：「開店」就會涉及語文、數學等科目的某些能力學習；垂直關係是指各課程或單元之學習先後順序的安排，例如：學習數學要先學數概念再學數的合成或分解，亦即先學習較淺的，再逐漸加深。

銜接性在課程組織時會涉及前述論理組織法與心理組織法的運用，由於學科的論理組織結構往往不同於學生學習經驗的心理邏輯順序，兩者往往彼此衝突，因此在課程銜接的安排時，須注意此兩種課程組織方式的調和。

一般而言，有關心理組織法與論理組織法的運用原則如下：

1.年級愈低愈適合心理組織法，年級愈高就愈適合論理組織法。

2. 在同一年級，容易學習的優先安排，再逐漸導入富有創意的課程內容與學習經驗。

3. 先概述通論，再演繹分論，最後加以歸納總結。

第四節　課程設計的模式

「課程模式」（curriculum model）是課程設計實際運作狀況的縮影，或是理想運作狀況的呈現，希望藉著介紹、溝通或示範課程計畫、設計、發展的藍圖，指引未來的課程研究設計與發展工作。課程模式所要顯示的不外是課程要素、課程設計的程序及其中的關係（黃政傑，1991）。

「課程設計模式」（curriculum design model）可以統稱課程計畫模式、課程發展模式、課程理論模式或課程架構。常見的課程設計模式有：目標模式（objectives model）、歷程模式（process model），以及情境模式（situation model）三種，茲分述如下。

壹、目標模式

「目標模式」的課程設計，其主要精神在於「目標取向」的理念。課程設計者經常以「課程目標」作為選擇活動、組織與手段安置等相關設計活動之引導，並據此進一步發展形成詳細明確的目標，轉換成學習經驗，最後加以評鑑，作為課程改革的基礎。換言之，「目標模式」要求課程設計者從目標出發去設計課程，在整個課程設計中，目標是統治者或指導者，「目標掛帥」是座右銘（黃政傑，1991，頁172）。

「目標模式」起源於 1934 至 1942 年間，美國「進步主義教育學會」（Progressive Educational Association）在俄亥俄州立大學發動「八年研究」（the Eight Year Study）的課程發展工作經驗，這是一個綜合性的課程設計步驟與教學方案，Tyler 則是此一課程方案的課程評鑑主持人，他

提出一套基本原理引導學校發展新課程，亦即：(1)學校應達成哪些教育目標？(2)要提供哪些學習經驗才能達成目標？(3)如何有效組織學習經驗？(4)如何確定這些教育目標已經達成？這便是後人所稱的「Tyler 模式」或「Tyler 的課程設計模式」，如圖 2-1 與圖 2-2 所示。

　　Tyler 的「目標模式」的課程設計對後來其他學者提出的課程設計模式頗有影響，可說一直指引著課程設計的理論與實際。當然，「目標模式」亦有受批評之處，例如：「目標」的選擇及如何實施，常因不同教學者而有不同結果，所以有人認為「目標模式」簡化了課程設計的程序，易流於技術取向，形成僵化的步驟，而且這種模式過於簡單，不免產生流弊（黃光雄，1984，頁 3；黃政傑，1991，頁 174）。特別是 Tyler 模式缺乏「回饋」，未能提供作為修正的依據，在組織學習經驗與評鑑之間，亦缺少一個「實施」的步驟。

圖 2-1　Tyler 模式

註：引自黃光雄（1984，頁 287-314）。

圖 2-2　Tyler 的課程設計模式

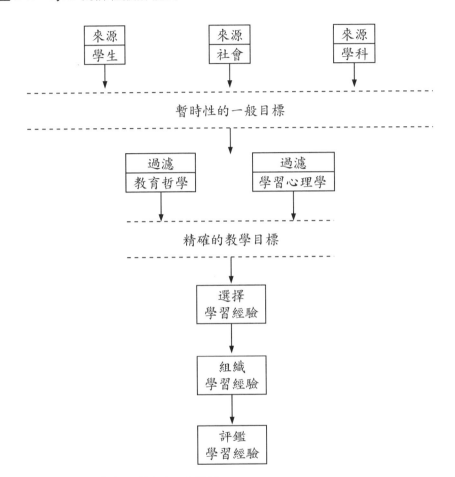

註：引自黃光雄、蔡清田（2015，頁 121）。

貳、歷程模式

　　由於前述的「目標模式」太過於強調技術性手段目的之工具價值，忽略教育歷程的重要性，無形中貶抑了學校教師專業判斷與教育專業成長的價值，於是「歷程模式」乃因應而起。「歷程模式」的課程設計，

強調的是教育方式與教學過程，而不只是教育內容，且重視學習者的主動學習與教師的專業思考。這種課程設計並不是預先確定具體的教育目標，且未硬性規定學生學習的行為結果，而是經由建立明確的教育歷程原則與教學程序原則，以有效地增進教師的專業判斷。它的重點是希望透過討論的方式，讓學生探索具有價值的教育領域，而不是要達成某些預定目標或指定的學習效果（黃光雄、蔡清田，2015，頁133）。

「歷程模式」的源起可溯自盧梭（J.-J. Rousseau, 1712-1778）及其後的進步主義教育運動（歐用生，2010），現代的「歷程模式」課程設計模式則受英國倫敦大學（University of London）的 R. S. Peters 與美國哈佛大學（Harvard University）的 J. S. Bruner 之影響。

倡導「歷程模式」的學者大多不重視「目標預定」而重視教學過程，以及學生在此過程中的經驗，給予學生自由、創造的機會，產生各種學習結果。茲舉 1971 年 Raths 認為可從效標的角度，選擇課程內容，不必依賴目標的列舉，他曾提出十二項確認具有「內在價值的活動」之課程設計選擇原則，茲列舉如下（黃光雄，1984，頁299；黃政傑，1991，頁176）：

1. 允許學生明智的選擇，並反省這些選擇的後果。
2. 在學習情境中給予學生主動的角色，而非被動的角色。
3. 能要求學生獨自或與他人一起，探討觀念、當代問題或心智過程的應用。
4. 能使學生接觸具體的事物者，如實務、材料和人工製品。
5. 能使不同能力的學生都能成功地完成學習工作。
6. 能使學生在新的情境中，探討過去所學的概念、問題或心智過程的應用。
7. 能要求學生探討社會上一般人不探討或未探討的主題。
8. 能使學生涉入成敗的危機當中。
9. 能要求學生重寫、演習和潤飾早期努力的成果。

10.能使學生應用和熟練富有意義的規則、標準和學問。

11.能給予學生機會，與他人共同設計、實施並分享成果。

12.切合學生表示目的。

在「歷程模式」的課程設計中，較有名的是英國「人文課程方案」與美國「人的研究」課程方案。在美國「人的研究」課程設計當中，學校教師的角色，或為專家或為學習者。這樣的課程設計，意含課程實施採用「發現教學法」或「探究教學法」的教學策略，而非傳統的注入教學法。教師扮演學習的指導人員，引導學生進行探究社會科學概念與發現社會科學的科學知識架構（黃政傑，1991，頁179）。此套課程之主要特色包括：

1.利用「歷程模式」進行課程設計，不受「行為目標」的束縛，強調教師與學生在教室情境中教與學的互動歷程。

2.在課程改革過程中，能聘請專業的課程設計專家來開發品質優良的教材，例如：教育影片、學生參考手冊、教師教學指引，以及幻燈片、教育玩具等其他各種教學資源。

3.在課程設計過程中，能根據教育心理學者Bruner所倡導的「學科結構」及「螺旋課程」的理念加以設計。此課程所探究的主要行為概念是：(1)生命週期概念，如鮭魚生長週期；(2)本能與習得的行為；(3)適應的概念；(4)生物學上自然淘汰和選擇的概念；(5)結構和功能的概念；(6)訊息傳播和溝通的概念等。利用由易而難、由淺而深的概念結構循序漸進，引導學生認知結構的發展。並且透過實驗學校教師進行試教試驗，以「探究教學法」及「發現教學法」幫助學生認知「概念」，合乎學生的認知發展，能吸引學生的學習興趣。

4.就其課程推廣策略的特色而言，使用此套課程者，必須在購買此套教材之前，先接受課程推廣的訓練。換言之，教育影片及其他手冊與教學資源不能分開銷售，只能賣給願意薦送學校教師接受

「人的研究」課程推廣訓練之學校單位。因此，可以結合課程推廣與教師專業成長，以促進學校教育革新。

「歷程模式」的課程設計也具有其爭議性的問題，例如：「人的研究」課程發展雖能配合學生的認知發展，卻無法兼顧學生的情意發展，只重認知、忽略情意。儘管「歷程模式」可以彌補「目標模式」的部分缺失，但仍有其弱點：此類課程設計必須十分仰賴教師的素質，而「歷程模式」當中教師角色在評鑑上扮演的是學生學習歷程的批評者，而非學生學習成績分數的評分者，但卻對學生的評量相當主觀（Stenhouse, 1975）。特別的是，「歷程模式」涉及「需要」、「興趣」、「成長」及「發展」等概念，並非與價值無關，太強調價值的相對性，反而易激起價值體系的問題，故此一模式實在不易推廣。因此，「歷程模式」仍應允許有限度的運用課程設計的「目標模式」，因為課程目標在課程設計上是不可或缺的，課程設計者應鼓勵教師與學生自行設計或協助其設計學習目標。

參、情境模式

「情境模式」課程設計根源於文化分析（cultural analysis），又稱為「情境分析模式」或「文化分析模式」，其基本假定是以個別學校及其教師作為課程發展的焦點，亦即「學校本位課程發展」（school-based curriculum development），乃是促進學校真正改變的最有效方法（黃光雄，1984，頁304）。

一般而言，「目標模式」與行為心理學有密切關聯、「歷程模式」與教育哲學關係緊密，而「情境模式」則與當代社會文化的分析密不可分。「情境模式」的課程設計主張從文化選擇的角度來詮釋課程，並進而從事課程的計畫，例如：英國課程學者 D. Lawton 認為，課程是具體呈現於可以傳遞到下一世代的人類知識、語言、科技、工具、價值與思考體系當中（Lawton, 1989, p. 17），他不僅主張課程是一種社會文化的

擷取，更研議一種課程設計的文化分析途徑。另外，英國東英格蘭大學 D. Bridges 也同樣指出，課程設計的最主要工作乃是從事選取社會文化素材的決定，並將此種社會文化的要素傳遞給下一世代（Bridges, 1979, p. 161）。但是，值得吾人注意的是，此種文化分析途徑的課程設計，也引發了相關問題的探究，例如：究竟是由誰來選擇何種社會文化要素，以作為學校課程？究竟應該如何進行文化素材的選擇？如何處理文化再製與跨越文化的理解？如何進行課程設計，才能合乎多元文化社會的正義？

此種「情境模式」的課程設計途徑，可以提倡「情境分析模式」的課程學者 M. Skilbeck 與呼籲進行「文化分析模式」的 Lawton 等人為主要代表人物，其模式要點說明如下。

一、Skilbeck 的「情境分析模式」

Skilbeck 的「情境分析模式」將課程設計與發展置於社會文化架構中，學校教師藉由提供學生了解社會文化價值、詮釋架構和符號系統的機會，改良及轉變其經驗（Skilbeck, 1984）。此模式有五項主要構成要素：第一項是分析情境，第二項是擬訂目標，第三項是設計教與學的課程方案，第四項是詮釋及實施課程方案，第五項是評估及評鑑。

Skilbeck 的「情境分析模式」是一種折衷模式，涵蓋了「目標模式」和「歷程模式」的精神，含有綜合性架構，係針對學校所處的社會文化情境變遷加以分析，進行學校課程設計。此模式所設計的課程內容、方法與途徑比較具有彈性與適應性，可從任一階段開始進行課程設計，如圖 2-3 所示。

圖 2-3　Skilbeck 的課程設計「情境分析模式」

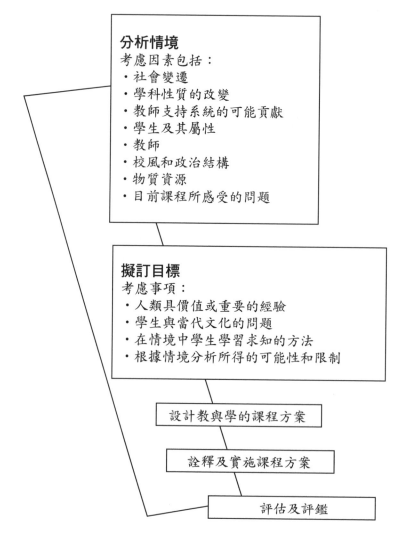

分析情境
考慮因素包括：
・社會變遷
・學科性質的改變
・教師支持系統的可能貢獻
・學生及其屬性
・教師
・校風和政治結構
・物質資源
・目前課程所感受的問題

擬訂目標
考慮事項：
・人類具價值或重要的經驗
・學生與當代文化的問題
・在情境中學生學習求知的方法
・根據情境分析所得的可能性和限制

設計教與學的課程方案

詮釋及實施課程方案

評估及評鑑

註：引自黃光雄、蔡清田（2015，頁 148）。

「情境分析模式」的基本假定，乃是課程設計的焦點必須是個別的學校及教師，亦即，學校本位課程設計與發展乃是促進學校真正改變的最有效方法。Skilbeck（1982）認為，學校層次的課程設計與發展，首先必須分析與評估學習情境，據此而提供不同的計畫內容。Skilbeck將課程設計的模式置入學校的文化脈絡中，強調價值的設計過程，以說明不同壓力團體和意識型態設法影響文化傳遞的過程。

Skilbeck的「情境分析模式」較富彈性，較富適應力，可依情況的改變而加以解釋。此種模式設計為一種手段，教師藉此手段，透過文化價值、解釋架構（interpretative frameworks）和符號系統的領悟，進而改變學生的經驗（Taylor & Richards, 1979）。此一模式不像「目標模式」，事先設定一種直線進程，以貫穿其各個構成要素，亦即，學校教師可以在各個階段開始，各種活動能夠同時開展。「情境分析模式」並不事先設定手段和目的分析，只是鼓勵課程設計者考量課程發展過程中不同的要素和層面，視歷程為一種有機的整體，並以一種相當系統的方式從事工作。此一模式提醒課程設計者系統地考慮其特殊的內涵，並且將其決定建立在較廣的文化和社會探討上面（黃光雄，1984，頁308；Taylor & Richards, 1979）。

二、Lawton 的「文化分析模式」

Lawton（1983）認為，文化是一個社會整體生活方式的展現，應該透過教育將文化的重要部分傳遞給下一代，因此要適當的選擇文化中的重要價值部分做為學校的課程。他認為文化的分析，要兼顧分類與解釋的方法、歷史與當前的過程、學校與社會的差距等。文化分析途徑的本質，乃在發展一種方法，藉著仔細的課程設計，將個別學生的生活需要與特定的社會相配對。

Lawton 的「文化分析模式」課程設計，偏向以社會文化的角度來考量三個面向：(1)知識的本質；(2)個別學生的本質；(3)社會情境。此三個

要素與 Tyler「目標模式」的目標三個來源相同，但是 Lawton 特別主張從文化的觀點出發，並強調教育的目的在傳授學生文化最重要的部分，而學校的任務是將社會的共同文化遺產傳遞給下一世代。因此，「文化分析模式」的課程設計不應該以臚列目標開始，而應該以文化分析做為課程設計的本源，以周詳擬訂最適當的學校知識和學習經驗。

換言之，Lawton 的「文化分析模式」課程設計，係依當前社會的文化分析後，而加以理性選擇，包括不同的課程設計階段與過程（黃光雄，1984，頁 309；Lawton, 1989, p. 20），茲以圖 2-4 說明此一模式。

圖 2-4　Lawton 的「文化分析模式」

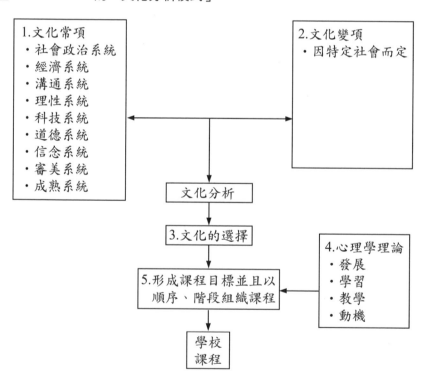

註：引自黃光雄、蔡清田（2015，頁 150）以及 Lawton（1989）。

在「情境模式」課程中，Lawton 的「文化分析模式」亦有其缺點，因其未能充分考慮知識概念在課程中的重要性，未能明確指出如果知識、社會與學生個人興趣等課程要素衝突時，該如何取捨？因此，未能為共同課程的規劃設計提供詳盡的藍圖（王文科，1989，頁 140）。另一方面，「文化分析模式」的共同課程，多反映中產階級文化，較不利於社經背景較差的中下階層學生，且此模式的文化選擇太重視社會需要，忽略學生個人興趣，因此課程規劃容易受到政治人物或行政人員的特定意識型態宰制。

綜合上述三種課程設計的模式可知，各模式有其特色亦有弱點，現場老師設計課程時，應依目標及教材的性質、學生身心特質及社會需求，採用不同的課程設計模式，因應學生的不同教育階段，而採偏重經驗取向，或學科取向，或社會取向。在幼兒教育現場，對此三種模式宜兼取所長，以創造新的設計模式。

第五節　課程設計的原則

課程設計的重點在課程內容的選擇與組織，許多學者已提出許多原則，茲從課程選擇與課程組織兩部分提出較重要的原則，如下（黃光雄、蔡清田，2015）。

壹、課程選擇的原則

一、練習原則

練習原則是指，為達成課程目標，學生必須獲得學習經驗，以便有機會去練習該課程目標的具體學習行為。換言之，練習原則是指學生必須有機會練習目標行為的經驗。學校應該提供學生學習機會，讓學生經

由較長的時間組織，練習複雜而困難的事物。唯有提供學生練習某一行為的機會，該行為的學習才可能產生，例如：小學生抄寫生字，一字一行就是練習原則的應用，讓學生經由練習而熟記生字的字形。

二、效果原則

效果原則係指，所提供的學習經驗必須使學生乃是由於實踐該課程目標的學習行為，而獲得滿足感與成就感。換言之，效果原則是指學生要能從目標行為的學習經驗中獲得滿足感，且如果學生沒有發展出新的行為模式，就無法滿足其需求。因此，「發展新行為」就可以成為學習經驗來源的一個選擇原則，例如：幼兒學會正確的洗手程序，即獲得父母或老師讚美，幼兒就覺得很高興，下次也會再依照正確程序洗手。

三、能力原則

能力原則是指，學習經驗所涉及的反應要合乎學生的能力範圍，且以學生此時此地的興趣、需要、能力，或意圖、性向與發展，提供學習環境，協助學生從事各種學習活動，促使其潛能獲得發展。換言之，課程選擇必須自學生的起點行為出發，因此學習經驗應該與學生現有的成就、性向以及其他條件相當，其學習條件是學習者把目標訂在超越自我表現的行為，且是個可以達成的目標。課程設計則要考慮所提供的學習經驗是否為學生能力所及，例如：幼兒如尚未具備數概念，是很難教導幼兒加法或減法。

四、彈性原則

有許多的特殊學習經驗可以彈性地用來達成同樣的教育目標，而不限於一套學習經驗。因此，學習經驗的選擇包括選擇活動與其他教材，例如：閱讀、練習、戶外教學、討論主題、手工藝活動、健康與休閒娛樂節目等。換言之，彈性原則是指許多特定的經驗可以達到同一目標，

特別是學校課程應該幫助所有學生學習，儘管同一班級的外在條件相同，但班上每一個學生可能會有不同的學習經驗，因此教師的主要責任是應安排多面向的各種情境，以引導學生可欲的學習經驗；教師應「調整」學習經驗，使其對班上每一位學生皆有重要意義。不同而多樣的學習經驗方法可以達成同一課程目標，這就是所謂的課程選擇的變通多元性，例如：以達成培養態度的課程目標，必須首先布置環境，以激發可欲的學習態度；其次是提供學習經驗引發某種特定類型的情感；另一方面，更應該提供學習機會，引起某類事件或觀念的心智活動，以培養可欲的情操，例如：要培養學生小心謹慎的態度，可以設計多樣的活動，都可以達到同一目標。

五、經濟原則

經濟原則是指，同一學習經驗通常可以產生不同的結果。換言之，同一學習經驗通常會產生數種結果，有好有壞，因此課程設計者在進行課程選擇時，必須考慮到可能的附加學習或潛在課程的影響，達成範圍寬廣的多個課程目標，以合乎經濟性，使同一學習經驗可以達成多個課程目標，例如：教導學生擦玻璃的步驟，學生可以舉一反三用相同的步驟與方法去擦拭落地玻璃門或鏡子等，此就是經濟原則的應用。

六、動機原則

動機原則是指，學生主動參與學習的推進驅力，是課程選擇的設計過程當中相當重要的原則。學習者不滿意於目前的反應方式，因此被激發嘗試新方法，又稱學習的激勵原則。學生對計畫或作業感到有興趣時，會比較努力，而且效果也比較好。這個原則等於向以往傳統的教育觀念挑戰。以前的課程內容與學習經驗的選擇原則，不但不有趣，而且正好相反，是無趣。這種觀念認為，學生必須接受無聊乏味題材的嚴格訓練，如果題材本身有趣，就會缺乏挑戰性，學生也不需要任何的努力。杜威

剛開始的論點造成相當大的爭議,直到教師選擇使用有趣的教材後,產生類似杜威所稱令人滿意的結果,這種論點才被接受(Tyler, 1949, p. 11)。因此,學習者的興趣可作為目標來源的一項基礎,也可作為教學的起點,例如:教師設計教學活動時,先設計「引起動機」,用有趣的方式引起學生學習的好奇心,這就是動機原則的應用。

七、適當原則

適當原則是指,選擇學習經驗應該考慮到學習經驗的材料適切性、方法的適切性、時間的適切性與情境的適切性等。具體言之,學習者應有充分且適當的工作材料,利用適於不同情境的方式,讓學生有機會練習尋找資料,學習何處獲得資料,以便有效應用。而且,學習者應該有時間加以練習,直到該行為成為日常生活中的一部分為止,例如:老師會配合一年的節日進行有關節日的活動,如母親節、聖誕節的活動等。

八、應用原則

應用原則是指,學習者應該有許多連續性的練習機會,但一再地重複練習是不適當的,而且也會很快失效。在很少使用的情形下,技巧很快就會失去效能。如果年輕人所需要的閱讀僅由學校來指定,閱讀技巧是很難達到成熟水準。如果寫作局限於偶發的筆記與信件,則寫作技巧則會停留在非常簡陋原始的階段。如果數學無法應用於校外的工作及購物消費、傢俱組合、收支預算等家庭活動中,則數學技能與問題解決策略都是不切實際的。因此,課程選擇必須同時包含起初的學習與後來的應用。

九、指導原則

指導原則是指,學習者嘗試學習新行為時,應該受到某種指導。有關引導學生經驗,至少有以下五種相關的方法。

第一種方法是教師示範。在教師引導學習者練習可欲行為方面，學生通常會觀察教師的行為，並視其為指導模式。如果教師經常示範學生期望獲得的行為，這將是一種有用的引導。但是，有些教師並沒有提供所欲學習的觀察模式，只在課堂上提供資料，卻沒有讓學生知道如何解決問題。當學生無法經由觀察教師行為獲得該做什麼的清晰影像時，通常他們會依賴同學的提示或說明以便了解，然而這種方式卻經常造成誤解。一般而言，教師清晰明確的課程與教學示範，是引導學生學習可欲行為的一種好方法。教師的責任乃在引導學生繼續研究，不可公布所有的答案，而封閉了學生其他的探究途徑。

　　第二種方法是掌握學習的關鍵因素。為了嘗試學習新事物，學生需要特別留意可正確控制的重要行為特徵，例如：在書法技能的實例中，就需要特別注意字體的形式，而不是整支手臂的移動。在游泳技能的實例中，要特別留意手臂、大腿及身體井然有序地移動，而不是在水中移動的距離。在問題解決的實例中，通常需要留意觀察到的因素並利用先前的知識，以便成功地解決問題。因此，引導學生學習包括協助學生集中注意於整體情境中的重要層面，以便其能掌握並成功的完成學習。

　　第三種方法是利用學校刊物。由於了解到學校環境、同儕團體的價值與實際作為、學校內可能的人格認同類型等對學習的影響，在整體課程與教學方案方面的思想，也有所增加與補充。我們知道有許多出版的刊物，每一種刊物有不同的目的、不同的價值觀、不同的出版量，對學生造成不同程度的影響。因此，學校的出版物也是有效獲得目標必須考慮的一件重要事項。

　　第四種方法是善用同儕團體。在同一所學校內，同儕團體對學生所學的內容、努力程度、滿意程度皆有重要的影響。同儕團體有的會增進教師的教學效果，有的會抵制教師的努力。因此，在規劃發展教學方案時，應同時考慮同儕團體的影響，並採取必要的步驟，以獲得重要的教育目標。

第五種方法是模仿認同。當學生長大時，他們發現自己會特別受到某些人的吸引，而且會竭力地加以模仿。孩子可能先以母親作為認同對象，跟前跟後地模仿她的行為。在發展過程中，其他人也可能成為認同的對象。這種歷程是年輕人學習的一種方式，由於接觸許多不同的人格，其學習結果可能是積極的、正面的，包括：態度、價值、興趣、技能與實際作法的獲得。然而，在有些學校裡，能讓學生模仿認同的人格類型之可能範圍太狹隘了，以致學生可能無法從其中找到一個適當的認同對象，這是進行課程選擇時應有的考慮。

十、繼續原則

繼續原則是指，教師不在時學生要能繼續學習。學生必須具備判斷自己行為優劣的方法，如果缺乏這些判斷方法，則教師所訂的規準是無效用的。特別是由於科技發展與知識暴增的結果，強調終身學習的理念，學習是一個繼續不斷提升的歷程，不在獲得特定標準答案，而是繼續不斷地研究問題（Schubert & Schubert, 1986, p. 100）。此原則看來較適用於較大年齡的學生，但在幼兒園也是適用的，教師要教幼兒獲得一種能力，如閱讀繪本的方法，教師不在時，幼兒仍可因為學得此能力而能自行閱讀。

總之，課程內容與學習經驗透過課程目標與課程選擇的一般規準之後，進一步再與不同目標行為的具體特徵通則相核對，檢驗其是否合乎練習原則、效果原則、能力原則、彈性原則、經濟原則、動機原則、適當原則、應用原則、指導原則、繼續原則等一般性的原則。經過審慎考慮之後，再決定三個可能的下一步驟：第一個可能步驟是發展計畫，如果暫時性的課程內容與學習經驗合乎上述原則，就是一項值得繼續發展的課程計畫；第二個可能步驟是修改計畫，如果課程內容不是完全合乎上述原則，這個初步計畫可能要加以修改，使課程內容及學習經驗更為

有效；第三個可能步驟是重新規劃設計，如果這些課程內容與學習經驗完全不符上述原則，就必須放棄這個初稿，重新發展有效的課程內容，不僅要協助學生獲得重要的新知識，而且更要協助學生逐漸發展有效的思考方法、可欲的態度和興趣，以及適當的習慣及技能；亦即，不僅協助學生認識知識的內容，更要協助學生獲得求知的方法與建立良好的學習態度與習慣。

貳、課程組織的原則

一、合乎課程目標

　　學校的學習不同於日常生活中其他事務的學習，主要是因為學校的學習是經過正式組織安排的。學校的特定功能乃在於安排學習經驗，以幫助學生進行學習。因此，如果將課程視同學科的學習計畫，則課程內容有必要加以組織，以合乎教育目標，以決定如何進行學習，並使學習更有效率。學生在不同階段有不同的課程目標，所以課程設計在組織教材時，首先要符合學生該階段的課程目標，例如：幼兒園的課程要合乎「課程大鋼」的各領域課程目標。

二、由簡單到複雜

　　例如：由單細胞到多細胞、由化學元素 H 與 O 到化合物 H_2O；又如：數學上先教數概念，再教加減法後教除法。由簡單到複雜，這個原則必須先決定何者簡單、何者複雜的難題。這個原則很重要，但是通常很少被界定，而且也未經過學校正式的實驗（Tyler, 1949, p. 65）。一般而言，由簡單到複雜，指課程因素的安排由簡單的下屬因素開始，而後及於複雜的上位因素及其中的各種交互關係。此一原則亦可指數量方面，由少到多，也可指由一般性到細節（黃政傑，1991）。

三、由具體到抽象

由具體到抽象，在學習的早期階段應該提供具體的學習經驗，先舉出具體的事例，然後提出更基本的原則，以說明這些事例，並由這些具體經驗中找出抽象意義，這是最佳的組織方式。換言之，由具體到抽象的課程組織原則，即指課程設計宜先由視、聽、嗅、味、觸等可具體觀察或感覺的學習經驗開始，而後及於抽象思考的層面，例如：以蘋果、芒果、香蕉、鳳梨、龍眼、荔枝、柑橘與西瓜等具體食物，說明臺灣水果的概念，以及臺灣的其他物質資源，並進而引導學生認識臺灣農民的生產工作與運輸消費的經濟體系，進而培養學生愛鄉愛國的情操。此原則通常是具體的實物（蘋果），半具體的是圖片、影片、模型等，抽象就是指文字、符號及腦海中的意義，如平安等。

四、由近而遠

學習活動的安排，宜由學生已知的活動開始，向未知的活動導入，由近而遠，擴展視野，由熟悉到不熟悉，擴展學生的生活地理領域。此一課程組織原則是指，課程組織宜由學生熟悉之處著手，逐漸導向其不熟悉的地方，例如：社會科學習活動的同心圓組織，或地理上由家庭、學校、鄰里、社區、鄉鎮、縣市、社會、國家、擴及世界，逐漸擴大所含括的活動範圍。

五、年代組織

依據時間年代去組織學習經驗，例如：時間編年史由上古而中古而近代到現代與當代。值得注意的是，年代組織乃依事件發生的年代順序安排，讓學生知道其時間年代的連續性。此一原則又稱為由古及今的課程組織原則，此為依照時間先後來組織課程，例如：歷史事件的發生有其先後次序，代表因果關係，課程內容也應如此排列。但是，這並不是

理解基本概念與訓練基本技巧的最好方法，而且也容易與由近而遠的原則相互牴觸，或與由熟悉到不熟悉的原則相互衝突。如同本章第一節提及之課程組織有論理組織法與心理組織法，要視學生年齡而選用，年紀幼小者宜用心理組織法，年齡較大者宜用論理組織法。

六、由整體到部分或由部分到整體

有一部分的教育心理學者支持由整體到部分的課程組織原則。他們主張課程組織應由整體開始，概觀所有的學習內容和經驗，提供學生一個整體的理解，然後再開始進行各部分的學習，例如：由宇宙、銀河、太陽系、地球、亞洲、東南亞地區、臺灣、嘉義縣、民雄鄉、三興村、中正大學、教育學院、師資培育中心、509研究室；或另一方面，由單一現象到部分因素間關係的通則、原理、原則，到整套完整的理論。因為一般人只注意到年段的安置與主題及次主題型態的內容組織，因此若能指出如何使學習經驗更有秩序，將更具積極的教育意義價值。如將一些具體的「部分」先組成更大的「整體」，最後建立一個逐漸趨於包容各種部分觀點的統整「世界觀」。此一原則乍看之下似乎與「由單純到複雜」的原則相違背，惟事實不然，這兩個原則若能結合起來運用，效果可能更好，那就成為「由整體到部分而整體」了。因此，此一課程組織原則可稱為「由整體到部分或由部分到整體」，例如：教幼兒八個小節的唱遊，通常可先教第一節，再教第二節，熟悉後要將第一節與第二節合起來練習，再進入第三節的教學，以此類推就是本原則應用的實例。

七、先決條件的優先學習

重視先決條件的優先學習性，先學會基本而必要的技能，否則無法進行下一階段的學習，類似於「由部分而整體」的原則。因為學習某一課程內容之前，一定要先學會基本能力，否則便無法學會，例如：要學游泳潛水，必先學習口鼻閉氣與雙腿漂浮打水；必須先學會數數，才能

學會加減法。這也就是老師要先了解學生的「先備經驗」，以此為學習起點，進行其後的學習，所以安排材料時要注意教材的難易度，從學生會的部分引導，或先充實學生先備經驗後再進行教學。

八、概念相關法

概念相關法是指，界定某一概念協助學生認識此一概念的實例，並且辨別此概念與其他概念不同之處，進而合併兩個或兩個以上已知的概念，探究概念之間關係的原理原則，合併幾個原則成為解決新問題的策略。概念關鍵法的基礎在於知識的結構，其焦點在概念的交互關係。課程設計者宜先確立知識結構，找出其中的相互關係，以做為安排學習先後次序的依據。這是利用因素分析法或其他方法指出概念之間的關係，此種方法似乎預先假定概念之間原來就存在著先天關係，就如同神經系統之間的先天關係一樣，經過學習歷程也不會改變，就算是改變也是很小的。

九、探究關聯順序

探究關聯順序是指，課程安排由已知到未知，引導學生探究關聯，增加應用的廣度，促成學生主動學習、發現概念或自動探索技巧。探究關聯順序的課程組織原則，係依照學者專家從事探究的程序來設計課程。他們在從事探究時，概念、原則及方法的使用程序便是課程組織的順序，例如：倡導目標模式的 Bobbitt 與 Charters 所採用的「活動分析法」與「工作分析法」，便是一種關聯順序的課程組織法，課程設計者必須了解到：學生對測驗與刺激的反應，不僅是內在因素之間的連結，也是學生對學習環境的探究，更是學生新舊經驗的統整。如此一來，課程設計者才有可能協助學生探究學習經驗的關聯順序。

十、提供不同的學習型式

　　課程設計者必須提供學生不同的活動、內容、方法、經驗與學習型式，並組織學習經驗，以合乎繼續性、順序性、統整性與銜接性等課程組織規準。就活動的平衡而言，每一位學生並不會經由使用同一方法或同一類型活動或同一媒介，達成最有效之學習。就內容的平衡而言，不同個體需要不同的學習活動內容，以促成個人成長，例如：團體討論、觀察、繼續學習的方法、表達方法。就方法的平衡而言，各種不同的學習方式應該取得平衡點，才不會受限於某單方面範圍，以致剝奪學生之各種不同的學習機會。而且應促成各種不同學習經驗之間的合理平衡，不只是增進個人學習能力與提升學習動機，更可因應學生的個別差異，以熟悉學習內容、發展學生的思考能力與感受能力。其最有效途徑之一，乃是根據學生的不同需要、理解程度及能力而設計的學習方法，如開放學習任務等，如能採用彈性方法的途徑，也可因應不同學生團體的需要，因材施教。

十一、課程統整原則

　　課程設計雖有許多方式，但不論是分科、核心或活動的課程組織，最後都須注意統整原則，因各科或各領域之間的教材必有相關之處，在生活應用時是統整應用，所以組織課程時要注意到縱的排列和橫的聯繫。在幼兒園中，由於年齡小，經驗統整是必要的，請參閱本書第四章第二節的說明。

　　總之，課程設計的原則如前所列課程選擇與課程組織的各原則，在幼兒園、小學、中學、大學、研究所都是可以運用的，設計課程者必須善用這些原則，探討學習經驗、課程要素和結構的關係，妥善安排，引導學生學習，以實現課程目標。

思考與練習題

1. 課程組織有哪些方式？

2. 課程組織有哪些類型？

3. 課程組織的規準有哪些？

4. 試比較課程設計的三種模式？

5. 試舉例說明課程組織的「合乎課程目標」與「由具體到抽象」兩項原則的涵義？

第 三 章

幼兒園課程的沿革

廖藪芬

「幼兒園的課程是如何演變的？」
「當今幼兒園課程大綱與過去的幼稚園課程標準有何異同？」

本章旨在接續第一、二章課程基本概念與理論基礎，轉而說明幼兒園的課程沿革，全章分二節說明，第一節說明幼兒園課程內容的演變，第二節說明幼稚園時期的「**課程標準**」與當今幼兒園的「**課程大綱**」之異同，以供讀者了解幼兒園課程內容的演變過程，進而做為學習幼兒園教保活動課程設計的背景知識。

第一節　幼兒園課程的演變

教育學體系建立的過程須運用跨學科的知識內容，包含：哲學、歷史學、人類學、生物學、心理學、社會學、倫理學、經濟學、政治學、生態學等相關行為科學，可資其體系建立的基礎，其中的歷史學對教育學體系的建立，匯集教育發展的歷史經驗，積累人類教育成就的思想與作為，不僅豐富教育學科的理論內涵，同時對未來教育的走向具啟發性意義（洪福財，2018，頁22）。因應不同時代背景所需，教育承擔國家期待的未來社會公民培育重責任務，而幼兒教育課程的演進也是因應不同時代背景與當時社會需求，而產生不同的課程內涵。

　　在探討幼兒園不同課程內涵演變之前，宜先了解「幼兒園」一詞的由來。現今以「幼兒園」稱幼兒教育機構，而之前的幼兒教育機構則分稱「幼稚園」和「托兒所」。「幼稚園」的成立是以臺灣人於明治30年（1897年）自辦的臺南關帝廟幼稚園開始。到民國11年（1922年）官方公布「壬戌學制」，始確定「幼稚園」在學制上的地位。民國38年（1949年），國民政府遷臺以前的中國大陸採用「幼稚園」一詞；民國39年（1950年）以後就不用「幼稚園」，全面改採「幼兒園」一詞。而臺灣自日據時期明治30年（1897年）開始有「幼稚園」名詞，一直延用至民國99年（2010年），之後因「幼托整合」政策於民國100年（2011年）頒布《幼兒教育及照顧法》，整合幼稚園與托兒而改用「幼兒園」一詞。臺灣的幼兒教育是受到日本帝國、中國以及臺灣本土三股力量影響（洪福財，2018，頁24），自臺南關帝廟幼稚園算來已逾120年，欲了解幼兒園課程內容的發展，日本帝國、中國、臺灣本地等不同勢力影響就成為不容忽視的源流。茲將此三股源流分「日據時代的臺灣幼兒教育」、「清末至國民政府遷臺前的中國大陸幼兒教育」、「國民政府遷臺後的幼兒教育」，說明如下（幸曼玲等人，2017，頁1-14；洪福財，2002，頁45-102；洪福財，2018，頁79-140；教育部，2016，頁1；蔡春美等人，2017，頁23-27；簡楚瑛等人，2003，頁13-18）。

壹、日據時代的臺灣幼兒教育

〔清光緒21年（1895年）至民國21年（1932年）〕

　　清光緒21年（1895年），日本據臺，臺灣是日本帝國第一個殖民地，對於殖民地臺灣，鞏固對臺政權「教育」為重要施政項目，幼兒教育是以日本式課程為主要教育內容。

　　清光緒23年（1897年），時值日本統治時期明治30年，臺灣人自辦的臺南關帝廟幼稚園是臺灣第一所幼稚園，由臺南人蔡夢熊在日本看到「幼稚園」後感動之餘辦理，公開招收縣參事等官員及富家子弟20名。

民國 8 年（1919 年），成立幼兒日語講習所，以 6 歲以下幼兒為對象，推廣日語紮根工作，傳習「日本語」為日本據臺後的首要教育措施，具特定目的之短期語言訓練。保育科目為日語、遊戲、講故事、手勢、唱歌。

　　民國 21 年（1932 年），臺灣最早的托兒所可能是在新竹州銅鑼庄三座厝開辦的「三座厝農繁期托兒所」，因銅鑼庄客家族群區婦女參與農事的客家人風俗，可能是其先於其他閩南人族群區興辦托兒所的主要原因。

貳、清末至國民政府遷臺前的中國大陸幼兒教育
〔清光緒 28 年（1902 年）至民國 34 年（1945 年）〕

　　臺灣被日本統治的同時，中國大陸的幼兒教育情況並不相同。清末因鴉片戰爭瓦解原有自給自足的經濟型態，兵災過後，農田失利，西方工業革命帶動機器生產，大量的勞力需求，使婦女走出家庭投入就業市場，創造出大量的幼教需求。因著西方列強入侵，開啟西方教育思潮的興起，其重要事件如下。

　　清光緒 28 年（1902 年），外國教會在中國創辦六所「小孩察物學堂」（即幼稚園），採取福祿貝爾幼稚園的模式與經驗，科目活動多種多樣、生動活潑。

　　清光緒 29 年（1903 ／ 1904 年），《奏定學堂章程》（是為「癸卯學制」）設置「蒙養院」（幼教機構）為幼教納入學制之始，頒行《蒙養院及家庭教育法章程》的相關幼教法規，仿若《幼稚教育法》、「幼稚園課程標準」、「幼稚園設備標準」等法規集於一身。保育的要旨是仿效日本的教材，把《三字經》、《百家姓》改成遊戲、唱歌、談話。

　　民國 18 年（1929 年），教育部委由專家學者從事課程標準之制訂而公布「幼稚園暫行課程標準」；民國 21 年（1932 年），教育部正式公布「幼稚園課程標準」（第一次修訂），其課程範圍為音樂、故事和兒歌、

遊戲、社會和自然、工作、靜息、餐點等，這是中國統一幼稚園課程標準的開始。

民國 25 年（1936 年），公布「幼稚園課程標準」（第二次修訂），其課程範圍為音樂、故事和兒歌、遊戲、常識、工作、靜息、餐點等。

參、國民政府遷臺後的幼兒教育
〔民國 38 年（1949 年）至民國 106 年（2017 年）〕

國民政府遷臺，一切施政以反共抗俄、復國建國為最高政策，教育措施亦然。然而，隨著臺灣經濟、社會、政治環境的蓬勃發展與穩定成長，普及幼兒教育與重視幼兒學習環境，幼兒園課程內容也有很大的變革，其重要事件如下。

民國 42 年（1953 年），公布「幼稚園課程標準」（第三次修訂），其課程範圍為知能訓練（遊戲、音樂、工作、故事和兒歌）與生活訓練（靜息、餐點）。

民國 64 年（1975 年），公布「幼稚園課程標準」（第四次修訂），其課程範圍為健康、遊戲、音樂、工作、語文、常識。

民國 68 年（1979 年），內政部公布《托兒所教保手冊》，教保內容除 1～2 歲外，其領域分為：遊戲、音樂、工作、常識、抽象概念、語言，以及生活習慣（內政部，1979）。

民國 76 年（1987 年），教育部公布「幼稚園課程標準」（第五次修訂），其課程領域為健康、遊戲、音樂、工作、語文、常識，其中的「常識」領域範圍包括「自然、社會和數、量、形」內容。

民國 101 年（2012 年）10 月 5 日，「幼兒園教保活動課程暫行大綱」（教育部，2012）公布，歷經四年實驗園實作與驗證研修而成後，於民國 105 年（2016 年）12 月 1 日，頒布「幼兒園教保活動課程大綱」〔民國 106 年（2017 年）8 月 1 日生效〕（教育部，2016），統整各領域分為：身體動作與健康、認知、語文、社會、情緒，以及美感六大領

域，培養幼兒六大核心素養為「覺知辨識、表達溝通、關懷合作、推理賞析、想像創造、自主管理」。

上述幼兒園課程內容的演變，以及歷經民國70年（1981年）《幼稚教育法》頒行和民國100年（2011年）頒布《幼兒教育及照顧法》兩次重要法令積極推動課程的實施，茲簡列說明如表3-1所示。

表3-1 我國幼兒園課程的演變

西元	年號	臺灣	中國	課程內容
1895	清光緒 21 年	「中日馬關條約」簽訂，臺灣割讓給日本		日本式課程教育內容
1897	清光緒 23 年	臺南關帝廟幼稚園成立		
1902	清光緒 28 年		外國教會在中國創辦六所「小孩察物學堂」	採取福祿貝爾幼稚園的模式與經驗，科目活動多種多樣、生動活潑
1903/ 1904	清光緒 29 年註		中國設置「蒙養院」，保育的要旨是仿效日本	仿日教材將《三字經》、《百家姓》變做遊戲、唱歌、談話
1919	民國 8 年	幼兒日語講習所		日語、遊戲、講故事、手勢、唱歌
1929	民國 18 年		「幼稚園暫行課程標準」	1.音樂；2.故事和兒歌；3.遊戲；4.社會和自然；5.工作；6.靜息；7.餐點
1932	民國 21 年	三座厝農繁期托兒所（臺灣最早的托兒所）	「幼稚園課程標準」（第一次修訂）	1.音樂；2.故事和兒歌；3.遊戲；4.社會和自然；5.工作；6.靜息；7.餐點
1936	民國 25 年		「幼稚園課程標準」（第二次修訂）	1.音樂；2.故事和兒歌；3.遊戲；4.常識；5.工作；6.靜息；7.餐點

表 3-1　我國幼兒園課程的演變（續）

西元	年號	臺灣	中國	課程內容
1953	民國 42 年	臺灣光復，中華民國政府遷臺仍沿用中國的「幼稚園課程標準」（第三次修訂）（始是臺灣實施版本）		1.知能訓練：遊戲、音樂、工作、故事和兒歌； 2.生活訓練：靜息、餐點
1975	民國 64 年	「幼稚園課程標準」（第四次修訂）		1.健康；2.遊戲；3.音樂；4.工作；5.語文；6.常識
1979	民國 68 年	《托兒所教保手冊》		1.遊戲；2.音樂；3.工作；4.常識；5.抽象概念；6.語言；7.生活習慣
1987	民國 76 年	「幼稚園課程標準」（第五次修訂）		1.健康；2.遊戲；3.音樂；4.工作；5.語文；6.常識
2012	民國 101 年	「幼兒園教保活動課程暫行大綱」		1.身體動作與健康；2.認知；3.語文；4.社會；5.情緒；6.美感
2016	民國 105 年	「幼兒園教保活動課程大綱」		1.身體動作與健康；2.認知；3.語文；4.社會；5.情緒；6.美感

註：《奏定學堂章程》設置「蒙養院」為幼教納入學制之始，通過日期是清光緒 29 年（1903 年）11 月 26 日（農曆年），西元已經是跨年的 1904 年 1 月 13 日（新曆年）。這也就是會有 1903 年和 1904 年兩個西元年度的原因。

　　綜觀上述我國幼兒園課程的演變過程，足以看出一個國家歷史發展對幼兒教育課程的影響。日本式與中國大陸式幼兒教育的融合，是臺灣幼兒教育的第一個特性；而 1930 年代，中國的幼稚園課程在臺灣的延伸

發展，則是戰後臺灣幼兒教育的第二個特性（洪福財，2018，頁23；翁麗芳，1998，頁216-218）。現今臺灣繁榮進步，營造優質幼兒學習環境，民國100年（2011年）倡議「幼托整合」推展「教育」與「保育」並重之教保合一整體性「本土化課程」，即是臺灣幼兒教育的第三個特性。

第二節　「幼稚園課程標準」與「幼兒園教保活動課程大綱」的比較

　　早期的幼兒教育機構有「幼稚園」與「托兒所」之分，而幼稚園招收4足歲至入國民小學前兒童，教育內容遵照教育部公布的「幼稚園課程標準」實施；托兒所收托年齡為出生滿1個月至未滿6歲之兒童（滿1個月至未滿2歲者為托嬰部，滿2歲至未滿6歲者為托兒部），教育內容遵照內政部編印的《托兒所教保手冊》實施。

　　因應幼稚園與托兒所整合，民國100年（2011年）6月29日公布《幼兒教育及照顧法》，自民國101年（2012年）1月1日開始施行，臺灣也成為亞洲第一個將幼兒「教育」與「照顧」由平行系統轉化為整合系統的國家（教育部，2016，頁1）。依據該法令第3條定義的「幼兒」，係指2歲以上至入國民小學前之人，在幼兒園服務之園長、教師、教保員及助理教保員稱為「教保服務人員」。而該法令第12條，教保服務內容以幼兒教保活動課程大綱及服務實施準則為準，現今的課程規劃偏向「教育」與「保育」並重的教保合一。

　　由於民國76年（1987年）的「幼稚園課程標準」在臺灣實施長達25年，早期常用的「**幼兒教育課程**」以該版「幼稚園課程標準」為代表，而「**幼兒教保活動課程**」則以民國105年（2016年）的「幼兒園教保活動課程大綱」為代表。茲此，比較民國76年（1987年）版的「幼稚園課程標準」與民國105年（2016年）的「幼兒園教保活動課程大綱」之間有差異也有相同點，如表3-2所示（幸曼玲等人，2017，頁8-13；幸曼

表 3-2 「幼稚園課程標準」與「幼兒園教保活動課程大綱」比較表

	項目	「幼稚園課程標準」	「幼兒園教保活動課程大綱」
相異點	名稱用語	「標準」，顯示官方制定，統一課程內容實施。	「大綱」，對幼兒園教保服務人員課程規劃專業自主尊重；提供規劃幼兒園課程的目標及方向。
	適用年齡	4 歲到入國民小學前的幼兒。	2 歲到入國民小學前的幼兒。
	編製擬訂	專家學者討論決議與編製擬訂。	專家學者編製各領域幼兒能力測驗，進行實徵研究，蒐集屬於臺灣本土幼兒能力資料；歷經實驗園實作與驗證研修。
	教育理念	直接知識的灌輸；重視認知、技能、情意能力的培養。	引導式學習，重視幼兒階段獨特的發展任務；以「仁的教育觀」為基礎，培養幼兒六大核心素養：「覺知辨識、表達溝通、關懷合作、推理賞析、想像創造、自主管理」。
	幼兒圖像	專心聽講。	自信、主動、能與人合作、對生活環境關心、有勇氣面對問題、有能力解決問題的樣貌。
	教育目標	1. 維護幼兒身心健康。 2. 養成幼兒良好習慣。 3. 豐富幼兒生活經驗。 4. 增進幼兒倫理觀念。 5. 培養幼兒合群習性。 6. 陶冶幼兒藝術情操。	延續「幼稚園課程標準」的五項教育目標，再調整增列： 6. 拓展幼兒美感經驗。 7. 發展幼兒創意思維。 8. 建構幼兒文化認同。 9. 啟發幼兒關懷環境。
	課程規劃	主要是以園課程取向（例如：單元、主題、方案、學習區或其他課程模式）進行學習活動設計。	幼兒一天在園的生活，分為「例行性活動」、「全園性活動」和「依據不同課程取向而異的多元學習活動」三類。
	領域目標	強調幼兒的學習成效是教師的責任，以期待教師的角度撰寫目標。	視幼兒為學習主體，是以幼兒的角度來編擬目標；從該領域出發所描繪的孩童圖像，是該領域對幼兒學習的整體期待。

表 3-2　「幼稚園課程標準」與「幼兒園教保活動課程大綱」比較表（續）

	項目	「幼稚園課程標準」		「幼兒園教保活動課程大綱」	
相異點	領域範圍／領域內涵	偏向從「學科角度」來命名，包括：健康、遊戲、音樂、工作、語文、常識。		以「幼兒發展」領域來命名，包含：身體動作與健康、認知、語文、社會、情緒、美感。重視「幼兒全人發展」和「其所處文化環境的價值體系」。	
		健康	・健康的身體 ・健康的心理 ・健康的生活	身體動作與健康	領域能力： ・覺察與模仿 ・協調與控制 ・組合與創造 學習面向： ・身體動作 ・用具操作 ・健康行動
				情緒	領域能力： ・覺察與辨識 ・表達 ・理解 ・調節 學習面向： ・自己 ・他人與環境
		常識	・社會 ・自然 ・數、量、形概念	認知	領域能力： ・蒐集訊息 ・整理訊息 ・解決問題 學習面向： ・生活環境中的數學 ・自然現象 ・文化產物

表 3-2 「幼稚園課程標準」與「幼兒園教保活動課程大綱」比較表（續）

	項目	「幼稚園課程標準」		「幼兒園教保活動課程大綱」	
相異點	領域範圍／領域內涵			社會	領域能力： ・探索與覺察 ・協商與調整 ・愛護與尊重 學習面向： ・自己 ・人與人 ・人與環境
		語文	・故事和歌謠 ・說話 ・閱讀	語文	領域能力： ・理解 ・表達 學習面向： ・肢體 ・口語 ・圖像符號 ・文字功能
		遊戲	・感覺運動遊戲 ・創造性遊戲 ・社會性活動與模仿想像遊戲 ・思考及解決問題遊戲 ・閱讀及觀賞戲劇影片遊戲		
		工作	・繪畫 ・紙工 ・雕塑 ・工藝	美感	領域能力： ・探索與覺察 ・表現與創作 ・回應與賞析 學習面向： ・情意 ・藝術媒介
		音樂	・唱遊 ・韻律 ・欣賞 ・節奏樂器		

表 3-2　「幼稚園課程標準」與「幼兒園教保活動課程大綱」比較表（續）

	項目	「幼稚園課程標準」	「幼兒園教保活動課程大綱」
相異點	實施方法／實施原則	強調教材編選、教學方法、實施要點以課程內容為主。	重視幼兒學習經驗歷程、方法和規劃，以培養過程能力為目的。
	評量	幼兒學習評量：每一個單一活動設計都講求「學習評量」，多為內容方面的評量；評量分為平時活動評量與期初／期中／期末評量。	• 幼兒學習評量：每一個單一活動可不需寫出評量指標；兼具評量內容、方式與時機；評量分為「形成性評量」和「總結性評量」。 • 教師教學評量：提供教師評量的方法與一般性的原則。
相同點	理念	強調幼兒為本位，重視遊戲在幼兒學習扮演的角色，著重教學者的定位。	
	實施	須預先規劃課程；須根據幼兒的經驗能力自編課程；須以統整的方式進行。	

註：民國 76 年（1987 年）版的「幼稚園課程標準」將「遊戲」視為領域，也提及遊戲可在語文、常識、健康、音樂等課程中實施，因而產生遊戲是一個「領域」或是「媒介」的爭議；民國 105 年（2016 年）的「幼兒園教保活動課程大綱」將「遊戲」視為媒介，但為避免家長誤解幼兒園中只有遊戲、沒有學習，特別在實施通則中區分「自由遊戲」和「遊戲中學習」（幸曼玲等人，2018a，頁 37）。

玲等人，2018a，頁 34；教育部，2016，頁 2-7；教育部，2017，頁 1-2；陳淑琴等人，2018，頁 36-39；蔡敏玲，2014，頁 4-9）。

　　以上簡述我國幼兒園課程之演變，融合日本式與中國大陸式幼稚園課程、延伸發展中國的幼稚園課程，以及現今整體性教保合一的本土化課程。再比較民國 76 年（1987 年）版「幼稚園課程標準」與民國 105 年（2016 年）的「幼兒園教保活動課程大綱」之間的異同。因應社會的快速變遷與世界幼教發展趨勢，「幼兒園教保活動課程大綱」從人的陶養出發，確立課綱的宗旨、總目標、基本理念和實施通則，依據幼兒在幼兒園的所有學習經驗都是課程，這是從「**課程標準**」以「**教**」為本位，

焦點在於老師如何教的內容，轉為「**課程大綱**」關注幼兒如何「學」，拋開老師主導性知識灌輸，調整為適當引導式學習，提供幼兒探索體驗的第一手經驗，培養「覺知辨識、表達溝通、關懷合作、推理賞析、想像創造、自主管理」的核心素養，是臺灣幼兒教育課程多年演變結果的具體呈現，也是代表著我國對於幼兒園教保活動課程與教學品質的重視。

思考與練習題

1. 試依據「幼兒園教保活動課程大綱」說明「教保活動課程規劃」的活動形式包括哪三類？

2. 試就領域範圍／領域內涵比較「幼稚園課程標準」與「幼兒園教保活動課程大綱」之差異？

幼兒園教保活動課程
的基本特性

廖藪芬、羅素玲

「幼兒園教保活動課程有何基本特性？」
「何謂符合幼兒身心發展的課程？」
「為何幼兒園教保活動課程需整體性思考？」

本章旨在探討幼兒園教保活動課程的兩項基本特性：第一，需符合幼兒身心發展；第二，為整體性思考的課程，全章分兩節說明。首先，說明符合幼兒身心發展的課程；接續，論述整體性思考的課程為何，以供讀者對幼兒園教保活動課程的基本特性建立明確概念。

第一節　符合幼兒身心發展的課程

何謂「符合幼兒身心發展的課程」？就是依據幼兒階段的身（生理）、心（心理）發展狀況設計合宜的學習課程。因為教學的對象是「幼兒」，唯有了解幼兒身心發展，才能擬訂適合幼兒學習的內容與教學方式，有助於幼兒學習成效與能力提升。茲此，符合幼兒身心發展的課程可從二方面探討：第一是「具備幼兒身心發展概念」；第二是「重視幼兒學習本性」，說明如下。

壹、具備幼兒身心發展概念

「發展」（development）是指，個人在生命期間（由受孕至死亡）身心特質所產生的系統性、持續性的變化過程，而決定人類發展的因素是「成熟」（maturation）與「學習」（learning）（Shaffer, 2003/2008, pp. 3-4）。人類從嬰兒期、幼兒期、兒童期、青少年期、成人期、老人期等都有不同發展的特性。從事幼兒教育的老師對於幼兒期發展特性，可從師資培訓課程或是專業書籍閱讀獲得理解，例如：發展心理學、幼兒發展與輔導、幼兒行為觀察與紀錄等建立專業知能；探討幼兒發展理論有：身體與動作、認知、智力、語言與溝通技巧、人格與情緒、社會行為與道德行為、遊戲等。然而，為何要具備幼兒身心發展概念？其重要性說明如下：

1. 普遍性了解幼兒目前階段的發展常模現況，有助於擬訂合宜的教學活動，例如：跳繩活動會規劃在幼兒合適學習的年齡約 5 歲階段，就不會安排 2 歲幼兒學習的活動，避免 2 歲幼兒學不來也沒有成效。

2. 依據幼兒發展順序，規劃學習活動步驟。以學騎三輪車為例：幼兒騎三輪車時，其順序是：雙腳能滑著前進→能踩踏板前進→能踩踏板繞著目標轉彎（吳淑美，2006，頁 11）。

3. 依據幼兒現階段發展規劃學習活動內容，透過觀察發現幼兒學習過程中的表現情形，再調整課程提供新的學習方向，或是調整學習方式，例如：4 歲幼兒對於「運用動作、表情、語言表達自己的情緒」有困難，可以調整課程提供學習方向為「運用動作或表情表達自己的情緒」；若大部分幼兒都學會，可以調整為「以符合社會文化的方式來表達自己的情緒」的方式。

當具備幼兒身心發展概念之後，規劃教保活動課程則須思考「幼兒期發展與學習」與「注重個別差異」二方面，茲說明如下。

一、幼兒期發展與學習

　　美國幼教協會（National Association for the Education of Young Children，簡稱 NAEYC）對「符合孩子身心發展的專業幼教」之定義如下：專業幼教人士在決定什麼樣的教育對孩子有益的過程中，必須具有三種重要的基本資訊或知識，其中一種是具有「幼兒發展與學習知識」。因為幼兒在不同年齡都會有不同的發展及學習特質，這些知識能幫助老師對各個年齡層的孩子有概括性的了解，知道什麼樣的活動、教材、互動對他們是安全的、健康的、有趣的，以及能力所及、同時也不失挑戰性的（Bredekamp & Copple, 1997/2000, p. 64）。當一位幼教老師具備幼兒發展與學習的知識，才能採取適當的教學方式。在此列舉三個例子，說明「幼兒期發展與學習」是相互密切有關聯性，如下：

1. 依據認知發展理論，皮亞傑（J. Piaget, 1896-1980）提出感覺動作期（0～2 歲）、運思前期（2～7 歲）、具體運思期（7～11 歲）、 形式運思期（11 歲以上）的理論。正值認知發展運思前期（2～7歲）的幼兒特性是具體性、直覺推理，在規劃課程時，則要思考以幼兒具體直覺可操作的活動為主，例如：引導幼兒認識「蘋果」，可透過實際用眼看、用手觸摸「蘋果」實體，而非抽象思考的簿本讀寫「蘋果」兩個字或注音符號。

2. 依據幼兒繪畫發展，王珮玲（2021，頁 5）認為幼兒是從隨意塗鴉期（～2.5 歲）、控制塗鴉期（2.5 歲～3 歲）、命名塗鴉期（3歲～4 歲），再發展到前樣式期（4 歲～7 歲）。在前樣式期，幼兒的第一個表象符號是 「人」，而「蝌蚪人」是 4～5 歲幼兒常出現的人物造型。從發展觀點而言，幼兒的繪畫是可以看出孩子認知能力的發展，例如：孩子已經 4 歲，卻仍在「控制塗鴉期」塗塗畫畫，老師即應進行了解與介入，以協助其發展到「命名塗鴉期」。

3. 從社會發展的觀點觀察社會性遊戲群性行為的發展，Parten（1932）提出幼兒 3 歲以前多出現無所事事（unoccupied behavior）、單獨遊戲（solitary Play）、旁觀者行為（onlooker）、平行遊戲（parallel Play），隨著年齡增長，進而從事聯合遊戲（associated Play，約 3.5 歲～4.5 歲）、合作遊戲（cooperative Play，約 4.5 歲左右）（引自黃瑞琴，1997，頁 23），例如：幼幼班的遊戲發展傾向於單獨或平行遊戲，老師若了解幼兒發展原理，就不會強求幼兒要與其他小朋友一起聯合玩遊戲，但到了中、大班，則可以規劃合作有規則性遊戲。

當具備幼兒身心發展概念，會依幼兒發展特性了解每個幼兒的發展狀態，不同年齡、不同時期有不同的發展特性，接著就可以依幼兒的起始點，設計課程與教學活動。

二、注重個別差異

個體的成長有大小不一的速率，不同種族在身體成長速率上有一些差異，例如：亞洲人比北歐人來得矮小；不同年齡，小肌肉的手眼協調發展不同，3 歲時很難扣鈕扣、綁緊鞋帶或模仿簡單的圖案，5 歲時即能完成這些能力，還能用剪刀剪直線或用蠟筆模仿字母或數字（Shaffer, 2003/2008, p. 237）。群體裡每一年齡層幼兒的發展，也會因應不同性別、社經背景、種族、身心狀態，而有個別差異性與獨特性（教育部，2016，頁 4），沉浸在各種不同的文化內涵、社會習性與生活經驗中展現其個殊性。

而「課程大綱」是從幼兒的發展出發，分為「身體動作與健康、認知、語文、社會、情緒、美感」六大領域，以 27 個月的時間蒐集臺灣各地幼兒的實際表現資料，再由這些資料結構出幼兒園「課程目標」及「學習指標」，這是屬於幼兒發展為基礎的本土能力（教育部，2018a）。其「學習指標」依分齡學習指標有幼幼班（2～3 歲）、小班（3～4 歲）、

中班（4～5 歲）、大班（5～6 歲），隨著幼兒學習狀況，可以個別調整幼兒適用的年齡層學習指標，例如：大班有一名幼兒年齡是 5 歲，但是他的身體動作發展適合 3 歲的學習指標，老師即可選用適合他的 3 歲學習指標來做為活動設計參考的方向。

　　注重個別差異的學習，以下簡略從身體動作、認知、語言、社會、情緒等發展，說明個案案例，以及老師如何提供協助的學習作法（王珮玲，2016，頁 84-314）：

1. 身體動作：6 歲小男生，粗動作或精細動作發展都較其他幼兒慢，老師可以多設計全身性的運動，例如：球類運動，玩滾球、傳球、丟球、拍球及擊球，或是模仿動物走路等，協助其身體動作的發展。

2. 認知：大班一名 5 歲小男生，從出生到 5 歲是由祖母帶大，5 歲入學後才由父母自己帶，老師發覺該生認知學習較緩慢，可運用具體操作或生活經驗協助該生學習分類概念與數概念，例如：依照形狀分類「形形色色」教具、爬樓梯學習從 1 數到 10 等，協助其認知學習的進步。

3. 語言：一名 5 歲小男生是家中的獨子，家庭教育非常嚴謹、權威式，該生說話能力慢之外，還會結結巴巴。因此，老師常以溫和、鼓勵、讚美該生的口語表達；設計吹氣練習活動「用吸管吹泡泡、吹乒乓球、吹樹葉」；說出合乎語法句子「自我介紹」；說出物體的特徵「神秘袋遊戲」猜出此物品名稱等，協助其語言能力的提升。

4. 社會：大班一名小男生個性非常好動，是家中獨子，在園常跑來跑去，無法安安靜靜坐著吃一頓飯，常有小朋友跑來告狀，老師覺察該生很喜歡團體生活、和同學玩，但是因方法使用不當，沒有人喜歡與該生互動。因此，老師設計「角色扮演」活動，鼓勵該生學習正確社交技巧與表達內在的感受、「當小主人」招待小

朋友、「團體遊戲」兩人三腳肢體接觸等，促進其社交行為的提升。

5.情緒：一名 5 歲體重過輕的早產兒小女生，遇有不順心的事，就拳打腳踢、亂發脾氣，情緒反應激烈，老師可以設計「角色扮演」或「表演戲劇」等活動，加強訓練其情緒的表達與調節情緒的方法。

貳、重視幼兒學習本性

盧梭（J. J. Rousseau, 1712-1778）「順於自然」的教育理想，強調幼兒感官和實務經驗；裴斯塔洛齊（J. H. Pestalozzi, 1746-1827）認為，教育目的在使人類的各項能力得到自然循序的均衡發展，主張教育應運用感官，直接與實際事物接觸而獲得直接的經驗；福祿貝爾（F. W. A. Frobel, 1782-1852）主張，教育目標在於引導幼兒的發展，讓幼兒藉著遊戲、恩物與手工創造等自我活動，發展內在的本性與潛能（廖信達，2004，頁 2-4）。茲此，重視幼兒學習的本性，可從「感官體驗」與「喜愛遊戲」入手，茲分述如下。

一、感官體驗

從出生開始，嬰兒即使用味覺、嗅覺、聽覺、觸覺及視覺等各種感官來經驗外界事物。到了幼兒時期，對生活環境中的一切充滿好奇與探究的動力，並使用眼睛觀察、耳朵聆聽、鼻子聞、手或皮膚觸碰，以及舌頭嚐的方式，在不斷發問、主動試驗與尋求答案的歷程中學習。老師宜善用幼兒與生俱來的各種感官，鼓勵幼兒去觀察（例如：聞聞看有什麼味道、摸摸物體是硬的還是軟的等）、去發現環境中物體的簡單型式與規律（例如：形狀或顏色等）。透過親身參與，和周遭的人、事、物互動，在其中觀察、感受、欣賞與領會生活環境中的自然與人文現象，主動的理解、思考與詮釋其所探索的現象，尋求現象間的關係，嘗試解

決其所面臨的問題（教育部，2016，頁3-4）。

　　而在規劃課程時，老師宜特別觀察留意幼兒對周遭生活環境引發感興趣的事件，並在這些題材上，鼓勵幼兒主動積極的探索，導引幼兒從自己身邊環境的事物開始探索，然後再漸漸延伸至周遭或更遠的環境與事物，例如：在認識新環境上，幼兒先探索最常接觸的教室環境，然後再探索幼兒園環境，進而探索社區，用腳走路散步探索、用心體會、用腦思考、用手操作體驗。在學習過程中，老師可多引導提問：「你怎麼知道？」「你怎麼想到？」「你怎麼做到？」「你的感覺是什麼？」提供幼兒獲得第一手經驗的機會，才能達到真正深刻類化的學習。

二、喜愛遊戲

　　幼兒天生喜歡遊戲，能在遊戲中自發的探索、操弄與發現。幼兒也在遊戲情境中，學習與人互動及探索素材的意義。透過參與和體驗，幼兒以先前經驗為基礎，逐步建構新知識，並學習在群體中扮演適當的角色（教育部，2016，頁4）。而且，遊戲使幼兒自由自在放鬆身心，化解心中的焦慮與緊張，達到情緒調節淨化效果，實現願望、獲得快樂！依據「課程大綱」實施通則之中，有一項是說明幼兒「自由遊戲」及在「遊戲中學習」的價值，讓幼兒得以自主的探索、操弄與學習，敘述如下（教育部，2016，頁8）：

1. 重視並善用幼兒喜歡遊戲的天性，配合不同的課程取向，提供多元且結構性較低的素材，讓幼兒有充足的時間能在其中自發的探索、操弄，進行想像與創造的遊戲。

2. 遊戲的素材與情境的規劃不在精美，而在於自然、質樸、富彈性，以引發幼兒的自發性遊戲與學習。

3. 遊戲需要充足的時間，讓幼兒能安心投入，並享受遊戲所帶來的愉悅和滿足。

4. 依據幼兒興趣設計活動，引導幼兒主動探索、試驗與發現，但過程中宜避免過多的指導、規定或要求，以免幼兒失去學習樂趣。

因此，善用幼兒「感官體驗」與喜歡「自由遊戲」的天性，面對年齡層愈低的幼兒，愈須提供充足的時間讓幼兒盡情遊戲；而「遊戲中的學習」將遊戲視為學習的媒介，觀察幼兒的興趣設計活動，引導幼兒主動學習（幸曼玲等人，2018a，頁37）。在課程設計方面，可以考量遊戲環境、遊戲材料、遊戲過程等面向思考，說明如下。

（一）遊戲環境

提供安全、正向且有意義的學習情境，連結與擴充幼兒生活經驗，鼓勵幼兒有主動學習探索和多元互動的機會，遊戲環境注意如下。

1. 符合安全規範

遊戲環境不僅包含設施設備，其教材教具、素材、工具、器材等都要符合安全規範，例如：園舍符合建築物公共安全檢查與消防安全設備檢修；戶外遊樂場符合中華民國國家標準CNS12642「公共兒童遊戲場設備」與CNS12643「遊戲場鋪面材料衝擊吸收性能試驗法」之規定；教材教具、素材、工具、器材符合安全標章，如ST安全玩具。

2. 多元有意義的學習環境

幼兒學習環境不限於教室，或是園內走廊或戶外空間，甚至是走入社區。當了解孩子所處的生活背景，才能確保提供孩子的學習經驗是有意義的、有相關性的，並能顯示對孩子及其家庭之尊重（Bredekamp & Copple, 1997/2000, p. 64）。從幼兒自己所處的社會及文化脈絡下規劃學習活動，親身體驗日常生活環境中的社會文化現象。配合不同課程取向，例如：在方案課程中，幼兒創造的遊戲環境（play environments）成為幼兒主要的焦點，像是他們創造了一部消防車、一家商店、一家餐廳、一間病房，或者是獸醫診所等（Helm & Katz, 2011/2012, pp. 4-22）。

3. 開放與符合幼兒使用的空間

　　教室空間規劃要符合幼兒身高與使用的尺寸，避免講座式排排坐桌椅空間，限制幼兒遊戲本性，而是能提供幼兒自由選擇、自由探索、易於自行拿取與收放的開放學習區（角落），例如：扮演區、美勞區、數學區、組合建構區、語文區、積木區、科學區、玩沙區、種植區等，提供操作體驗機會，滿足幼兒不同興趣與需求，激發幼兒發揮想像創造，在沒有固定形式與答案遊戲情境中自由組合建構。

（二）遊戲材料

　　多樣性的遊戲材料可提供幼兒自發性或引導性遊戲的機會，因此在規劃遊戲材料時，宜注意以下原則。

1. 提供結構性較低的素材

　　沙、土、水是幼兒三寶，只要給幼兒一些石頭、樹枝、樹葉，自然的素材或不具結構性的材料，幼兒就可發揮無限想像與創意，因為不設限的自由創作，更能激發幼兒的想像力與創意。近年來，美國教育界極力推動 STEAM 教育，這股風潮也逐漸影響其他國家的教育趨勢，而成為世界教育的潮流。STEAM 五個英文字母縮寫分別代表科學（Science）、科技（Technology）、工程（Engineering）、藝術（Art）、數學（Mathematics），其教育目標是要鼓勵學生儘早接觸以上五種領域，希望學生能應用跨學科知識發揮創意，解決真實生活中各種情境的問題（黃璇寧，2017）。進一步來說，2016 年美國幼教協會（NAEYC）提出幼兒 STEAM 教育宣言，提倡 STEAM 教育要從幼兒階段開始，希望在幼兒時期透過心智涉入和動手操作遊戲與學習，形成幼兒心智習慣，對未來的成功至關重要（周育如，2018，頁 76）。STEAM 教育常用的素材之一就是鬆散素材（loose parts），這也是近年歐美國家盛行的幼兒學習資源，因為結構性低，相對鼓勵幼兒有著更多創意展現，其特性為

（Daly & Beloglovsky, 2014）：漂亮吸引人、不限定用途，可自由拆解組合；素材可重複使用、經濟環保；可設置一專區，讓幼兒自由操作或融入其他學習區中；可配合課程（數學、語文、藝術、自然科學、戲劇遊戲、感官探索、律動音樂）運用。

2. 符應幼兒能力與經驗

因應個別不同能力與經驗選用材料種類，提供不同難度或複雜度讓每位幼兒得以按其能力和經驗做不同的選擇及運用，例如：2 歲拼圖 5 片、3 歲拼圖 20 片、4 歲拼圖 40 片、5 歲拼圖 60 片等，以符合幼兒能力與經驗。

3. 增進發展與學習機會

運用遊戲材料的特性與功能，提供幼兒的發展與學習機會，例如：拼圖、剪刀、串珠、衣飾框等操作，協助身體發展；扮演家庭道具材料，協助社會發展；積木或美勞區素材，增進創造力發展；圖畫書、手指遊戲，協助語言發展等。而且，不同遊戲材料提供不同的社會層次和認知層次的遊戲行為，例如：扮家家玩具可能引發幼兒團體一起進行戲劇遊戲；積木可能引發幼兒單獨、平行或團體一起建構積木。

（三）遊戲過程

理解有關幼兒發展方向，藉以安排遊戲環境，充分提供遊戲材料，並賦予幼兒自由遊戲的機會，產生各式各樣豐富而有變化的遊戲行為。唯有幼兒透過對自己、人、環境的交互作用，在一連串遊戲經驗中，才能產生學習和行為改變。因此，遊戲過程應注意如下。

1. 提供充分遊戲探索時間

投入遊戲中探索、思考、建構、解決問題都需要一段時間，其作息時間宜採用「活動式的課程」，連貫銜接有充分活動的時間，而非「科目式的課程」，一節一節切割零碎的時間課程表。

2. 提供學習線索

鼓勵幼兒主動探索學習，針對遊戲活動內容或素材，提供學習線索，例如：提示卡、示範卡等。以組合「積木」為例，提示卡有「操作步驟說明」、示範卡有不同「作品仿搭」。如此，避免老師因人力不足影響幼兒的學習，或者過多的指導、規定或要求，影響幼兒學習的樂趣與創意想像。

3. 重視遊戲學習過程

透過遊戲過程，老師了解幼兒遊戲的需要與興趣為何？藉此觀察記錄幼兒個別成長及改變，如何與同儕、成人、玩具或情境等互動？幼兒的語言、認知、動作、社會、情緒等發展狀況？如何因應適當調整學習方向與內容，都是遊戲過程須重視的，而非評量幼兒學習的結果。

4. 遊戲與學習的結合

以幼兒有興趣的遊戲活動開始，適當提供多元素材，以個別、小組或團體型態進行多元學習活動。透過遊戲，不僅可以促進幼兒大小肌肉及手眼動作協調能力的發展，更能促進其創造思考、問題解決能力、語文、社會、情緒能力的發展，學習到未來生活中的原則和規律，培養面對真實生活的調適能力（陳淑琴等人，2018，頁74）。

總之，符合幼兒身心發展的課程從「具備幼兒身心發展概念」與「重視幼兒學習本性」，進而運用幼兒喜愛遊戲的本性為「引導式遊戲」，規劃不同領域的學習活動，注重個別學習的差異，提供具體感官體驗，才能達到真正深刻類化的學習。

第二節 整體性思考的課程

幼兒園教保活動課程的第二個特性是必須整體性思考。所謂整體性思考的課程，係依據「課程大綱」為參考藍圖，說明整體思考的面向有準備原則、適切性原則、銜接性原則、統整性原則等四項，茲分敘如下。

壹、準備原則

準備原則是教保活動課程設計最首要的原則，唯有透過事先的準備與資料蒐集，掌握方向性的考量與設計，才有實施的可能性。那麼，須做哪些準備呢？

一、了解幼兒園的運作方向與課程取向

了解自己服務的幼兒園每學年有哪些重要行事曆、幼兒作息生活為何？以及課程取向是單元、主題、方案、學習區、蒙特梭利、華德福或其他等，有助於擬訂課程規劃（行事曆、作息計畫、課程計畫有全園性課程計畫、年度計畫、學期計畫、主題計畫與活動計畫）。尤其在撰寫「課程計畫」時，較有明確的目標、內容、方法與評量方式。

二、認識幼兒園本身的條件

考慮幼兒園有關的資源，可以擬訂「社區資源網」（見附錄一「社區資源及關係網絡圖」），藉此了解幼兒園的地理區位、建築藝術、自然生態、節慶活動、休閒育樂、地方特產、在地達人、家鄉特色、人力、物力等，以及園舍環境設施（例如：閱覽室、遊戲室、教具室、廚房、廁所、菜園等）、設備（例如：遊戲器材、教具、媒體器材、教具櫃、儲藏櫃、桌椅等用品及器材等），善用資源規劃學習情境。幼兒所處的

生活環境是學習的來源，生活環境可以分成：(1)物理環境；(2)自然環境；(3)社會環境；(4)人文（文化）環境（幸曼玲等人，2018a，頁22）。

三、蒐集相關的資料

透過作息計畫、課程計畫蒐集相關資料，參考書籍知識、網路資訊、幼兒園沿革或社區文史資料、教材教具、圖畫書等資料，規劃例行性活動、全園性活動與多元學習活動，再依幼兒的能力與興趣轉換為幼兒喜愛與探索的活動體驗。

四、了解班級幼兒資料

教的是幾歲幼兒？班級人數多少人？是分齡班（幼幼班：2歲、小班：3歲、中班：4歲、大班：5歲），還是混齡班（3歲～4歲、4歲～5歲、3歲～入國小年齡）？幼兒的性別、背景（種族，例如：新住民、原住民、客家人；身心狀態，例如：特殊生）、家長職業與社經背景、家庭型態（例如：單親、隔代教養、寄養家庭等）。幼兒的能力、興趣，或是曾在本園學習過哪些課程等。

貳、適切性原則

適切性原則即是規劃課程適切合宜的考量，以符合幼兒園現階段的學習與發展需求。茲將適切性原則需考量事項說明如下：

1. 規劃課程符合幼兒園願景、特色發展、課程取向等。
2. 規劃課程從在地生活情境中選材，合乎幼兒生活經驗，考量是否能提供幼兒第一手經驗的機會。
3. 適齡適性的課程規劃，考量幼兒的年齡、能力發展、興趣與特質等不同，其內容超過該年齡層、能力學習的範圍，幼兒是很難理解與學習。
4. 多元活動的課程規劃要涵蓋動態、靜態的活動；幼兒進行學習場

域不限於幼兒園的室內或室外，還可以走入社區探索在地文化。

5. 課程教學型態要涵蓋團體、小組及個別，提供幼兒可以自由選擇不同活動型態參與的機會，拓展幼兒學習經驗。

6. 課程規劃要適切合宜：茲從目標、內容、方法、評量彼此之間的關聯，環環相扣與相互對應加以說明，如圖 4-1 所示。

圖 4-1　課程要素關聯圖

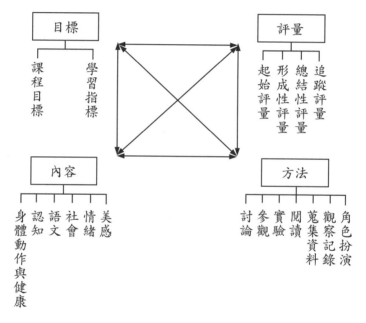

註：修改自簡楚瑛等人（2003，頁 19），以及本書第 199 頁圖 7-2。

參、銜接性原則

　　銜接性原則是課程規劃時要思考幼兒現階段的能力，以及如何往上累積學習，如同蓋一棟四層大樓，從第一層樓、第二層樓、第三層樓，蓋到第四層樓。茲從課程教學與核心素養探討銜接性原則如下。

一、課程教學

1. 學年與學年的課程教學要銜接：依年齡層幼幼班、小班、中班、大班課程的進行，能繼續累積經驗學習，例如：我是誰、我們這一班、我的幼兒園、我住的地方。

2. 學期與學期的課程教學也要銜接：以幼幼班為例，上學期「我是誰」可銜接下學期的「身體動一動」。

3. 主題課程：從「統整性主題課程設計」的角度說明如下（請參考第六章圖 6-4 的 C.使用網絡圖組織想法 2）：

   - 主要概念：概念與概念的順序銜接，以中班為例，「主要概念」依序分為「1.形形色色的花草」、「2.種植照顧花草」、「3.花草的訪客」、「4.神奇的花草」。

   - 活動：主要概念下進行的活動，從幼兒起始點／經驗、單一活動與單一活動銜接連貫，朝向老師預設的目標／意圖／目的，例如：「尋找花草記」銜接下一個活動「花草特徵大搜查」→「花草名字大公開」→「花草遊戲」，朝向老師預設的「蒐集自然現象的訊息」目標。

二、核心素養

　　「課程大綱」的內涵分為身體動作與健康、認知、語文、社會、情緒和美感六大領域，而各個領域能力之間都有銜接連貫，例如：身體動作與健康領域能力，從 2～3 歲開始「覺察與模仿」，持續銜接 4～5 歲「協調與控制」，再接續銜接 5～6 歲「組合與創造」的能力。透過各個領域能力相互銜接，漸進累積建立六大核心素養：「覺知辨識、表達溝通、關懷合作、推理賞析、想像創造、自主管理」。

肆、統整性原則

統整教學（integrated teaching）又稱科技整合教學（interdisciplinary teaching），係結合相關知識領域，透過對同一主題探討，是一種不分科目、不分時段的整合教學型態（陳淑琴等人，2018，頁108），而「**課程大綱**」是教保服務人員在課程規劃的藍圖，規劃與實踐都須以統整的方式進行，所以「**課程大綱**」是課程規劃時的參考（教育部，2017，頁3），其實施通則規範幼兒園的課程必須「根據課程目標編擬教保活動課程計畫，以統整方式實施」（教育部，2016，頁7）。茲就「統整性教保活動課程規劃」與「統整不分科」說明如下。

一、統整性教保活動課程規劃

統整性教保活動課程規劃，是老師針對幼兒園的課程有例行性活動、多元的學習活動（依據各幼兒園課程取向而定），以及全園性活動做有計畫的統整規劃，掌握「有系統且有目的」之引導原則。而此三者的課程規劃引導方式採用統整性歷程，例如：例行性活動，老師思考不同的例行性活動所欲培養的領域能力，參考「**課程大綱**」列出課程目標和學習指標，並規劃引導重點與過程。引導是教保服務人員帶領幼兒從現階段的能力到欲培養的領域能力之歷程，進行引導時須：(1)觀察幼兒現階段的能力；(2)教保服務人員選擇欲培養幼兒的領域能力；(3)判斷前兩者的差距，並思考搭建鷹架的活動方式。多元學習活動（統整性主題課程設計）中的活動設計，以及全園性活動之引導方式都可參照以上歷程（教育部，2017，頁4），其流程詳見圖 4-2 統整性教保活動規劃引導歷程圖。

除了統整性的引導歷程方式，也要關注活動的設計。每個活動可能是單一領域的活動設計，也可能是含括跨領域課程目標和學習指標的活動設計，但不是跨愈多領域愈好。不過，如果是單一領域的活動設計，

圖 4-2　統整性教保活動規劃引導歷程圖

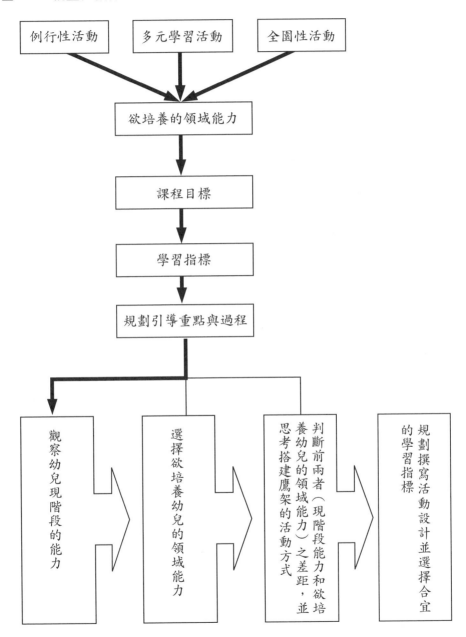

資料來源：參考教育部（2017，頁 4）繪製。

可藉由多個活動跨領域的方式，達到統整的精神（教育部，2017，頁3）。而且在規劃課程時。可以參考「幼兒園課程發展流程圖」（詳見第五章圖5-1），進行有系統的課程規劃並發展課程。從學期開始前的課程規劃、學期中的課程實踐、學期末的課程反思進行修改，以達到統整性教保活動的規劃。

二、統整不分科

「統整不分科」是統整實施身體動作與健康、認知、語文、社會、情緒和美感六大領域，各領域相互交錯，學習面向彼此關聯、彼此串結、環環相扣，以活動型態進行，而非以科目課表方式上課。

依據《幼兒教育及照顧法》（教育部，2022）第46條第3項規定，以及《幼兒園評鑑辦法》（教育部，2023b）第4條第2項，公告修正「一百十二學年至一百十六學年幼兒園基礎評鑑指標」（教育部，2023c）的細項3.1.2「各班課程應採統整不分科方式進行教學」，配合《幼兒教保及照顧服務實施準則》（教育部，2023a）第13條之規定，幼兒園實施教保活動課程之規定訂定「以統整方式實施，建立活動間之連貫性，不得採分科方式進行」。這裡所稱的「分科方式」乃指如同國小課表分節分科課表形式，全班團體上國語、數學、自然、美勞、體育等一堂一堂的科目名稱，或是上坊間教材，例如：語文天地、創意數學遊戲、美勞藝術等課程教學。甚至為了精熟某一學科知識，讓幼兒不斷練習學習單、簿本作業，例如：注音符號、英文、數字等上課方式，形成學習片斷而零碎，影響幼兒身心健康發展。

由於每個幼兒園的課程取向不同，實施的方式與歷程也有差異，只要掌握「統整」的原則，不論是由整體到部分，或是由一部分、一部分到整體，都可以使之成為有意義的完整性學習。舉例而言，目前現場常見的課程取向，以單元、主題、方案為主，也有以學習區萌發課程，規劃合宜的課程內涵。建議參考「統整性主題課程設計」步驟，擬定符合

幼兒年齡、經驗和興趣的主題名稱，運用適宜的素材設計連貫性的活動，引導與深化幼兒的學習。在課程規劃中，以幼兒的興趣和生活經驗，與課程目標和學習指標結合設計活動；課程實施配合學習情境的規劃與設置，交替使用團體、小組與個別的學習活動型態，避免經常性團體活動，以及科目課表方式上課。

因此，課程規劃和實踐時須顧及六大領域的均衡性、符合規劃引導歷程（如圖 4-2 所示），注意課程目標與學習指標和活動間的連貫性，讓幼兒獲得完整的學習經驗，並能將所學的經驗應用於平時日常生活中的不同情境。

綜而言之，整體性思考的教保活動課程設計是有準備、有計畫、有系統且具適切性規劃與引導的歷程，以達到統整性學習效果。

思考與練習題

1. 幼兒園的教保活動課程有何基本特性？
2. 試列舉符合幼兒身心發展與學習關聯性為何？
3. 試說明整體性思考課程依據「**課程大綱**」為參考藍圖，須考量哪些原則？

幼兒園教保活動課程發展

廖藪芬

「何謂課程發展？幼兒園教保活動課程發展的流程為何？」
「幼兒園本位的課程發展概念為何？」
「幼兒園教保活動課程規劃有哪些重點？」

本章旨在探討幼兒園教保活動課程發展，全章分三節說明。首先，敘明課程發展的意義、法令規範與流程；再者，論述幼兒園本位的課程發展概念；最後，列舉幼兒園課程規劃與示例，以供讀者清楚了解幼兒園教保活動課程發展。

第一節　課程發展的意義、法令規範與流程

壹、課程發展的意義

「課程發展」乃指，課程經由發展而逐漸生長、擴充或進步以趨完美境界之意，因此課程發展之目的即在發展出一種理想的課程，而其功能則在於實現教育目標。再者，課程透過發展的過程提供幼兒學習的經驗，黃瑞琴（1997）即認為課程是經驗，注重的是學習者與環境中的人、

事、物互動的過程與結果，強調學習者的主動性和整體的學習經驗，較適合幼兒以遊戲取向的教保活動課程。所以，適合幼兒園課程發展的「活動課程」，是以學習者的經驗為出發點，尊重學習者的興趣與經驗，而教學者本身必須具備活動設計的專業知能，以及充分了解幼兒發展的理論與實務，才能規劃適切的課程與設計活動，提供幼兒完整的學習經驗。然而，有效的學習經驗需考量「課程組織規準」，才能實現教育目標。課程的組織是建構課程理論的重要步驟，最重要的是組織規準，包括：繼續性（continuity）、順序性（sequence）、統整性（integration），以及銜接性（articulation）（黃光雄、蔡清田，2015），這也是課程組織型態的有效條件，讓幼兒的學習是有成效的。其理論已於本書第二章第三節敘明，本章將結合主題「園裡的花草」示例說明，以幫助讀者更清楚學理運用於實務層面。

一、繼續性

繼續性係指，在課程組織的「廣度」於不同時間階段，對於課程中某項概念或技能予以「直線式」的重複探討，增進經驗的累積，例如：學期初帶幼兒逛校園，觀察花草的特徵，幼兒對香草薄荷、迷迭香很有興趣，接著學習種植照顧薄荷、迷迭香；學期中，持續照顧與觀察記錄薄荷和迷迭香生長的變化，慢慢到學期末，延伸烹飪區的泡薄荷茶、吃迷迭香餅乾；最後，邀約家人入班一起分享薄荷茶、迷迭香餅乾。幼兒的學習並非一次就學會，而是需要不斷重複探索體驗，累積與深化對自然植物薄荷和迷迭香的蒐集與整理特徵，到合作分享的能力。

二、順序性

順序性或稱程序性，乃指課程的「深度」範圍之內處理學習經驗的先後排序問題。學習者新經驗的學習，必須建立在舊經驗之上，學習內容必須由淺入深、由近而遠、由簡單到複雜、由具體到抽象，循序漸進

的組織排序，學習者才能做有效的學習。而在主題「園裡的花草」課程計畫，「主要概念」的組織排序，從觀察「形形色色的花草」特徵，和花草玩遊戲，接著學習「種植照顧花草」過程中，發現「昆蟲訪客」的奧妙，接著運用採收的花草製作「神奇的花草」用品，與人分享。

三、統整性

統整性係指課程「橫」的聯繫之水平組織，以協助幼兒逐漸獲得統整的學習經驗，也能將所學的經驗應用於日常生活各種不同的情境。依據「課程大綱」的課程內容，包括身體動作與健康、認知、語文、社會、情緒、美感等領域綜合的學習，例如：身體覺察與模仿蜜蜂飛舞的姿勢動作（身體動作與健康）、以圖像或符號觀察記錄生活中看到花草的特徵與變化（認知）、對生活中看到的花草特徵有疑惑時，查閱相關植物圖鑑或百科全書等訊息類文本（語文）、學習種植照顧愛護生活周遭的花草植物（社會）、辨識圖畫書《蜜蜂採花記》中角色情緒產生的原因，進而辨識生活中他人的情緒（情緒）、運用花草素材與工具創作幸福書籤，送給生活中感謝的人（美感）等。

四、銜接性

銜接性是指課程要素各方面的相互關係，包括水平關係與垂直關係。水平關係乃指，課程內容同時出現的各種要素之間的關聯，例如：「開花店」就會涉及語文、數的某些能力之學習，例如：如何招呼客人？介紹客人買花時，買什麼花？買幾朵？如何算錢？如何找錢等；垂直關係是指，活動與活動之學習先後順序的安排，即先學習較淺的，再逐漸加深，例如：「探索和體驗」花草遊戲，接著「運用」花草素材與工具創作花的作品，陳列很多花的製品，便想如何開花店？如何和別人「協商」開花店要做的事？如何與別人「合作解決」開花店要準備與製作的器材用品？在開店過程中，學習如何招呼客人與「尊重」別人？活動與活動

的銜接連貫，常會思考幼兒目前具有哪些經驗，以及在這一個階段必須獲得哪些經驗？一連串活動的設計，每個活動彼此環環相扣，一個活動要為下一個活動奠基，逐步往欲培養的能力進行，循序漸進，達到預設目標。

貳、課程發展的法令規範

誠如前文所述已知課程發展之重要，而在法令層面亦有其規範。《幼兒教保及照顧服務實施準則》（教育部，2023a）第 13 條，幼兒園實施教保活動課程規定「每學期至少召開一次全園性教保活動課程發展會議」，透過「全園性教保活動課程發展會議」，引領幼兒園根據教保理念與課程取向，規劃合宜的教保活動課程。依據《幼兒教育及照顧法》（教育部，2022）所訂定的《幼兒園評鑑辦法》（教育部，2023b）第 4 條第 2 項，公告修正「一百十二學年至一百十六學年幼兒園基礎評鑑指標」（教育部，2023c），其中項目 3.1「課程規劃與實施」中的細項 3.1.1「每學期應至少召開一次全園性教保活動課程發展會議」，其評鑑檢核項目、重點、注意事項簡述如下。

一、檢核項目

檢核項目如下（教育部，2023c）：
1. 全園性教保活動課程發展會議須獨立召開，不得併入其他會議辦理。
2. 查閱評鑑當學年及前一學年之會議紀錄，會議紀錄應包含研議全園性或各班級課程計畫之相關議題。

二、檢核重點

檢核重點如下（教育部，2018d）：
1. 訂有全園性教保活動課程發展會議排程及其實施情形。

2. 會議執行方式及所含議題符合規定。

3. 次數、頻率及資料學年度區間符合規定。

三、注意事項

1. 會議召開：不得併入其他會議辦理。幼兒園現場常會將「園務會議」和「全園性教保活動課程發展會議」混淆或是合併一起開，實為不宜。因為園務會議屬於工作事務性報告，例如：設施設備檢核與修繕、衛生保健、人事制度等，會影響到課程發展的討論內容，以及需要充分的課程規劃討論時間。

2. 會議紀錄：表格「格式」不一，可以依幼兒園需求與適用性調整修改。一般紀錄表格有一定的元素，包括：開會標題抬頭、日期／時間、地點、主席、紀錄、參加人員、會議流程、議題討論、臨時動議、散會時間、會議照片、出席者簽名（確定會議紀錄內容無誤）等。

四、會議紀錄重點

1. 標題抬頭：幼兒園全銜（同設立許可證園名）〇〇學年度第一學期【全園性教保活動課程發展會議】。

2. 召開日期：先確定自己的幼兒園隸屬縣市教育單位，其對於學年度第一學期和第二學期起訖日期為何？以「開會日期」為基準，而非以討論課程規劃內容是第一學期或第二學期。

3. 會議內容：建議參考本章第二節「幼兒園本位的課程發展」和第三節「幼兒園教保活動課程規劃」做為議題討論方向。

4. 出席與簽到：鼓勵全園教職員工參加，若無法全園教職員工參加，至少全園教保服務人員必須參加並以中文簽名。

參、幼兒園課程發展的流程

依據《幼兒園教保活動課程手冊》（第二版）（下冊）（幸曼玲等人，2018b）的幼兒園課程發展流程，從課程規劃、實踐、反思、修改，就如同 PDCA 的計畫—執行—檢查—行動循環模式，如圖 5-1 所示，說明如下。

圖 5-1　幼兒園課程發展流程圖

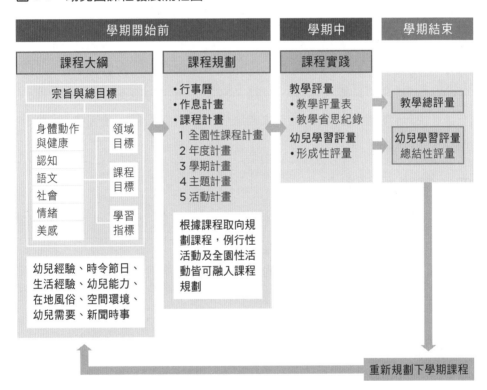

註：引自幸曼玲等人（2018b，頁 18）。

一、學期開始前：課程規劃

幼兒園以「課程大綱」為藍圖，其宗旨與總目標指引課程進行，課程內容分為身體動作與健康、認知、語文、社會、情緒和美感六大領域。實施時須考量幼兒經驗、需要、能力，以及生活經驗、在地風俗、時令節日、空間環境、新聞時事等，開始進行課程規劃。也就是說，在課程規劃之前，選擇題材時，須從幼兒的生活經驗出發，蒐集在地風俗、時令節日、空間環境、新聞時事等資源取得便利性及素材選用合宜性，以及考量幼兒的能力、經驗和興趣，提供幼兒參與、操弄的素材，強化幼兒的第一手經驗、深入探究與多元互動的機會。

二、學期中：課程實踐

分為教師與幼兒方面，教師方面依據教學評量表檢視課程教學，以及教學省思紀錄反思教學改進與調整方向；幼兒方面則進行形成性評量，做為調整接下來的課程教學之參考。

三、學期結束：課程反思

分為教師與幼兒方面，教師方面以教學總評量檢視這學期課程教學改進與調整方向；幼兒方面則進行幼兒總結性評量，做為調整下學期的課程規劃參考。

第二節　幼兒園本位的課程發展

第一節已說明「課程發展」的意義、法令規範與流程，在課程發展中最重視各園的本位課程發展，而在說明幼兒園本位的課程發展之前，將先討論一般學校常說的「學校本位課程」。所謂的「學校本位課程」乃是以學校的教育理念及學生的需要為核心，以學校的教育人員為主體，

以學校的情境及資源為基礎，針對學校課程所進行的規劃、設計、實施與評鑑；學校結合校內外的資源與人力，主動進行學習課程的計畫、實施與評鑑（引自簡楚瑛，2009，頁240）。當清楚知道學校發展的方向與特色，也才能夠規劃短程、中程與長程計畫。而在第二章第四節「課程設計的模式」，論述常見的課程發展模式中有「情境模式」，「情境模式」課程設計根源於文化分析，又稱「情境分析模式」或「文化分析模式」，其基本假定是以個別的學校及其教師做為課程發展的焦點，亦即「學校本位課程發展」，乃是促進學校真正改變的最有效方法（黃光雄，1984，頁304）。學者Skilbeck提倡「情境分析模式」，將課程設計與發展置於社會文化架構中，學校教師藉由提供學生了解社會文化價值、詮釋架構和符號系統的機會，改良及轉變其經驗（Skilbeck, 1984）。而且，幼兒園以「**課程大綱**」論述幼兒園教保服務的意義和範圍，認為幼兒園是一個多元的社會，教保服務人員可提供各種社會文化活動，讓幼兒體驗日常生活環境中文化的多元現象，有機會從自己的文化出發，進而包容、尊重及體認各種文化的價值和重要。

可見，以幼兒園的情境及資源為基礎，針對幼兒園課程所進行的規劃、設計、實施與評鑑，鼓勵從幼兒自己的在地文化出發，提供幼兒體驗日常生活環境中文化，進而了解社會文化的價值，這就是「幼兒園本位課程」。以下將從探討課程「題材內容」與「編寫類型」兩項主軸，說明幼兒園本位的課程發展。

壹、題材內容

由於各園所在的地理位置不同、生活環境各異，幼兒的生活經驗也會受到所處環境的影響。各園宜配合教保活動課程內涵及幼兒的發展狀態，從其所在地的生活環境中選材，設計符合幼兒生活經驗的活動（教育部，2016，頁7）。而且，《幼兒教保及照顧服務實施準則》（教育部，2023a）第13條指出，幼兒園實施教保活動課程，應自幼兒生活經驗及

在地生活環境中選材。依據幼兒園課程發展流程（如圖 5-1 所示）說明課程規劃之前，在選擇題材時，須從幼兒的生活經驗出發，蒐集在地風俗、時令節日、空間環境、新聞時事等資源取得便利性及素材選用合宜性，考量幼兒的能力、經驗和興趣，選取幼兒可參與和操弄的素材，以強化幼兒的第一手經驗，讓幼兒有主動學習、深入探究和多元互動的機會。

　　從在地生活環境中選材，茲以新北市政府教育局出版的專書《我的新北我的家：新北市幼兒園在地化課程教學資源手冊》（羅瑞鳳等人，2016）為例，將新北市 29 區以八個學習面向內容為主軸，提供老師依幼兒的生活經驗和興趣，規劃適合的在地化課程教學活動。這八個學習面向內容分別為：地理區位、建築藝術、自然生態、節慶活動、休閒育樂、地方特產、在地達人、家鄉特色，鼓勵幼兒探索、體驗、分享、欣賞、創作、宣傳在地文化特色。在此以「新北我的家」主題為例，規劃時朝此八個學習面向思考，茲以表 5-1 說明八個學習面向。

　　老師可蒐集幼兒園在地的社區資源，運用八個學習面向為題材內容，考量幼兒生活經驗選擇適合發展的在地化教學資源，做為幼兒園課程規劃與教學活動設計的主要內容，發展幼兒園本位的課程。曾於 2017 年榮獲教學卓越獎的幼兒園，有些園即是運用在地化資源做為課程發展的題材內容，例如：屏東縣竹田鄉竹田國民小學附設幼兒園以「愛在頓物～守護與回饋」為題，藉著孩子的探索，挖掘出竹田在地感人的故事，抱著感激和回饋的心學習回應那些愛。基隆市信義區東光國民小學附設幼兒園透過和孩子一起「走」，走進社區，走出對家鄉的認同與關懷，走出對基隆的認識與情感。雲林縣北港鎮南陽國民小學附設幼兒園的「Shine，小燈手」，從對花燈的好奇與問題出發，孩子用自己的雙手創造出一盞盞閃閃發亮的花燈，等待及支持孩子的想法，讓孩子有享受成功、快樂的經驗。臺北市士林區富安國民小學附設幼兒園騎著腳踏車開始師生的社子島之旅，透過不斷地探遊，孩子深深愛上這片土地，同時也帶動了家人的轉變，期待透過孩子的分享與行動，慢慢感染社子島上

表5-1　《我的新北我的家：新北市幼兒園在地化課程教學資源手冊》的八個
　　　　學習面向

新北我的家	地理區位	・地名由來 ・地理位置 ・區域地形 ・交通
	建築藝術	・歷史建築 ・現代建築 ・宗教建築
	自然生態	・生態景點 ・生態議題 ・動物 ・植物
	節慶活動	・貢寮海洋音樂祭、烏來櫻花祭 ・三峽藍染節、土城客家桐花節、石門國際風箏節、鹽寮國際沙雕節 ・鶯歌陶瓷嘉年華 ・貢寮東北角帆船節
	休閒育樂	・博物館 ・觀光遊樂區 ・風景區 ・運動場 ・公園 ・藝文中心
	地方特產	・食品 ・物品 ・農產品
	在地達人	・各行各業達人 　（如：農業達人、藝術達人、運動達人、料理達人等）
	家鄉特色	・人口聚落 ・特殊景觀 ・特別物產（非賣品）

註：引自羅瑞鳳等人（2016，頁11）。

的人們，進而珍視這片土地。臺南市東區博愛國民小學附設幼兒園帶孩子認識附近富有悠久歷史的臺南車站，濃濃的人情味也蘊含著做人處事的道理。嘉義縣東石鄉塭港國民小學附設幼兒園由於學生皆來自塭港村，藉由幼兒最熟悉的「蚵」，來連結生活環境、進行在地學習、發覺環境問題、探究原因、關懷與尋求解決方式，進而分享學習（教育部，2017b）。

貳、編寫類型

在幼教現場進行的研究與觀察發現，目前幼兒園的課程發展大致上分為三大類型，也是幼兒園本位課程的類型（簡楚瑛，2009，頁242-245），茲加以說明如下。

一、第一類型：「完全自行開發」型之園本課程

此分為兩類：

1. 教師或多位教師共同設計課程，例如：以單元、主題教學為主，進行該單元或主題之教案設計。
2. 幼兒園有獨立的課程研發團隊／小組。

二、第二類型：「坊間教材＋幼兒園自行開發」型之園本課程

幼兒園課程／教材部分直接採用坊間教材，部分自行研發，例如：主題課程、主題活動（團體、小組、學習區／角落活動）的教案由園內老師自行設計，但特定領域（例如：語文、數學等）內容的安排，則會採用坊間教材（例如：兒歌讀本、數學寶盒等）。有的幼兒園會將教材內容融入課程，教材有一定進度（例如：一週有一首兒歌），並在課程中安排固定時間進行教學（例如：每週四的語文時間是兒歌讀本教學）。

三、第三類型：「複合型」之園本課程

　　這類型課程是某些時段用坊間教材；某些時段有才藝課程（例如：奧福音樂、體能、電腦、陶土等），由才藝老師負責課程的安排與教學；某些特定時段的教學內容（例如：團討、角落活動、戶外教學等），則由帶班老師或是全園老師共同開發。除了上述兩種課程的混合外，也有自編教材再加上才藝課程和坊間教材的複合型課程。

　　由上述有關幼兒園本位課程的類型來看，各園在決定自己的課程發展類型時，建議考量目前課程取向與未來課程成長努力的方向，以「統整不分科」概念發展課程，整合各科或各領域的學習經驗，掌握「有系統且有目的」的原則規劃教保活動課程，在共同的單元／主題／方案名稱下進行相關的學習活動，例如：《我的新北我的家：新北市幼兒園在地化課程教學資源手冊》一書，以在地生活環境中選材為主題，透過語文、音樂、體能、藝術等多樣性教材與學習活動進行探索、體驗、創作等統整方式，進而了解「新北我的家」。

　　因此，以幼兒園本位課程出發，結合幼兒園內外資源與人力，主動進行學習課程的計畫，在學期開始前以「**課程大綱**」的宗旨與總目標，考量幼兒經驗、需要、能力或當地在地風俗、新聞時事、時令節日、空間環境等，開始進行課程規劃。規劃時，蒐集在地內外資源擬訂社區資源圖，有利於發展課程與形塑幼兒園的特色課程。因應每個幼兒園的社區資源與課程設計能力不同，鼓勵從「使用」坊間教材，循序「參考」坊間教材開發課程，到「完全自行開發」型之園本課程，更能符合各園課程的獨特性，而不會依樣畫葫蘆。若大家都教同樣的內容，忽略各園的差異性、在地風俗文化等不同，影響幼兒學習的內涵，老師也無法發揮課程規劃與教學的專業能力。

第三節　幼兒園教保活動課程規劃

　　本書第一章開宗明義探討課程的定義，課程是一種計畫、課程是一種學習到的經驗。課程是計畫，強調課程的線性發展，就課程可計畫的部分事先完整的規劃，課程施行時有較具體的步驟可循，適合初任教師（陳淑琴等人，2018，頁 65）。從幼兒園現場來看，老師必須有教學前的準備，課程是一種計畫，在計畫中設計教學活動及實際教學時，就須顧及幼兒能獲得哪些經驗。因此，本節從教師計畫和幼兒學習經驗說明幼兒園教保活動課程規劃，在「**課程大綱**」的課程規劃方面，擬有幼兒園課程發展流程介紹與說明（如圖 5-1 所示），學期開始前課程規劃有「行事曆、作息計畫、課程計畫」，其中的「課程計畫」包括有全園性課程計畫、年度計畫、學期計畫、例行性活動、多元學習活動、全園性活動。以下針對行事曆、作息計畫、課程計畫中的全園性課程計畫、年度計畫、學期計畫作說明，而課程計畫中的例行性活動、多元學習活動、全園性活動會於第六章再詳加說明。

壹、行事曆

　　幼兒園行事曆上規劃的「全園性活動」是指全園幼兒一起參加的活動，老師須預先規劃進行「全園性活動」的目的及活動方式。通常幼兒園進行的「全園性活動」，可能有節慶活動（元宵節、兒童節、母親節、端午節）、運動會、畢業典禮、議題教育（安全教育、健康教育、品德教育、生命教育、性別平等教育）等。各園可以依需求與適用性，自行調整表格與內容。行事曆通常以每學期二十週至二十二週來規劃，通常必須遵守人事行政總處公布當年度的放假日為準來規劃，須特別注意要合乎法規與基礎評鑑規定。以下舉某幼兒園的行事曆示例，幫助讀者對行事曆有更清晰的了解（如表 5-2 所示）。

表5-2 行事曆示例

○○幼兒園 111 學年度第二學期行事曆

111 學年度第二學期（112.2.13～112.6.30）　　　　　　　　　　　　　112.2.6

月份	教學／保育	行政／總務
2 月份 表格（2月日曆）： 2月 / 日 一 二 三 四 五 六 ・ 1 2 3 4 ・ 5 6 7 8 9 10 **11** 第1週 **12** 13 14 15 16 17 18 第2週 **19** 20 21 22 23 24 **25** 第3週 **26** 27 **28**  【我去爬鶯歌蛋山】 新北市立鶯歌幼兒園 櫻桃班 巴揚蕎安（5歲）	＊2/9(四)全園性教保活動課程發展會議 ＊2/10(五)教師專業社群：幼兒學習評量 ＊2/13(一)開學日、課後照顧班開始 ＊2/18(六)補行上班上課 2/23(四)慶生會（二月份） 2/24(五)各班棉被清洗 2/24(五)全園律動時光／全園環境清潔日 ＊2/25(六)-2/28(二)和平紀念日連假 ＊班級共讀／親子閱讀 ＊每天老師分享一本圖畫書：20 本書單 ＊例行性活動計畫與執行 ＊學習情境【學習區】、【防減災】、【臺灣本土語言】、【原住民族語】 ＊IEP 個案教育計畫會議 衛生保健 ＊防疫物資整備 ＊身高體重測量、體位異常通知 ＊活動室桌面照度測量紀錄 ＊幼兒發展篩檢與紀錄（新進幼生） ＊飲用水大腸桿菌群水質檢驗 ＊學生團體保險（新進幼生）	行政 ＊2/4(六)補行上班 ＊2/9(四)期初園務會議 ＊2/9(四)防疫專責小組會議 ＊行政會議 ＊幼兒園網頁更新：團隊人員／課程教學／託藥措施／餐點表公告 ＊全園環境消毒 事務 ＊全園室內、外設施設備安全檢核與維修紀錄 ＊飲用水設備維護與紀錄 ＊公共意外責任險 ＊定期財產清點 出納 ＊經費登帳／核銷控管 幼生補助（入園即減免） 1.0～6 歲國家一起養政策 ・2～5 歲幼兒免學費／代辦費（免繳 7,000元） ・第 1 胎子女每月繳費不會超過 1,000 元 ・第 2 胎以上、低、中低收入戶家庭子女／及大班 5 歲經濟弱勢加額「免繳費用」 2.新北市政府原住民子女學前教育補助辦理 2 歲以上～未滿 3 歲原住民幼兒托教補助 3.公立幼兒園弱勢家庭幼生 　午餐點心費用補助

表 5-2　行事曆示例（續）

月份	教學／保育	行政／總務
	＊校安系統維護與管理 ＊脆弱家庭個案關懷 ＊廚房食品衛生自主管理檢核表 議題教育 ＊安全教育：坡地災害（土石流） ＊生活教育：如廁、洗手、穿脫、常規 ＊健康教育：牙齒保健、洗手教學	
3 月份 	3月	日	一	二	三	四	五	六
---	---	---	---	---	---	---	---
第3週				1	2	3	4
第4週	5	6	7	8	9	10	11
第5週	12	13	14	15	16	17	18
第6週	19	20	21	22	23	24	25
第7週	26	27	28	29	30	31	|  【鶯歌蛋山真好玩】 新北市立鶯歌幼兒園 櫻桃班 李丞鎬（5歲）	📖3/10(五)、3/24(五)各班棉被清洗 🎂3/23(四)慶生會（三月份） 🎵3/24(五)全園律動時光／全園環境清潔日 ＊3/15(三)教師專業社群：幼兒學習評量 ＊3/25(六)補行上班上課 ＊3/29(三)【兒童節】慶祝活動：防災親子 Play ＊每天老師分享一本圖畫書：20 本書單 ＊教保會議／班群會議 ＊擬定 IEP 個案教育計畫 ＊視力測量／視力異常轉介 衛生保健 ＊疑似發展遲緩幼兒追蹤紀錄 ＊校安系統維護與管理 ＊廚房食品衛生自主管理檢核表 ＊飲用水設備維護與紀錄	行政 ＊行政會議 ＊幼兒園網頁：餐點表公告 ＊社區教保資源中心 ＊學前特殊教育諮詢服務據點 事務 ＊飲用水設備維護與紀錄 ＊全園設備器材管理與維修 ＊全園環境設施維護與整理 ＊定期財產清點 出納 ＊經費登帳／核銷控管 人事 ＊勞資會議 幼生補助（入園即減免） 1.0～6歲國家一起養政策 ・2～5歲幼兒免學費／代辦費（免繳 7,000元） ・第 1 胎子女每月繳費不會超過 1,000 元

表 5-2　行事曆示例（續）

月份	教學／保育	行政／總務
	議題教育 ＊3/17(五)安全教育：地震演練（預演） ＊3/24(五)安全教育：地震演練 ＊安全教育：交通事故（遵守乘車安全） ＊健康教育：視力篩檢（測視力立體圖） ＊健康教育：視力保健（健康促進）	・第 2 胎以上、低、中低收入戶家庭子女／及大班 5 歲經濟弱勢加額「免繳費用」 2. 新北市政府原住民子女學前教育補助辦理 2 歲以上～未滿 3 歲原住民幼兒托教補助 3. 公立幼兒園弱勢家庭幼生 午餐點心費用補助

4 月份	教學／保育	行政／總務
<table><tr><td>4月</td><td>日</td><td>一</td><td>二</td><td>三</td><td>四</td><td>五</td><td>六</td></tr><tr><td>第7週</td><td></td><td></td><td></td><td></td><td></td><td></td><td>1</td></tr><tr><td>第8週</td><td>2</td><td>3</td><td>4</td><td>5</td><td>6</td><td>7</td><td>8</td></tr><tr><td>第9週</td><td>9</td><td>10</td><td>11</td><td>12</td><td>13</td><td>14</td><td>15</td></tr><tr><td>第10週</td><td>16</td><td>17</td><td>18</td><td>19</td><td>20</td><td>21</td><td>22</td></tr><tr><td>第11週</td><td>23</td><td>24</td><td>25</td><td>26</td><td>27</td><td>28</td><td>29</td></tr><tr><td>第12週</td><td>30</td><td></td><td></td><td></td><td></td><td></td><td></td></tr></table>  【鶯歌石的故事】 新北市立鶯歌幼兒園 河馬班 黃名綸（5 歲）	＊4/1(六)-4/5(三)清明連假 4/7(五)、4/21(五)各班棉被清洗 4/27(四)慶生會（四月份） 4/28(五)全園律動時光／全園環境清潔日 ＊4/21(五)親子共遊：校外教學 ＊每天老師分享一本圖畫書：20 本書單 ＊教保會議／班群會議 衛生保健 ＊校安系統維護與管理 ＊廚房食品衛生自主管理檢核表 議題教育 ＊健康教育：健康體位／均衡飲食 ＊健康教育：視力保健（健康促進） ＊品德教育：孝順的小故事 ＊安全教育：水災	行政 ＊行政會議 ＊幼兒園網頁：餐點表公告 ＊社區教保資源中心 ＊學前特殊教育諮詢服務據點 事務 ＊飲用水設備維護與紀錄 ＊全園設備器材管理與維修 ＊全園環境設施維護與整理 ＊定期財產清點 出納 ＊經費登帳／核銷控管

表5-2　行事曆示例（續）

月份	教學／保育	行政／總務

5 月份

5月	日	一	二	三	四	五	六
第12週		1	2	3	4	5	6
第13週	7	8	9	10	11	12	13
第14週	14	15	16	17	18	19	20
第15週	21	22	23	24	25	26	27
第16週	28	29	30	31			

【彩虹小菜園故事】
新北市立鶯歌幼兒園
企鵝班
詹雅童（4 歲）

教學／保育

- 5/5(五)、5/19(五)各班棉被清洗
- 5 /25(四)慶生會（五月份）
- 5/26(五)全園律動時光／全園環境清潔日
- ＊5/17(三)教師專業社群：幼兒學習評量

- ＊每天老師分享一本圖畫書：20 本書單
- ＊教保會議／班群會議
- ＊【小小說書人】暨【感恩的家人（母親節）】節慶活動
- ＊大班特生轉銜會議

衛生保健
- ＊飲用水大腸桿菌群水質檢驗
- ＊校安系統維護與管理
- ＊廚房食品衛生自主管理檢核表

議題教育
- ＊健康教育：認識登革熱與蚊蟲／傳染病（腸病毒）
- ＊健康教育：視力保健（健康促進）

行政／總務

＊5 月招生〈112 學年度招生作業〉

行政
- ＊規劃 112 學年度第一學期行事曆與聯絡簿
- ＊行政會議：工作業務計畫／籌備【畢業典禮】
- ＊擬定「暑期行事曆、通知單」
- ＊學前特殊教育諮詢服務據點
- ＊社區教保資源活動成果彙整

事務
- ＊飲用水設備維護與紀錄
- ＊全園設備器材管理與維修
- ＊全園環境設施維護與整理
- ＊定期財產清點

出納
- ＊經費登帳／核銷控管

幼兒補助
- ＊核發補助款：2 歲～3 歲之第一胎原住民幼生、弱勢餐點補助。

表 5-2 行事曆示例（續）

月份	教學／保育	行政／總務
6 月份	☁️6/2(五)、6/16(五)、6/30(五)各班棉被清洗	**行政** ＊幼兒園網頁：餐點表公告

6月份

6月	日	一	二	三	四	五	六
第16週					1	2	**3**
第17週	**4**	5	6	7	8	9	**10**
第18週	**11**	12	13	14	15	16	17
第19週	**18**	19	20	21	**22**	**23**	**24**
第20週	**25**	26	27	28	29	30	

【鶯歌地名傳說】
新北市立鶯歌幼兒園
海豚班
許允綸（5 歲）

教學／保育欄：

🎂6/21(三)慶生會（六、七月份）

🎂6/21(三)全園律動時光／全園環境清潔日

＊6/9 (五)大班畢業典禮（暫定）
＊6/17(六)補班補課
＊6/22(四)-6/25(日)端午節連假
＊6/30(五)結業式（全天）
＊【端午節】節慶活動

＊每天老師分享一本圖畫書：20 本書單
＊期末 IEP 個案教育計畫會議
＊111 學年度教學檔案課程彙編
＊112 學年度第一學期課程規劃
＊7/3(一)期末全園性教保活動課程發展會議（暫定）／班級教學成果分享
＊112.7.1(六)-112.8.29(二)暑假
＊8/30(三)開學日上整天、課後班開始

衛生保健
＊口腔保健：牙科診所到園塗氟
＊廚房食品衛生自主管理檢核表
＊校安系統維護與管理
＊廚房食品衛生自主管理檢核表

議題教育
＊生命教育：小寶貝的誕生
＊健康教育：視力保健（健康促進）

行政／總務欄：

行政
＊幼兒園網頁：餐點表公告
＊7/3(一)期末園務會議（暫定）
＊餐點招標（後續擴充）
＊課後留園暨暑假班意願調查
＊行政會議：工作業務檢討
＊課後班人員敘獎
＊下學期文具／衛生用品調查與申購
＊學前特殊教育諮詢服務據點成果彙整

事務
＊全園設備器材管理與維修
＊飲用水設備維護與紀錄
＊全園環境設施維護與整理
＊定期財產清點

出納
＊經費登帳／核銷控管

人事
＊勞資會議

幼兒補助
＊核發補助款：弱勢加額補助、公立幼兒園弱勢家庭幼生午餐點心費用補助、原住民補助

註：灰底為代表「全園性活動」之項目。

貳、作息計畫

　　幼兒園的課程除「全園性活動」以行事曆規劃外,「例行性活動」通常以作息表規劃。從每個園的作息表,依據幼兒需求每天固定進行的常態活動,例如:入園活動(打招呼、如廁、喝水、晨間檢查)、出汗性大肌肉活動、用餐、午休、盥洗、如廁、班書共讀、故事天地、假日分享、收拾整理放學等。各園可以依需求與適用性,自行調整表格與內容,也要注意合乎法規與基礎評鑑規定(教育部,2023c)。作息表通常以每週上課五天為單位規劃,以下舉某幼兒園的作息表如表 5-3 供參。

新北市立鶯歌幼兒園大象班,江語芯(5 歲)

表 5-3 作息表示例

○○幼兒園○○學年度作息表

時間	內容					備註 （相關領域與輔導重點）
	一	二	三	四	五	
08:00-08:20	打招呼／自由探索／如廁／喝水／晨間檢查					**身／語／社／情** 觀察幼兒入園身體或心理狀況～受傷或蚊叮／哭鬧不安等問題
08:20-09:00	出汗性大肌肉活動 <u>晴天～戶外</u>　陰雨天～室內					**身／社** 參考「0～5歲幼兒運動遊戲百科」或相關資料，自編設計進行「出汗性大肌肉活動」
09:00-09:30	如廁（如廁安全）／喝水／換衣服 活力點心（進食安全、餐點禮儀、收拾整理）					**身／認／語／社／情／美** 排隊或等待（活動轉換） ◎手指謠／兒歌／童謠等
09:30-11:30 大班 09:30-11:00 中／小／幼幼班	主題／學習區活動 （團體、小組、個別）					◎主題探討 　學習區操作體驗／觀察紀錄／ 　活動計畫／活動紀錄（省思）
11:30-12:00 大班 11:00-11:30 中／小／幼幼班	歡樂時光（唱歌、律動、遊戲）					**身／社** 視天氣狀況調整戶外或室內
12:00-12:30 大班 11:30-12:30 中／小／幼幼班	午餐／收拾整理／潔牙（口腔保健）					**身／社／情** 注意幼兒飲食吞嚥安全／潔牙用水／在旁排隊時等待的安全
12:30-13:00	寶貝故事天地					**身／認／語／社／情** 議題教育（安全、健康、品德、生命、性別平等）／本土語言／託藥紀錄
13:00-14:30（小／中／大） 13:00-14:50（幼幼班）	甜蜜夢鄉					**身／社／情** 關注幼兒鋪被保暖／衣服多寡／流汗處理
14:30-14:40（小／中／大） 14:50-15:00（幼幼班）	整理寢具／儀容（頭髮梳綁）／如廁／喝水					**身／社／情** 留意幼兒衣褲或棉被是否濕？
14:40-15:20（小／中／大） 15:00-15:20（幼幼班）	綜合分享～今天的活動 預告明天活動／全班共讀／律動					**語／社／美** 全班共讀圖畫書 1～3 頁
15:20-15:50	活力點心／收拾整理					**身／社／情** 檢查幼兒吃完點心後，嘴巴是否擦拭乾淨
15:50-16:30 （16:00 放學）	愛的悄悄話，提醒與檢查幼兒身體／衣褲／物品／學習單／快樂放學					**身／社／情** 幼兒身心有任何狀況，一定要聯絡告知家長／重要事件發生必告知主管

根據上表中的作息表示例，請特別注意下列有關基礎評鑑與法令規定都要符合，如表 5-4 所示。

表 5-4 作息表與基礎評鑑指標／法令之相關

細項	一百十二學年至一百十六學年 幼兒園基礎評鑑指標	法令
3.1.2	各班課程應採統整不分科方式進行教學。	《幼兒教保及照顧服務實施準則》第 13 條第 1 項第 1 款
3.1.3	每日應實施連續三十分鐘以上之幼兒大肌肉活動時間。	《幼兒教保及照顧服務實施準則》第 8 條

註：引自教育部（2023a，2023c）。

參、課程計畫

依據《幼兒園教保活動課程手冊》（第二版）（下冊）（幸曼玲等人，2018b）的各類型計畫關係圖（如圖 5-2 所示），說明在幼兒園既有的教育模式與課程取向的基礎上，老師擬訂的課程計畫包括：全園性課程計畫、年度計畫（幼幼班／小班／中班／大班）、學期計畫、例行性活動、多元學習活動、全園性活動等計畫之間相關聯。以下討論全園性課程計畫、年度計畫、學期計畫之間的關係與計畫的考量，而例行性活動、多元學習活動、全園性活動及其活動計畫將於第六章再詳加說明。

一、全園性課程計畫

蒐集自己幼兒園內部與在地的社區資源，要考量幼兒生活經驗，選擇適合發展的在地化教學資源，作為課程規劃與教學活動設計的主要內容，發展幼兒園本位的課程。從圖 5-2 可以看到，全園性課程計畫包括：年度計畫（幼幼班／小班／中班／大班）、學期計畫、例行性活動、多元學習活動、全園性活動等，因此參考「課程大綱」、自己幼兒園的特

圖 5-2　各類型課程計畫關係圖

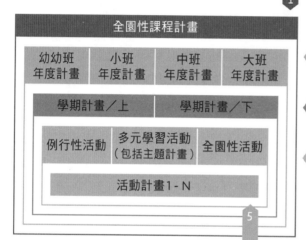

全園性課程計畫
參考課程大綱、幼兒園特色或教育理念,思考幼兒園要培養什麼樣的幼兒(幼兒在幼兒園的數年,將獲得哪些能力)。

1

全園性課程計畫			
幼幼班年度計畫	小班年度計畫	中班年度計畫	大班年度計畫
學期計畫／上		學期計畫／下	
例行性活動	多元學習活動(包括主題計畫)	全園性活動	
活動計畫1- N			

年度計畫
參考課程大綱各領域課程目標、分齡學習指標及幼兒園一日作息,思考各年齡層幼兒在未來一學年的學習中將獲得哪些能力。

2

學期計畫
幼兒園整體課程規劃:含該學期例行性活動、全園性活動及多元學習活動等。

3

主題計畫
完整的主題網絡圖,包含:主題名稱、主要概念、活動及與活動相對應的分齡學習指標。

4

5

活動計畫
活動詳案,包含:活動前的教學與素材準備、過程中的引導及該活動對應的分齡學習指標。

註:引自幸曼玲等人(2018b,頁 26)。

色或教育理念,思考要「培養出怎樣的幼兒」(幼兒在幼兒園的數年,將獲得哪些能力),就是透過規劃預期「幼兒將會在畢業時具備哪些能力」,陶養核心素養,以下提供二個示例供參(如表 5-5、表 5-6 所示)。

表5-5　全園性課程計畫：圓形計畫表（示例）

喜歡運動，能熟悉身體基本動作技能，擁有健康的身體，並學會保護自己和照顧自己。

具有豐富的美感經驗，能自信的表現對視覺藝術、音樂、戲劇的創作，並對自己和他人作品進行欣賞與回應。

能運用身體感官經驗和工具，蒐集各種資訊並與他人討論，合作整理資訊進而解決問題。

身體動作與健康

美感　認知

情緒　語文

社會

能察覺自己和他人情緒的不同，並運用適切的策略調整與管理其情緒，具有同理心。

喜歡閱讀，能運用各種符號與他人溝通並表達其生活經驗或感受。

對環境具有敏銳的覺知，能愛護環境與珍惜自然，並對在地文化有所認同。

註：引自幸曼玲等人（2018b，頁27）。

新北市立鶯歌幼兒園大象班，連佩岑（5歲）

表 5-6　全園性課程計畫：條列式計畫表（示例）

一、設立宗旨	提供社區幼兒一個安全、溫馨、快樂的學習環境。
	幼兒園、教保服務人員、家長三者相互支持合作，保護幼兒權益，帶動正確的教育觀念，給幼兒真正健康快樂的童年。
二、幼兒園教育目標（特別強調的課程目標）	
健康	身 2-1 安全應用身體操控動作，滿足自由活動及與他人合作的需求
	身 2-2 熟練各種用具的操作
	情 3-1 理解自己情緒出現的原因
品德	情 2-1 合宜地表達自己的情緒
	社 3-3 關懷與尊重生活環境中的他人
	社 3-6 關懷生活環境，尊重生命
能力	語 1-4 理解生活環境中的圖像符號
	語 2-5 運用圖像符號
	認 3-1 與他人合作解決生活環境中的問題
	美 3-2 欣賞藝術創作或展演活動，回應個人的看法

註：引自幸曼玲等人（2018b，頁 28）。

二、年度計畫

年度計畫是指，各年齡層的幼兒在未來一學年可獲得哪些核心素養。書寫計畫時可列出該年齡層各領域的課程目標，加上幼兒園的特色目標。各年齡層的年度計畫要彼此接續，也要呼應全園性課程計畫。年度計畫的另一種書寫方式則可根據已經設計好的上下學期學期計畫，歸納其課程目標而來，例如：以大中混齡班級為例，可將六大領域與大中班所有相關的課程目標列出而得（教育部，2017a，頁 16）。依據「課程大綱」，各領域的「課程目標」組合而成，以中班為例，如表 5-7 所示。

表 5-7 年度計畫：中班圓形計畫表（示例）

身體動作與健康
- 模仿身體操控活動
- 模仿各種用具的操作
- 覺察與模仿健康行為及安全的動作
- 安全應用身體操控動作，滿足自由活動及與他人合作的需求
- 熟練各種用具的操作
- 熟練並養成健康生活習慣
- 應用組合及變化各種動作，享受肢體遊戲的樂趣
- 樂於善用各種素材及器材進行創造性活動

美感
- 體驗生活環境中愉悅的美感經驗
- 運用五官感受生活環境中各種形式的美
- 發揮想像並進行個人獨特的創作
- 運用各種形式的藝術媒介進行創作
- 樂於接觸多元的藝術創作，回應個人的感受
- 欣賞藝術創作或展演活動，回應個人的看法

認知
- 蒐集生活環境中的數學訊息
- 蒐集自然現象的訊息
- 蒐集文化產物的訊息
- 整理生活環境中的數學訊息
- 整理自然現象訊息間的關係
- 整理文化產物訊息間的關係
- 與他人合作解決生活環境中的問題

情緒
- 覺察與辨識自己的情緒
- 覺察與辨識生活環境中他人和擬人化物件的情緒
- 合宜地表達自己的情緒
- 適當地表達生活環境中他人和擬人化物件的情緒
- 理解自己情緒出現的原因
- 理解生活環境中他人和擬人化物件情緒產生的原因
- 運用策略調節自己的情緒

語文
- 理解互動對象的意圖
- 理解歌謠和口語的音韻特性
- 認識社會使用多種語言的情形
- 理解生活環境中的圖像符號
- 理解圖畫書的內容與功能
- 熟悉閱讀華文的方式
- 理解文字的功能
- 以肢體語言表達
- 以口語參與互動
- 敘說生活經驗
- 看圖敘說
- 運用圖像符號
- 回應敘事文本
- 編創與演出敘事文本

社會
- 認識自己
- 覺察自己與他人內在想法的不同
- 覺察生活規範與活動規則
- 覺察家的重要
- 探索自己與生活環境中人事物的關係
- 認識生活環境中文化的多元現象
- 發展自我概念
- 同理他人，並與他人互動
- 調整自己的行動，遵守生活規範與活動規則
- 愛護自己，肯定自己
- 保護自己
- 關懷與尊重生活環境中的他人
- 尊重他人的身體自主權
- 尊重生活環境中文化的多元現象
- 關懷生活環境，尊重生命

圓心圖：身體動作與健康、認知、語文、社會、情緒、美感

註：引自幸曼玲等人（2018b，頁 29）。

三、學期計畫

　　學期計畫包括該學期的例行性活動、多元學習活動和全園性活動等三類（幸曼玲等人，2018b，頁32）。而多元學習活動則依據各園不同課程取向規劃。茲提供中班及大班學期計畫示例，如表5-8所示。

　　綜合以上說明全園性課程計畫，宜參考「課程大綱」、幼兒園特色或教育理念，思考幼兒園要培養什麼樣的幼兒、幼兒在幼兒園的數年，將獲得哪些能力？建議可以朝向「課程大綱」各領域目標與六大核心素養，以及幼兒園的社區資源和經營者的理念規劃「全園性課程計畫」；「年度計畫」則以「課程大綱」各領域課程目標為主，可以再參考分齡學習指標及幼兒園一日作息，以及全園性活動，思考各年齡層幼兒在未來一年的學習將獲得哪些能力；「學期計畫」含該學期例行性活動、全園性活動和多元學習活動等三大類。作息表（作息計畫）呈現例行性活動、行事曆擬訂有全園性活動，而多元學習活動為主的學期計畫，主要涵蓋「課程大綱」哪些領域傾向。「主題計畫」和「活動計畫」請詳見第六章說明。以上的課程計畫，呈現老師預先規劃從幼兒在幼兒園的數年、幼兒每天入園到離園為止，如何引導的重點與過程，培養幼兒六大核心素養。另者，再舉某幼兒園「全園性課程計畫、年度計畫、學期計畫」示例說明，請詳見附錄二～四。

新北市立鶯歌幼兒園蘋果班，簡妤彤（4歲）

表 5-8　學期計畫（示例）：中班及大班　　　　98 學年度第一學期

多元的學習活動 （主題／單元名稱）	主要概念	活動內容	領域
我的幼兒園 節慶：校慶	學校有什麼好玩的地方	遊樂設施、教室、角落、操場、戶外遊戲區、單槓區、風雨操場 • 功能 • 位置 • 使用規則	身體 語文 美感
	學校有什麼好玩的活動	跳舞、角落玩玩具、聽故事、溜滑板、生日派對 • 特定時間 • 遊戲規則	身體 社會 情緒
	學校有哪些人	老師、廚工、義工家長、校長、班上小朋友	語文 社會
	我的好朋友	建立友誼	社會 情緒
	可以 vs. 不可以	規則的遵守	認知 社會 美感
	我是小幫手	整理自己的物品、照顧好朋友	身體 美感
	我好擔心……	解決需求、適當的情緒表達	語文 情緒
我是好厝邊 節慶：圍爐	我是有禮貌的小朋友	學習基本生活禮儀	語文 社會 情緒
	我會整理環境	不亂丟垃圾、整理環境	身體 情緒 美感
	我的好鄰居	認識各行各業的商店	認知 社會
	我知道路	街道、交通安全、地理位置	認知 語文
	我是小園丁	認識校園樹種、栽種與維護植物	身體 情緒 美感

註：引自幸曼玲等人（2018b，頁 33）。

思考與練習題

1. 請試想你在課程規劃之前，如何選擇題材、蒐集在地資源？以提供幼兒第一手學習經驗與深入探究的機會。

2. 如你要教中班幼兒，你覺得幼兒從入園到離園為止，在固定時間進行的常態性活動有哪些？請試擬出一週五日作息計畫（作息表）。

3. 請列舉你認為幼兒園教保活動課程規劃，在學期初要考量哪些重點。

第六章

幼兒園教保活動課程設計實務

廖藪芬

「幼兒園教保活動課程計畫的基本概念為何?」
「常見幼兒園教保活動課程設計有哪些形式與示例?」
「混齡教學與融合教育的教保活動課程設計為何?」

前一章說明幼兒園教保活動課程規劃,包括:行事曆、作息計畫,以及全園性課程計畫、年度計畫、學期計畫。本章接續探討例行性活動、全園性活動、多元學習活動等幼兒園教保活動課程設計實務,全章分三節說明。首先,說明幼兒園教保活動課程計畫的基本概念;其次,列舉常見幼兒園教保活動課程設計的形式與示例;最後,再說明混齡教學與融合教育的教保活動課程設計,以供讀者對幼兒園教保活動課程設計有基本的認識,以及知道如何進行活動設計。

第一節　幼兒園教保活動課程計畫的基本概念

探討幼兒園教保活動課程計畫的基本概念,最重要的是要了解課程要素運用於教保活動課程計畫。希望讀者閱讀後能了解活動計畫基本概念,進而能彈性運用各種格式進行教保活動課程計畫。

本書第一章探討課程要素分為目標、內容、方法、評量，屬於一般性通則理論概念，本節則針對目標、內容、方法、評量等課程要素如何具體運用於幼兒園教保活動課程設計，分述如下。

壹、目標

「目標」對課程設計者而言，如同大海中的「燈塔」指引一艘船航行方向，不致於迷失沉船，也就是教學要有目標、意圖和目的，避免教學失序、雜亂零碎。而且，以筆者多年輔導現場老師的經驗，發覺有些人因「目標」未定，無法設計課程；有些人因「目標」不清，深陷迷惘，放棄設計課程。其實，要先清楚自己的現況與起始點，是初學者或已有「課程大綱」概念者，還是熟用早期 1987 年「課程標準」的資深老師？即可依自己的現況學習選用「目標」。

在此，先說明「課程目標」和「學習指標」的使用方法與注意事項，再敘明依自己現況選用「目標」，供參如下。

一、課程目標

（一）從六大領域方向思考選用

首先，要從六大領域「身體動作與健康、認知、語文、社會、情緒和美感」方向思考選用，在於能引導出適合幼兒學習的經驗與能力，例如：「認知領域的課程目標」是協助幼兒在蒐集、整理及解決與「生活環境中的數學」、「自然現象」及「文化產物」有關的訊息及問題的過程中，以提升認知能力和擴展經驗。

（二）示例說明

以「認知領域的課程目標」為例

1. 綜合認知領域「蒐集訊息」、「整理訊息」及「解決問題」三項領域能力及「生活環境中的數學」、「自然現象」及「文化產

物」三個學習面向交織而成的雙向細目表，也就是「認知領域課程目標」。

2.「課程目標」的代號包含「領域」與「2 位數字編碼」，例如：「認-1-2 蒐集自然現象的訊息」。第一個文字「認」代表認知領域；第一個數字代表領域能力「蒐集訊息」；第二個數字代表學習面向「自然現象」，如表 6-1 所示。

表 6-1　認知領域的課程目標

		1	**2**	**3**
領域能力	學習面向	生活環境中的數學	自然現象	文化產物
1	蒐集訊息	認 1-1 蒐集生活環境中的數學訊息	認 1-2 蒐集自然現象的訊息	認 1-3 蒐集文化產物的訊息
2	整理訊息	認 2-1 整理生活環境中的數學訊息	認 2-2 整理自然現象訊息間的關係	認 2-3 整理文化產物訊息間的關係
3	解決問題	認 **3**-1 與他人合作解決生活環境中的問題		

課程目標

註：1.表格外的上方 1、2、3 和左側 1、2、3 之數字為筆者所加，目的是為了讓讀者更加了解領域中數字間的關係，例如：認 1-1，第一個 1 為領域能力的數字（左側數字），第二個 1 為學習面向的數字（上方數字），以此類推。

　　2.修改自幸曼玲等人（2018a，頁 30）。

二、學習指標

（一）依據已選用的課程目標，選擇「學習指標」

選擇「學習指標」後，引發適合幼兒學習的活動，從不同的教學活動中，漸漸蓄積出幼兒的能力。不同年齡或不同發展狀況的幼兒，需要不同的學習指標，才能適性引發幼兒能力（幸曼玲等人，2017，頁 123）。

幼兒園教保活動課程設計

（二）示例說明

「認知領域的課程目標與分齡『學習指標』」，如表 6-2 所示。

表 6-2　認知領域的課程目標與分齡學習指標

課程目標　　　　　　　　　　分齡學習指標

課程目標	2-3 歲學習指標	3-4 歲學習指標	4-5 歲學習指標	5-6 歲學習指標
認-1-2 蒐集自然現象的訊息	認-幼-1-**2**-1 **觀察**動植物的特徵	認-小-1-**2**-1 **觀察**動植物的生長變化	認-中-1-**2**-1 ————————→	認-大-1-**2**-1 ————————→
		認-小-1-**2**-2 **觀察**自然現象特徵的變化	認-中-1-**2**-2 ————————→	認-大-1-**2**-2 ————————→
		認-小-1-**2**-3 **以圖像或符號記錄**自然現象的簡單訊息	認-中-1-**2**-3 **以圖像或符號記錄**自然現象的多項訊息	認-大-1-**2**-3 ————————→
認-1-**3** 蒐集文化產物的訊息	認-幼-1-**3**-1 **探索**生活物件的特性與功能	認-小-1-**3**-1 **觀察**生活物件的特徵	認-中-1-**3**-1 ————————→	認-大-1-**3**-1 ————————→
		認-小-1-**3**-2 **以圖像或符號記錄**生活物件的簡單訊息	認-中-1-**3**-2 **以圖像或符號記錄**生活物件的多項訊息	認-大-1-**3**-2 ————————→

註：1.第一重點：**領域能力**（粗圓體字）；第二重點：學習面向（楷體字）。

　　2.引自教育部（2016，頁35）。

依據已選用的課程目標認-1-2，再選「分齡學習指標」，其編碼有 3 位數字，例如：「認-幼-1-2-1 觀察動植物的特徵」（如表 6-2 所示），說明如下：

- 第一個文字「認」代表認知領域。
- 第二個文字代表所屬的「年齡層」，幼、小、中、大分別為幼幼班、小班、中班、大班。
- 第三位數字 1 代表領域能力「蒐集訊息」。
- 第四位數字 2 代表學習面向為「自然現象」。
- 第五位數字 1 代表學習指標下的流水編號。

（三）使用注意事項

　　第一：認-中-1-2-1，表中的箭號表示延續前一個年齡階段的學習指標，則是和「認-小-1-2-1 觀察動植物的生長變化」一樣，只是年齡層（小、中、大）有不同。若有發展較成熟或較緩慢之幼兒，建議教保服務人員參考後一年齡層或前一年齡層之學習指標設計活動（教育部，2016，頁 15）。

　　第二：指標中有「或」、「及」和「、」之分辨。

- 「或」：「語-中-2-3-1 敘說時表達對某項經驗的觀點或感受」，則是「觀點」或「感受」兩者皆可。
- 「及」：「身-幼-1-1-2 模仿常見的穩定性及移動性動作」，則是穩定性和移動性動作兩者同時都要做。
- 「、」：「社-中-1-2-1 覺察自己和他人有不同的想法、感受、需求」，指的是藉由 1 至 3 個活動分次逐序完成此學習指標，例如：這次只進行「想法」，下次活動可以規劃使用「感受」、「需求」，分成不同活動時段完成。把此次活動所提供的學習機會標註，例如：畫底線、使用網底，或進行加註，提醒自己已經進行以及尚未提供學習機會的部分（教育部，2017a，頁 40），例如：

「社-中-1-2-1 <u>覺察自己和他人有不同的想法、感受、需求</u>」。

第三：學習指標的「學習重點」，例如：「身-中-2-1-1 在合作遊戲的情境中練習動作的協調與敏捷」中：

- 第一重點要關注的是領域能力，屬於「動詞」——<u>練習</u>，也是老師要多多提供幼兒有學習的機會。
- 第二重點是學習面向，屬於「名詞」（或是主詞／受詞）——<u>動作的協調與敏捷</u>。
- 第三重點是其他學習重點，屬於「情境／條件」——<u>在合作遊戲的情境中</u>。

第四：學習指標是老師活動計畫的參考指引方向，也是了解幼兒各個年齡層重要的學習方向，為幼兒搭建學習的鷹架。如同開車時，馬路旁「交通標誌」的指引與提醒！剛開始不熟悉、不太會使用，甚至一時無法理解，都是正常的，不用著急，慢慢嘗試運用，會在使用過程中愈來愈熟悉與理解學習指標的意思。

第五：學習指標是檢視老師自己有沒有提供幼兒此學習機會的檢視項目，而非「評量指標」，所以沒有達不達到的問題，也不宜用此來直接評斷幼兒的表現，因此它不稱為「能力指標」（教育部，2017a，頁30）。

三、依自己現況選用「目標」

以下分為初學者或已有「課程大綱」概念者，以及熟用早期 1987 年版「課程標準」者學習轉換 2016 年版「課程大綱」二者說明。

（一）初學者或已有「課程大綱」概念者

步驟如下：

1. 思考所設計的主題或活動主要的目的，希望培養幼兒什麼能力？可從「領域能力」開始思考，先選出適用的「領域」項目（身體

動作與健康、認知、語文、社會、情緒和美感之六大領域）。

2. 再檢視該領域的課程目標雙向細目表，選擇該領域的「領域能力」與「學習面向」交織而成的「課程目標」。

3. 接著從該領域的「課程目標」中去找尋可能的「分齡學習指標」。

4. 依據「分齡學習指標」設計活動內容。

（二）熟用早期 1987 年「課程標準」者學習轉換 2016 年版「課程大綱」

步驟如下：

1. 從設計活動的內容，思考較符合該年齡層的學習指標，嘗試將活動的內容與學習指標相對應。

2. 思考活動內容中的「發展活動」和「學習指標」之間的關聯性。將活動與學習指標之間來回檢視，透過學習指標指引方向提醒自己調整修改活動。

3. 依著所選的「分齡學習指標」找到「課程目標」。

4. 遇到無法理解或不確定應使用哪一個「學習指標」，請詳讀「課程大綱」領域內涵，或是參考「全國教保資訊網／教保課程／幼兒園教保活動課程大綱／數位課程」，了解學習指標的意涵。

再者，就「目標」而言，有範圍與時間的長期、短期、近期單一之分別，常讓現場老師感到困惑混淆有「課程目標、學習指標、活動目標」。首先，「課程目標」是長期進行一段時間，累積許多活動要達到的部分，也就是「課程大綱」六大領域：身體動作與健康、認知、語文、社會、情緒和美感的「課程目標」。其次，「學習指標」是短期時間透過 1 至 3 個活動達成，不得更改或增修指標中的數字或文字。最後，「活動目標」是在單一個活動中達成的，具體明確因應活動的內容而改寫。改寫時，依據「學習指標」保留動詞，僅修改名詞的部分，請依據個人需要決定是否要撰寫「活動目標」。三者的比較如表 6-3 所示。

表 6-3 「課程目標、學習指標、活動目標」比較表

範圍與時間	目標	範例	選用
長期進行一段時間,累積許多活動要達到的方向	課程目標	認-1-2 蒐集自然現象的訊息	老師的意圖／目的?從「領域」開始思考選用
短期時間透過 1 至 3 個活動達成	學習指標	認-中-1-2-3 以圖像或符號記錄自然現象的多項訊息	依據已選的「課程目標」中去找尋可能的「分齡學習指標」
單一個活動(40 至 60 分鐘)	活動目標	以圖像繪畫記錄所看到的花草外形或顏色等多項訊息	根據正進行的活動內容具體描述

　　總之,選用「目標」原則,建議第一種方式先選用領域課程目標→再延續課程目標下的分齡「學習指標」→最後再想「活動」;第二種方式,資深教保人員可以先想「活動」再找「學習指標」,其學習指標與活動要相互檢視是否合宜,避免找不到合宜的學習指標使用,或流於只對應到幾個經常慣用的學習指標情況。

貳、內容

　　「內容」意旨活動內容與過程的題材,搭配題材的使用會運用到哪些資源。以下針對題材內容的選擇原則為何?有哪些題材內容?如何運用相關教學資源?說明如下。

一、題材內容的選擇原則

　　首要考量在地資源的取材便利,以幼兒周遭環境常接觸、可經驗、可體驗的生活環境中取材展開課程,擴充幼兒生活經驗。內容不論是參考坊間教材或自編教材,都要考量是否能提供幼兒第一手經驗的機會。因為住在都市區的幼兒常看到周遭的商店,接觸的是有關商店買賣商品

的訊息，若是內容介紹山裡挖竹筍、冰山下雪玩雪，對幼兒而言，要有實際參與和探索體驗是有困難的，也無法連結幼兒的生活經驗。

二、題材內容的來源

參酌 2016 年版「課程大綱」領域內涵與在地化資源，其有關主題從哪兒來，讀者可參考本章第二節的詳細介紹。以下簡述題材內容的來源：

1. 2016 年版「課程大綱」分為身體動作與健康、認知、語文、社會、情緒和美感六大領域，其領域內涵說明學習面向，例如：「社會領域內涵」，在「自己」的面向指自我認識、自我保護與自我肯定。幼兒自己的認識，包含對自己外在特徵的覺察（如我比好朋友還高、手腳比較大）、到認識自己的專長（如我很會摺紙）、興趣（如我喜歡唱歌）與性別（如我是男生）。幼兒經由認識自己的身心需要，發展對自己身體自主權的意識與覺察，並學習照顧和保護自己的身體。且幼兒依自己的想法與目標去行動，建立自信心和喜歡自己（教育部，2016，頁 63）。

2. 在地化資源：在本書第五章曾介紹幼兒園本位課程，題材內容例如：地理區位、建築藝術、自然生態、節慶活動、休閒育樂、地方特產、在地達人、家鄉特色等，也是老師可以善用的題材內容。

三、教學資源的運用

教學資源亦可稱為活動資源，因著活動內容的實施，而會使用園內設施設備，或者是教材、教具、素材、工具、器材等都是教學資源，例如：圖畫書、拼圖教具、美勞材料「紙箱／空盒」、素材「不同材質的布／石頭／木棒」、工具「畫筆／剪刀／膠帶台」、器材「錄放音機／光碟播放機」等，都是屬於教學相關資源。學習區規劃中的素材和工具，建議參考「教育部幼兒園課程與教學品質評估表」（題本）。在此，對

於幼兒園的設施、設備、教材、教具等簡略說明如下：

1. 設施設備：依據《幼兒園及其分班基本設施設備標準》（教育部，2019）第 2 條，標準用詞定義如下：

   - 設施：指提供幼兒學習、生活、活動之建築、附屬空間及空地等。

   - 設備：指設施中必要之遊戲器材、教具、媒體器材、教具櫃、儲藏櫃、桌椅等用品及器材。

2. 教材、教具：「教材」（teaching material）曾於第一章第四節說明，是教學的材料，也是教師進行教學過程中所運用的一切材料和方法。而「教具」可以包含於「教材」之下。

參、方法

「方法」意旨搭配教學內容，引導幼兒學習的動機與興趣、銜接活動與活動的連貫性，以及鷹架幼兒學習能力的教學方法。尤其面對幼兒在生活環境中的一切充滿好奇與探究的動力，不斷發問、主動試驗與尋求答案的學習歷程中，老師的教學方法更顯得重要，這也是現今「**課程大綱**」和 1987 年版「課程標準」的最大相異點，從直接灌輸知識朝向問題式引導學習。以下說明一般在幼兒園常使用的教學方法，以及個人如何檢視調整教學方法，接而再敘述活動設計基本結構。

一、一般在幼兒園常使用的教學方法

例如：討論、觀察、參觀、訪問、蒐集資料、展覽、製作、操作、實驗、角色扮演、故事、遊戲、律動、表演、創作、吟唱兒歌、唱歌、童謠、分享等。是以先前經驗為基礎，重視探索體驗、操弄與發現，逐步建構新知識。

二、檢視調整個人的教學方法

「課程大綱」的立論基礎包含哲學、心理學、社會學等深層教育意涵，提供老師重新檢視與思考，如何引導與協助幼兒探究與發展課程。老師可以透過以下步驟重新學習與調整改變舊思維。

（一）步驟一：覺知「教學現況」

覺察知道自己教學方法是否輸入籠統、輸出太快，直接式告知幼兒要做什麼，或以權威命令引導幼兒，屬於直接知識灌輸與告知行為表現的教學方法。

（二）步驟二：放大幼兒「學習歷程」

試著觀察幼兒起始經驗或能力，提供幼兒學習機會，鼓勵幼兒實作體驗的歷程，再透過師生討論對話，引導幼兒想想要如何做？怎麼做？為什麼做得到？為什麼做不到？試試看等。常常探究原因學習思考，拉長幼兒學習的歷程，而非急速表面的答案結果論。

（三）步驟三：調整「教學信念」

觀察與協助幼兒整理經驗，釐清「新的和現有經驗有什麼不一樣？比較看看，然後嘗試找到方法修正」，為幼兒搭建學習的鷹架。換言之，以尊重與了解幼兒的方式，鼓勵其透過較長時間學習的歷程，有機會實際的觀察、討論、比較、練習，找到方法自我調整修正，完成「自主學習」的結果。

因此，從覺知直接知識灌輸到調整放大幼兒學習的歷程，然後協助幼兒釐清整理經驗與找到方法自我修正，完成「自主學習」的教學信念。

三、活動設計基本結構

　　教學方法結合學習內容，運用於「活動內容與過程」的擬寫。以現場最常見的分為準備活動（引起動機）、發展活動、綜合活動，以及延伸活動，以下說明之。

（一）準備活動（或稱引起動機／啟始活動）

　　要喚起幼兒學習的興趣與經驗，老師可以透過實物、圖片、照片、圖畫書、影片等觀察與討論，引發幼兒對此活動的學習動機、興趣與經驗。

（二）發展活動

　　發展活動是幼兒最主軸的學習核心，如同人的心臟，最為重要，其設計內容也必須對應與呼應「課程目標」與「學習指標」。透過討論、觀察、參觀、訪問、蒐集資料、展覽、操作、角色扮演、故事、遊戲、律動等學習方式，親身體驗參與過程，從中獲得實際的生活經驗。

　　在學習情境的規劃上，要考慮活動形式（乾濕、動靜）、幼兒「人數」型態（團體活動、小組活動、個別活動）、幼兒年齡（分齡、混齡）、特殊幼兒、空間的規劃及氣氛等（教育部，2016，頁8），以及依據《幼兒教保及照顧服務實施準則》第16條，幼兒園活動室應設置多元學習區域，供幼兒自由探索；學習區域應提供充足並適合各年齡層幼兒需求之材料、教具、玩具及圖書；其安全、衛生及品質應符合相關法規及中華民國國家標準規定（教育部，2023a）。

　　茲此，依幼兒人數而言，以下規劃「團體活動、小組活動、個別活動」之外，並加以說明「學習區（角落）活動」，讓讀者分辨清楚與適當運用「小組活動」和「學習區（角落）活動」。

1. 團體活動

　　全班幼兒一起進行同樣的活動，例如：團體討論、團體聆聽故事等。

2. 小組活動

全班幼兒以不同型態分成小組活動，其進行型態，茲列舉幾項說明如下：

- 相同材料／相同活動名稱，例如：摺紙，分兩組進行「摺櫻花」。
- 不同材料／相同活動名稱，例如：分兩組進行，A 組戲劇扮演「美麗的花園」、B 組樂高建構「美麗的花園」。
- 相同材料／不同活動名稱，例如：黏土，分兩組進行，A 組捏「奇妙的花」、B 組捏「昆蟲」。
- 不同材料／不同活動名稱，例如：分三組進行，A 組「摺櫻花」、B 組樂高建構「美麗的花園」、C 組呼拉圈跑跳「花園遊戲」。

3. 個別活動

指個別性學習區（角落）活動或個別自由活動：

- 學習區（角落）活動：配合課程規劃並參考「教育部幼兒園課程與教學品質評估表」，設置不同的學習區（角落）環境，例如：語文區、美勞區、積木區、扮演區、數學區、組合建構區等。其評估表檢核標準建議達到層級 2，即是設置 4 個學習區、學習區開放時段每週至少 3 次、每次至少持續 40 分鐘，尊重幼兒有自由的選擇權。老師協助每一位幼兒依據特質、興趣、能力及想要探究的議題或解決問題，引導選擇合宜的學習區或跨區，以進行作深入探究、延伸及深化幼兒的學習，其運作方式請詳見本章第二節之說明。
- 個別自由活動：提供幼兒自由探索的活動，例如：觀察幼兒園裡的花草，讓幼兒個別自由的抱抱櫻花樹幹、聞聞桂花香味、玩玩幸運草等不同個別活動。

現場老師對於「小組活動」與「學習區（角落）活動」常有混淆現象，說明如下：

1. 小組活動配合單元／主題／方案課程，可能分小組進行戲劇扮演、說故事、美勞創作等活動，利用**學習區空間與素材工具進行活動**，便將「小組活動」誤認為是「學習區（角落）活動」。

2. 學習區（角落）活動配合單元／主題／方案課程，規劃設置不同學習區，鼓勵幼兒有自由的選擇權。即使幼兒不選擇有關單元／主題／方案課程素材操作，老師應本著尊重幼兒自由自主、興趣、依自己步調學習成長為原則，即是「學習區（角落）活動」精神。

3. 「小組活動」進行型態，不論是依幼兒學習的興趣或能力分組進行，較偏向老師為主導與指導的原則；「學習區（角落）活動」偏向以幼兒個別自由選擇為原則，較屬於「個別活動」。當幼兒個別在學習區（角落）進行過程中，老師鼓勵引導幼兒做深入探究，可能形成幾位幼兒共同興趣，而成為小組合作學習型態。雖然幼兒人數從「個別活動」到「小組活動」型態，但「學習區（角落）活動」不能等同是「小組活動」。

若發展活動時間不足，「小組活動」和「學習區（角落）活動」可取其一，而學習區開放時段每週至少 3 次、每次至少持續 40 分鐘，如「教育部幼兒園課程與教學品質評估表」之建議。

（三）綜合活動

綜合活動要設計合宜，不是只有複習，而是能整理所學到的概念，統整學習指標展現幼兒在此活動所學到的能力（可參考本書第 161 頁），也有統整各個小活動呈現學習的結果為高峰活動，邀約其他班級幼兒或家人共同參與或觀賞。

（四）延伸活動

活動的進行若有多餘的時間，可以延伸相關課程的學習，擴充幼兒

學習的深度與廣度，例如：吟唱兒歌、進行遊戲等。

　　活動設計時要注意，從準備活動（引起動機）、發展活動、綜合活動是一個整體連貫的活動，只有在「發展活動」書寫對應的「學習指標」，準備活動（引起動機）、綜合活動亦可不寫出對應的「學習指標」；而延伸活動在延伸相關課程學習，故也要書寫對應的「學習指標」。

肆、評量

　　評量有兩種，一是指「幼兒學習評量」，另一是指評量教師的「教學評量」。評量是檢視幼兒學習成效，進而調整老師的教學目標、內容和方法。而「幼兒學習評量」較常用的有兩種：一種是形成性評量；另一種是總結性評量。在一學年課程進行的過程中，評量幼兒的學習情形，稱為形成性評量。通常，主題評量是依主題課程進行的評量，是形成性評量。總結性評量以學年為單位，將幼兒一學年的學習成效定為總結性評量，是以六大核心素養進行評量（教育部，2017a，頁55）。有關幼兒學習評量的詳細介紹，讀者可參考本書第七章；有關教學評量的內容請參閱本書第九章。

第二節　常見幼兒園教保活動課程設計的形式與示例

　　幼兒園教保活動課程分為「例行性活動」、「全園性活動」和依據不同課程取向而異的「多元學習活動」，老師須備課擬訂計畫，提供幼兒完整的學習經驗。前一節說明課程計畫的基本概念，運用課程要素於課程計畫，本節將具體說明常見幼兒園教保活動課程設計有哪些形式與示例？混齡教學與融合教育的教保活動課程設計為何？首先從「例行性活動」、「全園性活動」說明，再說明「多元學習活動」的形式與示例，分述如下。

壹、例行性活動

　　例行性活動是指每個幼兒園的作息表，依據幼兒需求每天固定時間進行的常態活動，除了多元學習活動（各園的課程取向）之外，包括：入園活動（打招呼、如廁、喝水）、出汗性大肌肉活動、用餐、午休、盥洗、如廁、圖書共讀、故事時間、假日分享、玩具分享等（教育部，2017a，頁 14）。在此，從規劃方式和示例以某幼兒園為例，說明如下。

一、規劃方式

1. 思考每個例行性活動的目標或重點是什麼？希望培養幼兒什麼「領域」的能力？
2. 從領域雙向細目表來找「課程目標」。
3. 依據課程目標找尋分齡「學習指標」。
4. 「活動內容」和「學習指標」之間相互檢視，再具體寫出如何引導幼兒往此學習指標內容使用的語詞。

二、示例說明

　　以「用餐點」為例（如表 6-4 所示），全園（幼／小／中／大班）共同設計一份，或是各班分年齡層皆可，現以全園（幼／小／中／大班）共同設計步驟如下：

1. 「用餐點」會進行哪些流程，有拿餐袋／排隊拿點心（午餐）／用點心（午餐）／收拾整理等項目。
2. 希望培養幼兒學習的目標或重點是什麼？從領域雙向細目表來找尋課程目標，例如：「語文」有語-1-4 和語-1-7。
3. 依據課程目標找尋分齡學習指標，符合其教學班級年齡，例如：「語-幼-1-4-2 認出代表自己或所屬群體的符號」；「語-小-1-7-1 認出自己的姓名」。

表 6-4　例行性活動計畫（全園共用）

○○幼兒園○○學年度第○學期例行性活動計畫——用餐點（全園共用）

幼兒年齡層／班別：幼／小／中／大	教學者姓名：○○○	
	日期：	
項目	教保服務人員的引導	學習指標
拿餐袋	■（幼／小班／新生） 老師拿著一個餐袋示範說明，幼兒手上也有自己的餐袋，餐袋有號碼／名字： 「小朋友，請你找一找自己的餐袋，哪裡有自己的號碼／名字？」 「你怎麼知道餐袋有自己的號碼／名字？」 「找到自己餐袋的號碼／名字，請拿出早上要用的碗放在桌上。」 老師拿著一個碗示範如何開啟碗蓋： 「一隻手壓住碗蓋子的一半，另外一隻手打開碗蓋子。」 ■（中／大班） 老師提醒幼兒拿自己餐袋中一個碗，準備吃點心，並引導幼兒回應： 「小朋友，現在我們吃點心，請小朋友去拿餐袋，拿餐袋時要注意什麼事？為什麼？」	語-幼-1-4-2 **認出**代表自己或所屬群體的符號 語-小-1-7-1 **認出**自己的姓名 社-小-2-3-2 **聽從**成人指示，**遵守**生活規範 社-中/大-2-3-2 **理解**生活規範訂定的理由，並**調整**自己的行動
排隊拿點心 （午餐）	■（幼／小班／新生） 老師拿著一個碗示範排隊的方式： 「請小朋友跟著老師一起做，當離開座位時，兩隻手扶著椅子邊緣輕輕往後拉，站起來，站到椅子後面，兩隻手扶著椅背輕輕靠攏椅子，然後慢慢走路排隊，排隊要注意小心不要撞到別人或碰到別人，保持距離，注意安全。」	身-幼-1-3-3 **模仿**身體活動安全的距離

表 6-4　例行性活動計畫（全園共用）（續）

項目	教保服務人員的引導	學習指標
排隊拿點心（午餐）	「小朋友，請你拿著碗慢慢離開座位走到放午餐桌子旁排隊，記得保持距離，保護自己的安全。盛好點心（午餐）之後走路要小心，眼睛要看路，保護好點心（午餐），食物不要掉出來。」 備註：幼／小班／新生 若幼兒已適應幼兒園生活，班級常規穩定，可鼓勵幼兒自己嘗試學習夾小肉包、小饅頭、切好的水果（蘋果／芭樂等）。 ■（小／中／大班） 老師請幼兒拿著一個碗準備排隊拿點心（午餐）： 「小朋友，拿碗走路排隊準備拿點心要注意什麼？不要撞到別人或碰到別人，保持距離，不要走太快或用跑的撞到別人，發生危險。請你做做看！」 「小朋友，排隊拿完點心（午餐）、盛好點心（午餐）之後要注意什麼？如何保護自己的安全？如何保護好點心（午餐），食物不要掉下去呢？」 備註：中／大班 若班級常規穩定，可鼓勵幼兒自己嘗試學習夾點心／午餐。 中班：夾小肉包、小饅頭、切好的水果（蘋果／芭樂等）、裝飯。 大班：夾小肉包、小饅頭、切好的水果（蘋果／芭樂等）、裝飯、夾菜。	身-小/中/大-1-3-3 **覺察**身體活動安全的距離

表6-4　例行性活動計畫（全園共用）（續）

項目	教保服務人員的引導	學習指標
用點心 （午餐）	■（幼／小班／新生） 老師坐在椅子上扶著桌上的碗示範說明，幼兒手上也有自己的碗，引導模仿學習： 「小朋友，請你跟著老師一起做，一隻手扶著碗、一隻手拿著湯匙將碗裡的紅豆湯（飯菜）舀起來吃，眼睛看著湯匙的食物，嘴巴要靠近湯匙和碗。」 「吃點心（午餐）時要在自己的位置上坐好、慢慢吃、吞下去，小聲說話不要影響別人。」 「小朋友，手握著湯匙小心舀碗裡的紅豆湯（飯菜），不要掉出來，若不小心掉在桌上或地上，等一下吃完點心（午餐），我們再來收拾整理，先不要撿起來吃。」 ■（中／大班） 老師坐在椅子上扶著桌上的碗，握著湯匙示範，並請幼兒手上握著湯匙，一邊觀察一邊做： 「吃點心（午餐）時用一隻手扶著碗、一隻手拿著『湯匙』將碗裡的紅豆湯（飯菜）舀起來吃，眼睛看著湯匙的食物，嘴巴要靠近湯匙和碗。也要注意使用湯匙的安全。」 「小朋友，你如何做到用湯匙吃點心（午餐）？如何注意使用湯匙的安全？你覺得呢？」 鼓勵幼兒回應如何做到使用湯匙自己吃點心（午餐）的方法。	身-幼-1-2-2 **模仿**抓、握的精細動作 身-小-1-2-2 **模仿**抓、握、扭轉的精細動作 身-幼/小-1-3-2 **模仿**良好的飲食行為 身-中/大-1-2-1 **覺察**各種用具安全的操作技能

表6-4 例行性活動計畫（全園共用）（續）

項目	教保服務人員的引導	學習指標
用點心 （午餐）	老師可以善用農產品 CAS、吉園圃安全蔬果等標章實物或圖片介紹，或是以正在吃的餐點食物引導： 「今天，我們吃的點心（午餐）有什麼？紅豆湯（午餐是炒麵、蛋、青菜）。每一種食物都很有營養都要吃（不偏食），身體才會長高健康。而且，剛煮好的食物很新鮮、很好吃，我們要好好享用吃完。還有，在吃的時候，要注意手摸過、被噴嚏噴到的食物、自己用過的湯匙不要去舀別人的食物，或是掉在地上的食物不衛生、不安全，也都不要吃。」 鼓勵幼兒想想並回應： 「小朋友，我們要如何注意食物的衛生安全，可以怎麼做呢？」 「小朋友，今天的點心（午餐）有吃到什麼有營養的食物呢？」（事先可以觀賞「均衡飲食金國王的環遊旅程」之YouTube影片，或看食物扇形圖）	身-中/大-1-3-2 **辨識**食物的安全，並**選擇**均衡營養的飲食
收拾整理	■（幼／小班／新生） 老師拿著一塊抹布在桌上示範說明： 「小朋友，當我們吃完點心（午餐），如果有掉在桌上或地上的食物，我們先用手將食物撿起來放在碗蓋上，再將碗蓋上髒的食物倒在小廚餘桶上。再用這塊抹布擦桌子，兩隻手放在抹布上來來回回擦桌子。現在請小朋友跟著老師做一次。」（分小組 3～4 人練習，提供小朋友手上一塊抹布在桌上模仿做做看） 「現在要清地板，請小朋友跟著老師一樣，一手拿小掃把、一手拿小簸箕，將掉落地板的食物掃起來，倒在小廚餘桶上。」	身-幼-1-2-2 **模仿**抓、握的精細動作 身-小-1-2-2 **模仿**抓、握、扭轉的精細動作

表6-4　例行性活動計畫（全園共用）（續）

項目	教保服務人員的引導	學習指標
收拾整理	■（中班） 老師多鼓勵提供幼兒練習洗抹布的機會： 「小朋友，擦完桌子，我們要到洗手台洗抹布，跟著老師一起做，一隻手轉開水龍頭或將抹布放入水盆中（有的會將水盛在水盆／冬天會用溫水盛在水盆），然後兩隻手抓住抹布兩角角沖洗，再將抹布對摺合在一起，兩隻手扭轉將抹布擰乾。最後將抹布吊在抹布架上或對摺好放回抹布盤。」（若秋冬天，請小朋友先學習捲高袖子） ■（大班） 引導大班幼兒回應自己如何覺察洗抹布時，手和眼睛如何協調的動作： 「小朋友，你怎麼會洗抹布？如何洗抹布？你覺得呢？」	身-中-1-2-2 **模仿**抓、握、扭轉、揉、捏的精細動作 身-大-1-2-2 **覺察**手眼協調的精細動作

註：1.第一重點：**領域能力**（粗圓體字）；第二重點：*學習面向*（楷體字）；第三重點：*其他學習重點*（斜體字），以下各表均為如此。

　　2.例行性活動計畫的空白表格，請參閱附錄五。

4.引導語和學習指標相互呼應，例如：「小朋友，請你找一找自己的餐袋，哪裡有自己的號碼／名字？」、「你怎麼知道餐袋有自己的號碼／名字？」。引導語首先著重在領域能力「認出」，接續是第二重點學習面向「代表自己或所屬群體的符號／自己的姓名」。

貳、全園性活動

　　全園性活動是指全園幼兒一起參加的活動，老師需預先規劃進行「全園性活動」的目的及活動方式。幼兒園進行「全園性活動」可能有：節

慶活動（教師節、中秋節、聖誕節、新年、兒童節、母親節、端午節）、運動會、畢業典禮、議題教育（健康教育、安全教育、生命教育、品德教育及性別平等教育等）、母語教學等（教育部，2017a，頁 47）。在此，從規劃方式和示例以某幼兒園為例，說明如下。

一、規劃方式

1. 思考每個全園性活動的目標或重點是什麼？希望培養幼兒什麼「領域」能力？
2. 從領域雙向細目表來找尋「課程目標」。
3. 依據課程目標找尋分齡「學習指標」。
4. 「活動內容」和「學習指標」之間相互檢視，再具體寫出如何引導幼兒往此學習指標內容使用的語詞。

二、示例說明

以議題教育中的安全教育「全園防震演練」為例，其活動設計步驟如下（如表 6-5 所示）：

1. 每年 9 月國家防災日地震演練，老師的目的是希望培養幼兒能力為何？依據身體動作與健康／社會／情緒／語文領域能力，選定「課程目標」。
2. 依據「課程目標」，選擇「分齡學習指標」，活動內容和學習指標相互來回檢視。
3. 引導幼兒往此學習指標內容使用的語詞。

例如：「身-幼-2-1-1 在穩定性及移動性動作中練習平衡」，老師示範動作，引導幼兒練習做出穩定性及移動性動作的平衡。

「找桌子趴下、掩護、穩住，雙手抓住桌腳。」
「趴下是雙腿彎曲，身體向下全蹲，雙手手掌打開碰地面，
然後低頭用手和腳爬進躲在桌底下掩避，穩住雙手抓住桌腳。」

表 6-5　全園性活動計畫

○○幼兒園○○學年度第○學期全園性活動計畫──防震演練

幼兒年齡層／班別：幼／小／中／大	教學者姓名：○○○	
	日期：	
項目	教保服務人員的引導	學習指標
一、事故發生與察覺：就地掩蔽	演練內容〔動作〕第一階段就地掩蔽 **地震預警系統響起** 老師戴上防護帽，先確保教室門為開啟狀態，並觀察到幼兒有大叫或哭聲： ■（幼／小班／新生） 「有地震！小朋友不要害怕，我們要保護頭、頸，趕快戴上防災頭套，找桌子趴下、掩護、穩住，雙手抓住桌腳。」 「趴下是雙腿彎曲，身體向下全蹲，雙手手掌打開碰地面，然後低頭用手和腳爬進躲在桌底下掩護，穩住雙手抓住桌腳。」（老師示範動作，引導幼兒練習正確的動作） 引導幼兒想想與回應： 「小朋友，發生地震！我們要保護自己，如何做趴下、掩護、穩住，雙手抓住桌腳的動作呢？」 ■（中／大班） 「有地震！小朋友不要害怕，我們要保護頭、頸，趕快戴上防護頭套，找桌子趴下、掩護、穩住，雙手抓住桌腳。保護自己的安全，小心注意掉落物品會打到我們的頭。」（老師確定幼兒已做到趴下、掩護、穩住，雙手抓住桌腳三個要領） 引導幼兒想想與回應： 「發生地震！有什麼危險？我們在教室要如何保護自己的安全呢？」	身-幼-2-1-1 在穩定性及移動性動作中**練習**平衡 身-小-2-1-1 在穩定性及移動性動作中**練習**平衡與協調 身-中-1-3-4 **覺察與辨別**危險，保護自己的安全 身-大-1-3-4 **覺察與辨別**危險，保護自己及他人的安全

幼兒園教保活動課程設計

表6-5　全園性活動計畫（續）

項目	教保服務人員的引導	學習指標
一、事故發生與察覺：就地掩蔽	備註： 防震演練前，老師須先教導示範趴下、掩護、穩住，雙手抓住桌腳三個要領。引導幼兒模仿練習正確的動作，有助於幼兒就地掩蔽的動作平衡與協調。	
二、疏散避難	演練內容〔動作〕第二階段疏散避難 老師聽到廣播發布：〔連續短哨音〕一長四短 攜帶「緊急避難包」依防災地圖及避難引導標示，帶著幼兒疏散到外面集結區： ■（幼班／新生） 「小朋友，我們要戴好防災頭套，不要跑、不要推別人、不說話。小心走好不撞到別人，跟著老師一起做，走到外面去集合。」 ■（小／中班） 「小朋友，我們要戴好防災頭套，不要跑、不要推別人、不說話。小心走好不撞到別人，不碰危險的東西，注意掉落物品會打到我們的頭，跟著老師走到外面去集合。」 引導幼兒想想與回應： 「小朋友，我們要疏散走到外面集合，一面走一面要注意什麼事？如何避開危險呢？」 ■（大班） 「小朋友，我們要戴好防災頭套，不要跑、不要推別人、不說話。小心走好不撞到別人，不碰危險的東西，注意掉落物品會打到我們的頭，注意自己的安全，跟著老師走到外面去集合。」	身-幼-1-3-3 **模仿**身體活動安全的距離 社-小/中-1-5-3 **覺察**自身的安全，**避開**危險的人事物 社-大-1-5-3 **辨識**生活環境中的危險，**維護**自身的安全

表6-5　全園性活動計畫（續）

項目	教保服務人員的引導	學習指標
二、疏散避難	引導幼兒想想與回應： 「小朋友，我們要走去外面集合，一面走一面要注意什麼事？如何知道危險，保護自己安全呢？」（一位教師最後離開教室，順手關掉電源）	
三、緊急應變組織的啟動／人數統計與回報	各班老師清點班級人數，再將點名單交至各集結區負責人。之後集結區負責人回報師生人數： 「小朋友，我們到集結區坐下來，把防災頭套拿下來放在腳上，注意安全、安靜等待不說話。老師算算看有多少人？」 ■（幼／小班／新生） 引導幼兒想想與回應： 「小朋友，我們到集結區坐下來，如何注意安全、遵守等待呢？」 ■（中／大班） 引導幼兒想想與回應： 「小朋友，我們到集結區要做什麼？如何保護自己的安全和等待呢？」 備註：到達集結區，可視狀況（天冷或悶熱），戴著或脫下防災頭套。	身-幼／小-2-1-2 **遵守**安全活動的原則 身-中／大-2-1-2 在團體活動中，**應用**身體基本動作安全地完成任務
四、緊急搜救與傷患救助	發現有1名幼兒受傷，班級教師已將他抱到搶救組進行急救。觀察幼兒知道有人受傷而有恐懼害怕時： 「小朋友，有人下樓梯受傷，我們不要害怕！已經有○○老師帶他去擦藥了。」	

表 6-5　全園性活動計畫（續）

項目	教保服務人員的引導	學習指標
四、緊急搜救與傷患救助	■（幼／小班／新生） 引導幼兒想想與回應： 「小朋友，我們聽到有人下樓梯受傷，有什麼感覺？為什麼呢？」 ■（中／大班） 引導幼兒想想與回應： 「小朋友，我們聽到有人下樓梯受傷，有什麼感覺？當我們下樓梯，保護自己的安全、避開危險時，你的感覺是什麼？為什麼呢？」	情-幼/小-3-1-1 **知道**自己情緒出現的**原因** 情-中/大-3-1-1 **知道**自己複雜情緒出現的**原因**
五、災情的掌握及通報	通報組向○○區災害應變中心及本市教育局報告本園災情與處理情形，並〔透過網路向教育部校安中心呈報狀況〕。 ◎指揮官：「全園教職員工、各位小朋友，剛才的地震搖晃得很嚴重，不過在本園緊急應變組織的有效處置下，幼兒園內的各棟建築物沒有毀損、所有人平安，只有 1 名小朋友受輕傷，請大家安心。現在請教師將小朋友帶回教室繼續上課。請大家提高警覺，若再出現搖晃情形，請務必再次就地掩蔽及震後避難疏散，注意疏散指示！急救站的傷患請護理師與班級教師持續觀察。現在請副指揮官指揮班級開始移動進教室。」 老師請幼兒起立，準備走回教室： ■（小／中／大班） 「小朋友，剛剛地震已停，現在可以安全走回教室。注意走好不撞到別人，排好隊伍跟著老師走回教室。」 引導幼兒想想與回應： 「小朋友，如何排好隊伍不撞到別人，安全走回教室呢？」	身-小/中/大-1-3-3 **覺察**身體活動安全的距離

表 6-5　全園性活動計畫（續）

項目	教保服務人員的引導	學習指標
五、災情的掌握及通報	■（幼班） 引導幼兒想想與回應： 「小朋友，剛剛防震演練發生什麼事？」	語-幼-2-3-1 **敘說**一個經歷過的事件
	■（小班） 引導幼兒想想與回應： 「小朋友，剛剛防震演練發生什麼事？然後呢？再來呢？」	語-小-2-3-1 **敘說**包含三個關聯事件的生活經驗
	■（中班） 引導幼兒想想與回應： 「小朋友，剛剛防震演練發生什麼事？你以前也有這樣的經驗嗎？你的感覺是什麼？」	語-中-2-3-1 **敘說時表達**對某項經驗的觀點或感受
	■（大班） 引導幼兒想想與回應： 「小朋友，剛剛防震演練發生什麼事？你以前也有這樣的經驗嗎？剛開始怎麼了？接下來呢？最後呢？你覺得呢？」	語-大-2-3-1 **建構**包含事件開端、過程、結局與個人觀點的經驗**敘說**

註：全園性活動計畫的空白表格，請參閱附錄六。

參、多元學習活動

　　現場常見的課程取向以單元、主題、方案為主，也有學習區萌發課程。在此，先簡述單元、主題、方案三者相同與差異性，接著論述統整性主題課程設計，再舉例說明單元、主題、方案課程、學習區萌發課程設計。而在「學習區」方面，以「學習區」結合單元、主題、方案課程計畫作為說明之外，另外特別「以學習區出發的課程設計」（本書第168

頁），依據各學習區的特性與基本素材工具、幼生在學習區的經驗，以及學習區萌發課程擬訂計畫，提供讀者更清楚學習區設計方式，分述如下。

一、單元、主題、方案三者相同與差異性

單元、主題、方案三者的相同點都是以一個議題或主題來貫穿與統整幼兒的學習經驗，其相異點可取決於以下四項的思考面向：

第一：老師和幼兒對於課程決定權多少？老師主導和幼兒引發課程的比例不一？簡易圖示如圖 6-1 所示。

第二：是由老師預先規劃活動設計？或是隨著幼兒學習歷程不斷滾動調整活動設計？

第三：課程持續時間的長短為何？

第四：教學型態為團體活動、小組活動、個別活動，哪一種的教學型態比例占較高？

圖 6-1　單元、主題、方案課程中老師和幼兒課程決定比例

老師 100%、幼兒 0%　　老師 50%、幼兒 50%　　老師 20%、幼兒 80%

單元　　　　　　　　　　　主題　　　　　　　　　　　方案

從上述中，欲釐清課程取向，例如：單元課程，可從四項思考面向探析：第一，課程決定權在於老師；第二，依照老師預先規劃的活動設計進行課程；第三，課程持續在事先預定的期程完成；第四，教學型態以團體活動或小組活動為多，以此方式類推主題和方案課程之差異。現場老師較容易分辨清楚，單元偏重教師為主導的活動設計，主題教學（或課程）則是強調幼兒為課程發展的主導角色（陳淑琴等人，2018，頁140），而方案（project）則是「由幼兒或老師引發的主題、深入的探

究，研究的重點在針對幼兒的問題發現答案，依幼兒的興趣發展」（林育瑋、王怡云、鄭立俐譯，1997，頁 1-5）。雖然主題和方案課程常令人混淆不清，不過現在因「課程大綱」的實施，逐漸以「單元式主題」或「探究性主題」來稱之，避免造成課程取向差異辨識之困擾。

二、統整性主題課程設計

統整性主題課程設計是以一個議題或主題統整六大領域，協助幼兒逐漸獲得完整的學習經驗，也能將所學經驗應用於日常生活各種不同的情境。而且，以單元、主題、方案教學為主的課程取向，可先規劃課程內容，再建構主題網並設計活動（幸曼玲等人，2018b），也就是說，先運用「統整性主題課程設計 ABCD1D2E 步驟」擬出「主題概念活動網」，之後再進行「活動計畫」。以下是參考新北市 107 年度教保專業課程大綱與統整性教保活動課程實作及反思研習資料（教育部，2018b），並結合筆者的現場實務經驗，茲舉「園裡的花草」主題說明如下。

A.依據情境選擇主題
B.腦力激盪產生各種想法
C.使用網絡圖組織想法
D1.設計可能的活動
D2.整合可能的活動和界定
　　學習方向
E.對照概念和學習指標

A.依據情境選擇主題

「主題」的選擇在於是否有充分「探究性」，以及利於取得資源的便利性，提供幼兒具體可行的操作與體驗為主。如何依據情境選擇主題與主題從哪兒來，論述如下。

1.依據情境選擇主題

考量以下六大項：

⑴主題是否依據幼兒發展能力、興趣、生活經驗而產生？

⑵主題是否依據時令節慶、新聞時事、催化事件、行事曆或重大活動而產生？

⑶主題是否對幼兒具有吸引力，能與社區資源結合，對幼兒有適度的挑戰力？

⑷主題是否引發主動學習、深入探究和多元互動的動機？

⑸主題是否能鼓勵幼兒差異表現或能多方應用，以及具有延展性？

⑹主題是否依據教保服務人員的專長而產生？

2.主題從哪兒來？

有以下四大方向：

⑴經常出現在學科的議題：交通工具、動植物、食物六大類。

⑵社會問題或議題：如何保護自然生態？如何減少垃圾？

⑶學習者本身的議題和關心的事項：我是誰？我的學校生活？

⑷幼兒有興趣的議題：甲蟲、樂高。

在此，選擇「園裡的花草」為主題，是幼兒園在地資源取材便利性，引發幼兒停留觀看、想觸摸、想玩的好奇心，激起幼兒探索體驗學習的興趣。

B.腦力激盪產生各種想法

B 是指老師揣摩幼兒的想法（考量幼兒的年齡、經驗、能力、區域

性在地生活經驗）想出來。假如老師想要與幼兒共同互動發想進行 B 步驟，則要評估班級經營（常規）是否穩定？以及幼兒是否具備基本的學習經驗與能力？或者剛入園？若是新生或是年齡層低（幼幼班／小班）則不建議在第一學期開學初進行，可以在第二學期幼兒較有充分學習經驗與能力時較合宜。腦力激盪產生各種想法（如圖 6-2 所示），以下三項須注意：

1. 是否透過腦力激盪或自由聯想的方式而產生與主題相關的各種想法？
2. 是否能列出所有相關的想法？
3. 想法是否以幼兒的角度出發？

此「腦力激盪產生各種想法」之步驟，是中班下學期由老師和幼兒共同發想的想法。

圖 6-2　B.腦力激盪產生各種想法

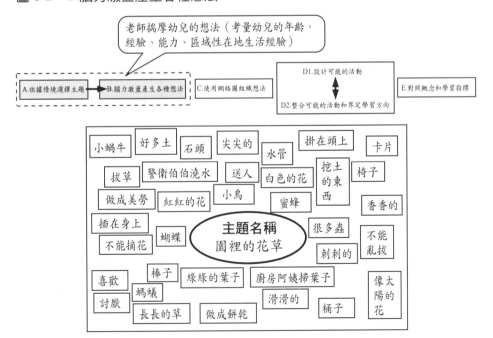

C.使用網絡圖組織想法

　　C 是整理 B 腦力激盪產生各種想法而組織成為一個概念，其概念的語詞名稱常令人困擾。其實，不論是理論性語詞、兒語化或是問句式等皆可，沒有特別的限定。最重要是各個主要概念屬性要不一樣「互斥」，並具有「探究性概念」。所以，使用網絡圖組織想法（如圖 6-3 與圖 6-4 所示）要思考以下三項：

　　1.是否能將腦力激盪後的想法，歸納出主要概念並命名？

　　2.歸納的主要概念是否以幼兒的角度出發？

　　3.不同主要概念彼此間是否互斥？（避免相似的主要概念提供幼兒過多重複相同的活動，而形成偏食領域不均衡的學習）

　　此 C 使用網絡圖組織想法的「主要概念」依序分為「1.形形色色的花草、2.種植照顧花草、3.花草的訪客、4.神奇的花草」。

圖 6-3　C.使用網絡圖組織想法 1

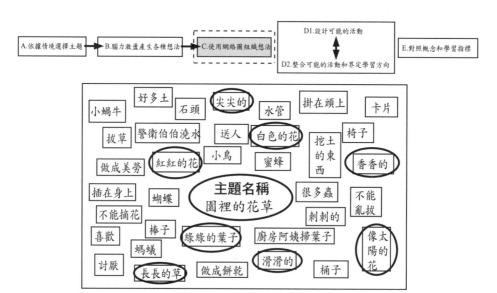

圖 6-4　C.使用網絡圖組織想法 2

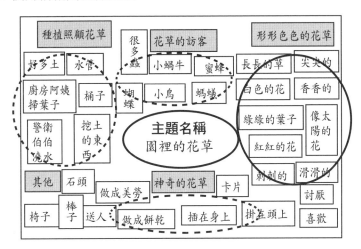

D1.設計可能的活動
D2.整合可能的活動和界定學習方向

　　D1 設計可能的活動是在一個概念下要進行哪些活動？其 D2 思考學習指標與什麼活動配合？或是活動與什麼學習指標配合，兩者相互檢視與配合，就能夠很有效率的完成D1／D2（如圖 6-5 所示）。進行D1／D2 時，要思考評估以下五項：

　　1.選擇哪些主要概念，以及要進行哪些活動來規劃課程？

　　2.是否能以六大領域課程目標及學習指標，做為活動設計方向的指引？

　　3.是否包含各種形態（團體／小組／個別；動態／靜態；室內／戶外）的學習活動？

　　4.這些活動的先後順序為何？

　　5.需要運用哪些教學資源？

　　D1 設計可能的活動／D2 整合可能的活動和界定學習方向，如「形形色色的花草」的例子，其主要概念下思考評估上述五項，設計活動有「尋找花草記、花草特徵大搜查、花草名字大公開、花草遊戲」。

圖 6-5　D1.設計可能的活動／D2.整合可能的活動和界定學習方向

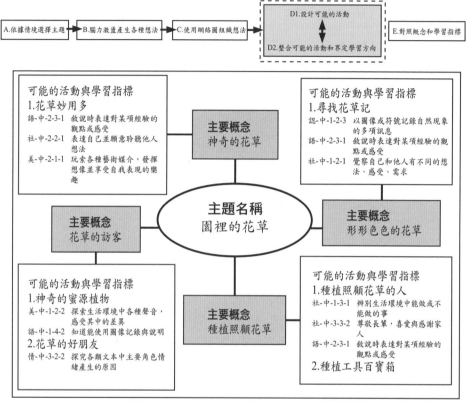

註：本圖僅簡略列出可能的活動名稱與學習指標。

E.對照概念和學習指標

　　對照概念和學習指標（如圖 6-6 所示），只要留下「學習指標」，刪除「活動名稱」即可，並注意以下二項：

　　1.是否回頭對照概念與六大領域的課程目標／學習指標？

　　2.是否檢視重複性高的領域與學習指標並進行調整？

　　從上述中可清楚看到「主題名稱」、「主要概念」、「活動名稱」、「學習指標」的位置，是「主題─概念─活動─指標網」（如圖

圖 6-6　E.整合可能的活動和界定學習方向

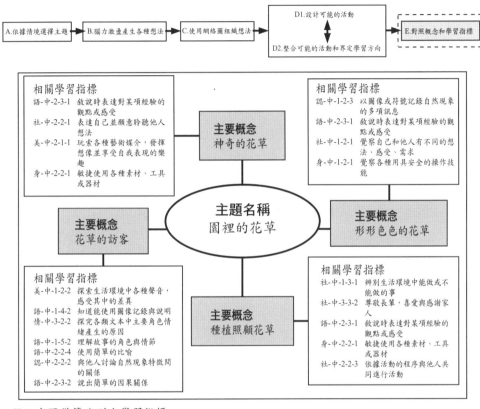

註：本圖僅簡略列出學習指標。

6-5所示），還是「主題—概念—指標網」（如圖6-6所示）。每一個設計步驟都在展現教保服務人員的專業如下：

　　1.具備兒童發展的知識。

　　2.觀察→評估幼兒的發展狀況及需求。

　　3.設計讓幼兒成長的活動。

　　4.判斷幼兒學習的狀況。

　　每一個活動內容都可視幼兒的能力、需要、意願而有所調整，但學習方向不變的是「培養幼兒能力」。

三、單元、主題、方案課程、學習區萌發課程

以下針對單元、主題、方案與學習區萌發課程之定義、設計原則以及示例說明。在單元課程計畫特別增加二項說明（詳見表6-6教學目標、表6-7活動目標、表6-9語文區學習區設計），其目的有二：第一，協助熟用早期1987年版「**課程標準**」的資深老師了解2016年版「**課程大綱**」的設計方式；第二，提供學期初「未進入單元／主題／方案課程」時，依據各學習區特性，以及基本素材與工具事先計畫。

在此，筆者提供一個簡易公式，有助於讀者在主題計畫或活動計畫時概念清楚，能更加靈活運用設計活動，其簡易公式如下：

目標 ＋ 興趣 ＋ 教學資源→活動

目標：課程目標、學習指標、活動目標。

興趣：幼兒的興趣內容與學習方法。

教學資源：教材教具、圖畫書、素材、工具、器材等。

參考以上的公式，依據目標、考量幼兒學習興趣與生活經驗的題材內容，善用教學資源，以問題式引導學習方法設計活動。

（一）單元教學

1. 定義

是指一個完整的單元教學活動，由教師依據時令節日以及幼兒的身心發展，從日常生活中選擇合適的單元，編製全期的單元，再依據每一單元編寫合適的教學計畫，以實施教學。這種教學有明確的目標、有與目標密切配合的教材、有指導學習的有效方法、有評量教學效果的具體標準；學習者所獲得的是完整的生活經驗，而不是零碎的知識，也不是小學的先修班──偏重讀、寫、算及才藝教學的課程設計（簡楚瑛等人，2003，頁9-11）。進行的時間，有以「一週」小單元、「一個月、二個

月或一學期」大單元教學。主要是以教師為本位，所以依據設計好的活動進行教學，少有調整變更活動設計。

2. 設計原則

(1)準備原則：思考有關幼兒園本身的地理環境、社區資源、如何結合幼兒易取材的在地資源、幼兒易接觸的經驗進行課程，並訂定單元名稱。老師可進一步蒐集相關單元資料，例如：書籍知識、網路資訊、教材教具、圖畫書等。

(2)適切性原則：運用統整性主題課程設計 ABCD1D2E 步驟擬出單元—概念—活動—指標網，檢視「活動和指標」之間是否適切合宜？進而設計活動，擬寫「活動計畫」，根據老師的意圖／目的，規劃引導重點與過程，符合學習指標。

(3)銜接原則：考量幼兒的學習興趣與經驗，依據單元課程設計進行活動設計，活動與活動銜接連貫，選擇適齡適性的教材，進行的時間與方式都是以老師為本位做思考和決定，按既定的活動計畫進行教學，而忽略幼兒學習過程中的發現或興趣表現。

(4)統整原則：運用統整性主題課程設計ABCD1D2E步驟擬出單元—概念—活動—指標網，檢視是否統整六大領域？實施時，考量是否提供幼兒統整的學習經驗。

3. 示例說明

‧大單元課程設計

此單元進行期程約一學期，故以大單元稱之，以某幼兒園為例，如表 6-6 所示。

表6-6 大單元課程計畫

○○幼兒園○○學年度第○學期大單元課程計畫

單元名稱： 園裡的花草	班別／年齡：企鵝／中		設計者：○○○
	幼兒人數：30		活動時間：○○.○○.○○～ ○○.○○.○○（16週左右）
設計 理念	園裡因有自然生態植物，花草形形色色鮮艷美麗，吸引幼兒停留觀看、想觸摸、想玩索的好奇心。於是，想讓幼兒知道花草的名字、花草能做什麼、花草的構造，還有昆蟲、蝴蝶、蜜蜂在做什麼。		
教學目標（課程目標）	1. 認識園內的花草名稱與特徵。 2. 了解園裡花草的自然生態。 3. 學習種植與照顧花草。 4. 運用花草進行創作設計。 5. 享受和花草玩遊戲的樂趣。 6. 培養親近自然，尊重生命情懷。	對應課程大綱的課程目標	身-1-2 模仿各種用具的操作 身-2-2 熟練各種用具的操作 身-3-1 應用組合及變化各種動作，享受肢體遊戲的樂趣 身-3-2 樂於善用各種素材及器材進行創造性活動 認-1-2 蒐集自然現象的訊息 認-2-1 整理生活環境中的數學訊息 認-2-2 整理自然現象訊息間的關係 認-3-1 與他人合作解決生活環境中的問題 語-1-4 理解生活環境中的圖像符號 語-1-5 理解圖畫書的內容與功能 語-2-1 以肢體語言表達 語-2-2 以口語參與互動 語-2-3 敘說生活經驗 語-2-5 運用圖像符號 社-1-2 覺察自己與他人內在想法的不同 社-1-3 覺察生活規範與活動規則 社-2-2 同理他人，並與他人互動 社-2-3 調整自己的行動，遵守生活規範與活動規則 社-3-3 關懷與尊重生活環境中的他人 社-3-6 關懷生活環境，尊重生命
	昔日「課程標準」的「教學目標」位階如同「課程大綱」的「課程目標」，課程標準用語是「認識、了解、培養」等。設計者若了解其意義，可以省略刪除教學目標。	「課程目標」，其編碼為領域加上2位數字「課程大綱」分為六個領域的「課程目標」	

144

表6-6　大單元課程計畫（續）

		情-2-1 合宜地表達自己的情緒
		情-3-2 理解生活環境中他人和擬人化物件情緒產生的原因
		美-1-2 運用五官感受生活環境中各種形式的美
		美-2-1 發揮想像並進行個人獨特的創作
		美-2-2 運用各種形式的藝術媒介進行創作
		美-3-1 樂於接觸多元的藝術創作，回應個人的感受

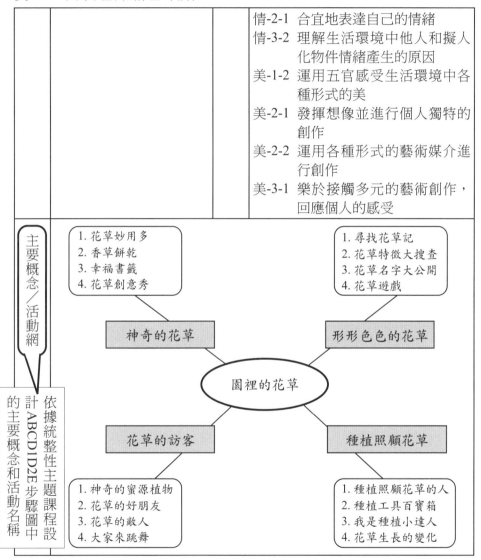

主要概念／活動網

依據統整性主題課程設計ABCD1D2E步驟圖中的主要概念和活動名稱

1. 花草妙用多
2. 香草餅乾
3. 幸福書籤
4. 花草創意秀

1. 尋找花草記
2. 花草特徵大搜查
3. 花草名字大公開
4. 花草遊戲

神奇的花草

形形色色的花草

園裡的花草

花草的訪客

種植照顧花草

1. 神奇的蜜源植物
2. 花草的好朋友
3. 花草的敵人
4. 大家來跳舞

1. 種植照顧花草的人
2. 種植工具百寶箱
3. 我是種植小達人
4. 花草生長的變化

145

表 6-6　大單元課程計畫（續）

主要概念／活動綱要	1. 形形色色的花草：尋找花草記、花草特徵大搜查、花草名字大公開、花草遊戲。 2. 種植照顧花草：種植照顧花草的人、種植工具百寶箱、我是種植小達人、花草生長的變化。 3. 花草的訪客：神奇的蜜源植物、花草的好朋友、花草的敵人、大家來跳舞。 4. 神奇的花草：花草妙用多、香草餅乾、幸福書籤、花草創意秀。 依據統整性主題課程設計 ABCD1D2E 步驟圖中的主要概念和活動名稱
學習區規劃	語文區：相關花草圖鑑及圖畫書、相關花草圖卡與 CD 等。 美勞區：葉子的拓印、葉子組合畫、押花卡片、鬆散素材等。 數學區：葉脈拼圖、花拼圖、六形六色組合等。 組合建構區：雪花片變化花造型、樂高建構等。 積木區：單位積木搭建等。 扮演區：花茶店。
評量	1. 依據特徵為花草分類並命名。（認） 2. 運用十以內的合成與分解整理仙丹花的數量訊息。（認） 3. 知道知識類圖畫書《常見的野花》的功能。（語） 4. 運用圖像符號標示種植的地方、使用器具物品或種植過程行動。（語） 5. 理解玩花草遊戲訂定規範的理由，並調整自己的行動。（社） 6. 把玩花草材料發展出不同的創新玩法。（身） 7. 探索生活環境中花草的色彩、形體、質地的美，感受其中的差異。（美） 8. 運用動作、表情、語言表達自己玩花草遊戲的情緒。（情）

註：單元課程計畫的空白表格，請參閱附錄七。

⑴課程目標：早期 1987 年版「課程標準」中的教學目標位階如同課程目標，用語是「認識、了解、培養」等，若設計者了解其意義，可以省略刪除「教學目標」，直接使用「課程大綱」六個領域（身體動作與健康、認知、語文、社會、情緒、美感）的「課程目標」，例如：「身-3-1 應用組合及變化各種動作，享受肢體遊戲的樂趣」。

⑵主要概念／活動網是依據統整性主題課程設計 ABCD1D2E 步驟圖（主題概念活動網）中的主要概念和活動名稱而列出。

⑶本示例「單元結合學習區」課程，依據學習區的特性配合單元課程進行，提供幼兒親身體驗與操作的素材與工具（或教材教具）的機會。而學習區名稱為基本學習區特性功能的名稱，例如：積木區、美勞區、語文區等。

⑷評量：單元進行一系列活動，以「教師為本位」選擇重要、重複出現的學習指標設計評量。選擇到的學習指標，更換學習指標的名詞，但不可更換動詞，因為學習指標內的動詞通常代表要培養的領域能力，是進行評量時要觀察的重點。

・大單元活動計畫

以某幼兒園為例，如表 6-7 與表 6-8 所示。

⑴一個活動可以選 1～3 個學習指標。

⑵學習指標分為四個年齡層，依課程目標與該班年齡選擇學習指標，例如：學習指標「認-中-1-2-3」，就會有上層的課程目標「認-1-2」。

⑶學習指標／活動目標僅對應於「發展活動」，並與「發展活動」內容相呼應。而「引起動機、綜合活動」亦可不寫出對應的「學習指標／活動目標」。

⑷學習指標的「學習重點」，例如：「認-中-1-2-3 以圖像或符號記錄自然現象的多項訊息」，首先要關注領域能力的「動詞」——以圖像或符號記錄，老師要多提供幼兒有畫圖或使用符號記錄學習的機會；其次是學習面向——自然現象的多項訊息，引導幼兒「可以畫什麼（花草長的樣子、顏色）？如何畫？」

⑸活動目標依此活動具體明確描述，例如：「以圖像繪畫記錄所看的花草的樣子」（保留動詞，修改名詞）。若設計者清楚自己在此活動要達成的目標，則可以省略刪除活動目標。

⑹依據學習指標提問引導語，例如：「認-中-1-2-3 以圖像或符號記錄自然現象的多項訊息」，其引導語：「剛剛看到好多的花草，我們如何把自己看到的記下來？」

⑺學習指標「語-中-2-3-1 敘說時表達對某項經驗的觀點或感受」中有「或」，指的是觀點或感受兩者皆可。

⑻學習指標「社-中-1-2-1 覺察自己和他人有不同的想法、感受、需求」，指的是透過 1～3 個活動逐序完成此學習指標。這次可以只進行到「想法」，下次活動再規劃「感受」、「需求」，分不同活動完成。而這次活動有使用到的標註，例如：畫底線、使用網底或進行加註。

新北市立鶯歌幼兒園大象班，林韋姍（5歲）

表 6-7　單元活動計畫 1

○○幼兒園○○學年第○學期大單元活動計畫

<table>
<tr><td rowspan="2">單元名稱：
園裡的花草</td><td>班別／年齡：企鵝／中</td><td colspan="2">設計者：○○○</td></tr>
<tr><td>幼兒人數：30</td><td colspan="2">活動時間：○○.○○.○○
/50 分</td></tr>
<tr><td>活動名稱</td><td colspan="3">尋找花草記</td></tr>
<tr><td rowspan="2">學習指標</td><td colspan="3">認-中-1-2-3 以圖像或符號記錄自然現象的多項訊息
語-中-2-3-1 敘說時表達對某項經驗的觀點或感受
社-中-1-2-1 覺察自己和他人有不同的<u>想法</u>、感受、需求</td></tr>
<tr><td colspan="3">學習指標分為四個年齡層，其數字為 3 個，由 1～3 個活動
達成</td></tr>
<tr><td rowspan="2">活動目標</td><td colspan="3">1. 以圖像繪畫記錄所看的花草外型或顏色等多項訊息。
2. 敘說時表達自己觀察到花草的觀點或感受。
3. 覺察自己和他人繪畫記錄花草有不一樣的想法。</td></tr>
<tr><td colspan="3">活動目標是由 1 個活動達成，依據學習指標修改</td></tr>
<tr><td>活動資源</td><td colspan="3">園區花草有蒲公英、水蜈蚣、牽牛花、咸豐草、昭和草、牛
筋草、幸運草等、圖畫紙、夾板、蠟筆或三角筆</td></tr>
<tr><td>學習指標／
活動目標代號</td><td colspan="3" align="center">活動內容與過程</td></tr>
<tr><td>認-中-1-2-3
以圖像或符
號記錄自然
現象的多項
訊息
（活動目標
1）</td><td colspan="3">一、引起動機
帶幼兒逛校園，並請幼兒想想園內哪些地方有花草？

二、發展活動
（一）團體討論
1. 引導幼兒想想並討論：
　　「剛剛看到好多的花草，我們如何把自己看到的記下來？」
　　「我們可以準備什麼物品幫助畫下來我們看到的花草？」
　　「那可以畫什麼（花草長的樣子、顏色）？如何畫？」
2. 請幼兒依排隊隊伍分成 2 組，由老師分 A 路線／B 路線出
　　發到戶外繪畫花草。

學習指標用於發展活動，並與發展活動內容相呼應</td></tr>
</table>

表 6-7　單元活動計畫 1（續）

學習指標／ 活動目標代號	活動及內容與過程
語-中-2-3-1 **敘說時表達**對某項經驗的觀點或感受 （活動目標2）	（二）小組活動 1. 分組進行觀察花草繪畫紀錄與討論。 2. 觀察花草繪畫紀錄： 　「小朋友，你可以用眼睛看、鼻子聞、手輕輕觸摸等 ，再以蠟筆或三角筆畫出你看到的花草是長什麼樣子？」 3. 討論：引導幼兒說說自己的繪畫紀錄圖： 　「你看到的花草把它畫出來，你看到的是什麼？覺得如何？說說看。」 　活動目標呼應學習指標
社-中-1-2-1 **覺察**自己和他人有不同的想法、感受、需求 （活動目標3）	4. 鼓勵幼兒仔細看看別人畫的和自己畫的觀察圖，並說出想法： 　「你畫的和別人畫的有什麼不一樣？」 　「你是怎麼想？為什麼會這樣畫？我們也請別的同學說說自己的想法？」 　「你怎麼知道自己的想法和別人有什麼不一樣？」 三、綜合活動 1. 展示觀察花草繪畫紀錄圖。 2. 分享自己和別人畫的花草有什麼不同的想法。

新北市立鶯歌幼兒園大象班，李梓晹（5 歲）

表 6-8　單元活動計畫 2

○○幼兒園○○學年第○學期大單元活動計畫

單元名稱：園裡的花草	班別／年齡：企鵝／中		設計者：○○○
	幼兒人數：30		活動時間：○○.○○.○○ /50 分
活動名稱	花草特徵大搜查		
學習指標	美-中-1-2-1 **探索**生活環境中事物的**色彩**、**形體**、**質地**的**美**，**感受**其中的差異 身-中-1-2-1 **覺察**各種用具安全的操作技能 認-中-2-2-1 **依據特徵**為自然現象**分類**並**命名** 學習指標分為四個年齡層，其數字為 3 個，由 1～3 個活動達成		
活動資源	幼兒在園區觀察花草繪畫紀錄圖、蒲公英、水蜈蚣、牽牛花、咸豐草、昭和草、牛筋草、幸運草等、放大鏡、塑膠蒐集袋		
學習指標	活動內容與過程		
美-中-1-2-1 **探索**生活環境中事物的**色彩**、**形體**、**質地的美**，**感受**其中的差異 身-中-1-2-1 **覺察**各種用具安全的操作技能	一、引起動機 回顧與分享：觀察花草繪畫紀錄圖。 二、發展活動 （一）團體活動 1.對於觀察花草繪畫紀錄圖，鼓勵幼兒想想圖畫中花草的樣子有什麼特別的地方。 2.引導幼兒再到戶外觀察與採集花草： 　「你看到的花草有什麼特別的地方？」 　「花和草有什麼顏色？長什麼樣子？」 　「你輕輕摸到花和草有什麼感覺？」 　「我們看到花草，要如何採集下來？」 　「如何安全使用剪刀？你怎麼知道呢？」 　「採集到的花草如何帶回教室呢？」 3.討論：對於採集到的花草進行討論如何分類與取名： 　「我們採集到的每一樣花草，有什麼一樣或不一樣的地方？」 學習指標僅用於發展活動，並與發展活動內容相呼應。		

表 6-8　單元活動計畫 2（續）

學習指標	活動內容與過程
認-中-2-2-1 **依據特徵**為自然現象**分類**並命名	「我們如何把一樣的花或草放在一起？」 「為什麼會這樣分呢？」 「放在一起的花或草，可以取什麼名字？」 4. 運用分類整理好的花或草再進行相關活動，鼓勵幼兒可以參與小組活動。 （二）小組活動（運用語文區和美勞區工具進行分組） 1. 所採集的花草做分類命名成圖卡。（語文區） 2. 運用採集的花草素材做不同色彩、形體、質地拼組變化，欣賞作品的美。（美勞區） 三、綜合活動 1. 分享使用剪刀如何採集花草。 2. 採集的花草有什麼特別的地方、如何分類。 3. 欣賞花草素材拼組作品，並請幼兒分享與回饋所看到的作品。

註：單元活動計畫之另類空白表格，請參閱附錄八～十一。

溫馨小叮嚀

學習指標的引導語不僅有語言、動作或營造學習環境等不同方式，引導過程也要完整，例如：認-中-2-2-1 **依據特徵**為自然現象**分類**並命名。

＊老師帶幼生逛逛校園觀察與採集花草（營造學習環境）。

＊老師提問：我們採集到的花和草（動作）有什麼一樣或不一樣？有什麼特別的地方（語言）？

＊老師提問：我們想一想如何將花和草分成不同堆？為什麼會這樣分成不同堆，可以取什麼名字？

（以上引導過程的完整）

（二）主題教學

1.定義

　　「主題」通常是較具體的、與日常生活有關的（Chard, 1989/1997, p. 17）。簡言之，先決定一個中心主題，而具體的、當地的、小範圍的主題，則以此中心主題貫穿和統整相關的學習領域，也能與幼兒的生活經驗相結合。當老師和幼兒共同參與和發展，隨著幼兒學習歷程不斷滾動調整活動設計，進行的時間「一個月至二個月或一學期」，教學型態常為小組活動或個別活動。

2.設計原則

(1)準備原則：思考有關幼兒園本身的地理環境、社區資源、如何結合幼兒易取材的在地資源、幼兒易接觸的經驗進行課程。老師觀察與鼓勵幼兒共同參與課程，蒐集相關資料，例如：書籍知識、網路資訊、教材教具、圖畫書等規劃課程。

(2)適切性原則：運用統整性主題課程設計 ABCD1D2E 步驟擬出主題—概念—活動—指標網，檢視「活動和指標」之間是否適切合宜？進而擬寫「主題課程設計」。建議幼幼班／小班／新生入園期初由老師規劃與發想，到下學期，幼兒能力與學習經驗豐富，再進行師生共同發想規劃。

(3)銜接原則：依據幼兒學習興趣、經驗與能力，進行活動設計，活動與活動銜接連貫，選擇適齡適性的教材，進行的時間與方式都是由老師和幼兒共同討論與決定。重視活動過程中，幼兒的體驗、發現、興趣、經驗或能力表現，適時因應幼兒學習現況而調整活動設計。

(4)統整原則：運用統整性主題課程設計 ABCD1D2E 步驟擬出主題—概念—活動—指標網，檢視是否統整六大領域？以及協助幼兒逐

漸獲得統整的學習經驗，也能將所學的經驗應用於日常生活各種
不同的情境。

3. 示例說明：主題課程設計

以某幼兒園為例，如表 6-9 所示。

⑴課程目標：思考培養幼兒「領域」能力，從六大領域找尋「課程
目標」。

⑵學習指標：再依據⑴選定的課程目標找分齡「學習指標」。

⑶主要概念的命名：主要概念的命名要有「探究性」，引發幼兒想
進一步再研究的可能。直述句或兒語化問號都沒關係，例如：「形
形色色的花草」或「花草有哪些？」皆可。

⑷主要概念須注意的部分有：

　①各個主要概念探索方向是互斥不一樣。

　②各個探究方向的排序：處理學習經驗的先後排序問題，學習者
　　新經驗的學習，必須建立在舊經驗之上，學習內容必須由淺入
　　深、由近而遠、由簡單到複雜、由具體到抽象，循序漸進的組
　　織排序，學習者才能做有效的學習，這就是課程組織的順序
　　性。

　③針對主要概念思考哪些合宜的領域，再選擇學習指標設計多個
　　活動達到主要概念。

⑸本示例是「主題結合學習區」課程，其學習區是配合主題進行不
斷調整學習活動與更換素材／工具，符應幼兒體驗探索與操作機
會，逐漸提升能力。而學習區設置名稱會隨著主題進行更改，例
如：「扮演區」更改為「花茶店」。

⑹評量：在主題進行一系列活動之後，以「幼兒為本位」思考，選
擇重要、重複出現的學習指標設計評量。因此，評量項目會依實
際活動進行擬寫出來。

表 6-9　主題課程計畫

○○幼兒園○○學年度第○學期主題課程計畫

主題名稱： 園裡的花草	班別／年齡：企鵝／中	設計者：○○○
	幼兒人數：30	活動時間：○○.○○.○○～ ○○.○○.○○（16 週左右）

| 設計理念 | 園裡因有自然生態植物，花草形形色色鮮艷美麗，吸引幼兒停留觀看、想觸摸、想玩索的好奇心。於是，師生共同尋找花草的名字、動手種植照顧花草、探索蝴蝶、蜜蜂、昆蟲，以及製作與分享相關花草成品。 ||||

| 課程目標 | 身-1-2 模仿各種用具的操作
身-2-2 熟練各種用具的操作
身-3-1 應用組合及變化各種動作，享受肢體遊戲的樂趣
身-3-2 樂於善用各種素材及器材進行創造性活動
認-1-2 蒐集自然現象的訊息
認-2-1 整理生活環境中的數學訊息
認-2-2 整理自然現象訊息間的關係
認-3-1 與他人合作解決生活環境中的問題
語-1-4 理解生活環境中的圖像符號
語-1-5 理解圖畫書的內容與功能
語-2-1 以肢體語言表達
語-2-2 以口語參與互動
語-2-3 敘說生活經驗
語-2-5 運用圖像符號 | 學習指標 | 身-中-1-2-1 覺察各種用具安全的操作技能
身-中-2-2-1 敏捷使用各種素材、工具或器材
身-中-3-1-1 在創意想像的情境展現個人肢體動作的組合與變化
身-中-3-2-1 把玩操作各種素材或器材，發展各種創新玩法
認-中-1-2-3 以圖像或符號記錄自然現象的多項訊息
認-中-2-1-1 依據序列整理自然現象或文化產物的數學訊息
認-中-2-1-3 運用十以內的合成與分解整理數量訊息
認-中-2-2-1 依據特徵為自然現象分類並命名
認-中-2-2-2 與他人討論自然現象特徵間的關係
認-中-3-1-1 參與討論解決問題的可能方法並實際執行
語-中-1-4-2 知道能使用圖像記錄與說明
語-中-1-5-1 知道知識類圖畫書的功能
語-中-1-5-2 理解故事的角色與情節
語-中-2-1-1 運用肢體動作表達經驗或故事 |

表 6-9　主題課程計畫（續）

課程目標	社-1-2	覺察自己與他人內在想法的不同	學習指標	語-中-2-2-4	使用簡單的比喻
	社-1-3	覺察生活規範與活動規則		語-中-2-3-1	敘說時表達對某項經驗的觀點或感受
	社-2-2	同理他人，並與他人互動		語-中-2-3-2	說出簡單的因果關係
	社-2-3	調整自己的行動，遵守生活規範與活動規則		語-中-2-5-2	運用自創圖像符號標示空間、物件或記錄行動
	社-3-3	關懷與尊重生活環境中的他人		社-中-1-2-1	覺察自己和他人有不同的想法、感受、需求
	社-3-6	關懷生活環境，尊重生命		社-中-1-3-1	辨別生活環境中能做或不能做的事
	情-2-1	合宜地表達自己的情緒		社-中-2-2-1	表達自己並願意聆聽他人想法
	情-3-2	理解生活環境中他人和擬人化物件情緒產生的原因		社-中-2-2-3	依據活動的程序與他人共同進行活動
	美-1-2	運用五官感受生活環境中各種形式的美		社-中-2-3-1	理解自己和互動對象的關係，表現合宜的生活禮儀
	美-2-1	發揮想像並進行個人獨特的創作		社-中-2-3-2	理解生活規範訂定的理由，並調整自己的行動
	美-2-2	運用各種形式的藝術媒介進行創作		社-中-3-3-1	主動關懷並樂於與他人分享
	美-3-1	樂於接觸多元的藝術創作，回應個人的感受		社-中-3-3-2	尊敬長輩，喜愛與感謝家人
				社-中-3-6-1	維護生活環境的整潔
				情-中-2-1-2	運用動作、表情、語言表達自己的情緒
				情-中-3-2-2	探究各類文本中主要角色情緒產生的原因
				美-中-1-2-1	探索生活環境中事物的色彩、形體、質地的美，感受其中的差異
				美-中-1-2-2	探索生活環境中各種聲音，感受其中的差異
				美-中-2-1-1	玩索各種藝術媒介，發揮想像並享受自我表現

表 6-9　主題課程計畫（續）

課程目標	學習指標	美-中-2-2-1	運用各種視覺藝術素材與工具，進行創作
		美-中-2-2-3	以哼唱、打擊樂器或身體動作反應聽到的旋律或節奏
		美-中-2-2-4	以高低強弱快慢等音樂元素表達感受
		美-中-2-2-5	運用動作、玩物或口語，進行扮演
		美-中-3-1-1	樂於接觸視覺藝術、音樂或戲劇等創作表現，回應個人的感受

主要概念／活動網

神奇的花草
1. 花草妙用多
2. 香草餅乾
3. 幸福書籤
4. 花草創意秀

形形色色的花草
1. 尋找花草記
2. 花草特徵大搜查
3. 花草名字大公開
4. 花草遊戲

園裡的花草

花草的訪客
1. 神奇的蜜源植物
2. 花草的好朋友
3. 花草的敵人
4. 大家來跳舞

種植照顧花草
1. 種植照顧花草的人
2. 種植工具百寶箱
3. 我是種植小達人
4. 花草生長的變化

依據統整性主題課程設計ABCD1D2E步驟圖中的主要概念和活動名稱

表6-9　主題課程計畫（續）

主要概念／活動綱要	1. 形形色色的花草：尋找花草記、花草特徵大搜查、花草名字大公開、花草遊戲。 2. 種植照顧花草：種植照顧花草的人、種植工具百寶箱、我是種植小達人、花草生長的變化。 3. 花草的訪客：神奇的蜜源植物、花草的好朋友、花草的敵人、大家來跳舞。 4. 神奇的花草：花草妙用多、香草餅乾、幸福花草書籤、花草創意秀。 依據統整性主題課程設計ABCD1D2E步驟圖中的主要概念和活動名稱
學習區規劃	語文區：相關花草圖鑑及圖畫書、相關花草圖卡與CD、DM等。 美勞區：葉子的拓印、葉子組合畫、押花卡片、陶塑「花草世界」、鬆散材料自由創作「神奇花草園」。 數學區：葉脈拼圖、花拼圖、六形六色組合「花草園」。 組合建構區：雪花片變化花造型、樂高建構「花園」等。 積木區：單位積木和花草昆蟲配件搭建「花園景觀台」。 扮演區：花茶店、昆蟲世界。 種植區：花圃。
評量	進行一系列活動之後，以「幼兒為本位」思考，選擇重要、重複出現的學習指標設計評量，請詳見附錄十四「園裡的花草」主題評量。

溫馨小叮嚀

學習指標與活動目標的關係（詳見第233頁迷思六），其學習指標可轉換為「園裡的花草」主題評量（形成性評量）項目，例如：

● 學習指標：認-中-2-2-1 **依據特徵**為自然現象**分類**並命名。

＊活動目標：依據特徵為花或草分類並命名（因實際教的內容是自然界的花或草）。

☆評量：依據特徵為花或草分類並命名。

4. 示例說明：主題活動計畫

以某幼兒園為例，如表 6-10～表 6-11 所示。

(1)依據學習指標設計發展活動，發展活動學習型態視幼兒人數進行團體討論、小組活動、個別活動，而參與學習區的活動人數可能小組人數或個別人數不一（如表 6-10 所示）。當清楚了解活動計畫基本結構，則可以刪除引起動機、發展活動、綜合活動、延伸活動（如表 6-11 所示）。

(2)活動與活動的銜接連貫，觀察幼兒先備經驗與現在的學習位置，銜接設計下一個活動，例如：「尋找花草記」帶幼兒逛校園繪畫記錄時，觀察到有的幼兒拔花草或亂丟花草等情形，即設計「花草遊戲」，提供幼兒透過實際操作的活動，引導理解玩花草遊戲規範訂定的理由。

(3)活動目標依此活動具體明確描述，若設計者清楚自己在此活動要達成的目標，則可以刪除活動目標。

(4)延伸活動再延伸相關課程學習，故也要書寫對應的「學習指標」，例如：分享圖畫書《幸福的粉紅色種子》，書寫對應「語-中-2-3-1敘說時表達對某項經驗的觀點或感受」。

溫馨小叮嚀

如何選用學習指標：

1. 確定領域（身、認、語、社、情、美）

老師想要教什麼（意圖）？

↓

2. 課程目標（學習面向／領域能力）

老師要培養幼生什麼能力？

↓

3. 分齡學習指標

老師引導重點在「動詞」（領域能力）。詳見第 112 頁學習指標的「學習重點」。

表 6-10　主題活動計畫 1

○○幼兒園○○學年度第○學期主題活動計畫

主題名稱： 園裡的花草	班別／年齡：企鵝／中	設計者：○○○
	幼兒人數：30	活動日期：○○.○○.○○
活動名稱	尋找花草記	

學習指標	認-中-1-2-3 **以圖像或符號記錄**自然現象的多項訊息 語-中-2-3-1 **敘說時表達**對某項經驗的觀點或感受 社-中-1-2-1 **覺察**自己和他人有不同的想法、感受、需求
	學習指標分為四個年齡層，其數字為 3 個，由 1～3 個活動達成

活動目標	1. 以圖像繪畫記錄所看的花草樣子。 2. 敘說時表達自己觀察到花草的觀點或感受。 3. 覺察自己和他人繪畫紀錄花草圖有不一樣的想法與感受。
	活動目標依此活動具體明確設定目標，是由 1 個活動達成

學習指標	活動內容與過程	活動資源
認-中-1-2-3 **以圖像或符號**記錄自然現象的多項訊息 語-中-2-3-1 **敘說時表達**對某項經驗的觀點或感受	一、引起動機 帶幼兒逛校園，並請幼兒想想園內哪些地方有花草？ 二、發展活動 （一）團體討論 1. 引導幼兒想想與發表： 　「剛剛看到好多的花草，我們如何把自己看到的記下來？」 　「我們可以準備什麼物品幫助我們看到的花草畫下來？」 　「我們要如何畫？」 2. 請幼兒出發到戶外繪畫花草。 3. 討論：引導幼兒說說自己繪畫紀錄圖： 　「你把剛剛看到的花草畫出來，你看到什麼？覺得如何？」 4. 鼓勵幼兒觀察繪畫花草，再到語文區、積木區、美勞區、數學區繼續進行相關活動。	圖畫紙 夾板 蠟筆或三角筆

表 6-10　主題活動計畫 1（續）

學習指標	活動內容與過程	活動資源
社-中-1-2-1 **覺察**自己和他人有不同的想法、感受、需求	（二）學習區活動 1. 語文區：找找書籍或圖片是自己畫的花草圖案。 2. 積木區：「花草園」堆蓋自己看到花草的地方。 3. 美勞區：「我喜歡的花草」用色紙、廢物工（瓶罐紙盒）等美勞材料做出自己看到的花草。 4. 數學區：「花草園」六形六色組合。 5. 引導幼兒發表與分享： 　「你在語文區找到的圖片或書有什麼花和草？和別人有什麼不一樣？你覺得呢？」 　「你蓋的花草園和別的小朋友有什麼不一樣？你的感覺是什麼？」 　「你在美勞區做的花和草跟別人有什麼不一樣？你的感覺是什麼？」 三、綜合活動 1. 分享以圖像繪畫記錄所看到的花草形狀或顏色等多項訊息。 2. 發表自己看到花草的觀點或感受。 3. 分享自己和他人繪畫記錄花草有不一樣的想法。 四、延伸活動 1. 分享圖畫書《幸福的粉紅色種子》。 2. 討論：引導幼兒說說自己的「分享」經驗： 　「剛剛聽到的小粉紅花，為什麼會散發香氣？如何分享花蜜？」 　「你曾經像小粉紅花與別人分享嗎？分享什麼？那你的感覺是什麼？」	有關花或草的圖片 圖畫書： 《常見的野花》（華一書局）、《美麗的花園》（大好書屋）、《幸福的粉紅色種子》（閣林國際）、《想念一朵小菊花》（幼福）、《小小創意家》（閣林國際）、《自然植物圖鑑》 色紙、廢物工（瓶罐紙盒）、免洗筷棒 單位積木、六形六色 《幸福的粉紅色種子》（閣林國際）
語-中-2-3-1 **敘說時表達**對某項經驗的觀點或感受		

表 6-11　主題活動計畫 2

○○幼兒園○○學年度第○學期主題活動計畫

主題名稱： 園裡的花草	班別／年齡：企鵝／中		設計者：○○○
	幼兒人數：30		活動日期：○○.○○.○○
活動名稱	花草遊戲		
學習指標	社-中-2-3-2 *理解生活規範訂定的理由*，並**調整**自己的行動 身-中-3-2-1 **把玩操作**各種素材或器材，**發展各種創新玩法**		
學習指標	活動內容與過程		活動資源
社-中-2-3-2 *理解生活規範 訂定的理由， 並**調整**自己的 行動*	引導幼兒想想在園內和「花草」有玩過什麼遊戲？（例如：蒲公英—空中散花；水蜈蚣—戒指；牽牛花—頭冠；咸豐草—飛鏢玩具；牛筋草—拔河繩；幸運草—大力士／手鍊） （一）團體討論 1. 請幼兒想想在園內和「花草」玩遊戲要注意什麼？玩遊戲時要注意的事？（例如：避免丟到臉部危險部位、只摘取要玩的花草、玩過放回泥土旁當堆肥或帶回教室做美勞等方式） 2. 討論如何分組進行玩花草遊戲？如何玩？ （二）小組活動 1. 分成兩組進行花草遊戲，幼兒在玩發生不當的行為時，師生討論： 　「你為什麼這樣做呢？」 　「別人的感覺是什麼？」 　「那我們要如何做？自己可以開心玩，別人也不會不舒服？」 2. 再次進行小組玩花草遊戲。 3. 鼓勵幼兒運用多元方式（例如：口語、動作），分享自己如何做到遵守玩花草遊戲應注意的事。當幼兒做不到時，師生再討論：		蒲公英 水蜈蚣 牽牛花 咸豐草 牛筋草 幸運草 放大鏡 塑膠蒐集袋

表 6-11　主題活動計畫 2（續）

學習指標	活動內容與過程	活動資源
身-中-3-2-1 把玩操作各種素材或器材，發展各種創新玩法	「為什麼做不到？」 「原因理由是什麼？」 「那我們要如何做到？」 4. 再次進行小組玩花草遊戲： 「你怎麼玩？可以怎樣玩？有更新的玩法嗎？」 5. 再鼓勵幼兒運用多元方式（例如：口語、動作），分享自己如何做到遵守玩花草遊戲應注意的事，以及有哪些創新玩法。（讓幼兒有多次體驗與經驗後，並討論自己要如何調整修正自己的行為） 6. 請幼兒收拾整理場地、攜帶使用過的花草帶回活動室。 （三）展示不同花草的玩法 （四）分享自己和「花草」玩遊戲時如何調整修正自己的行為	

註：主題活動計畫之另類空白表格，請參閱附錄八～十一。

（三）方案教學

1. 定義

　　方案教學強調學習過程中的積極參與、做中學，以及解決問題目標的導向，可以說是杜威「問題解決法」與「做中學」理論的具體運用，其教學主要目的在提升學生解決問題的能力；教學方式強調「做」的「過程」（簡楚瑛等人，2003，頁 320）。方案（project）透過形成性的評估，慢慢有組織地發展出來；目標是經由幼兒與教師的商議發展出來的；

孩子從富變化的課程組織中自由選擇活動；課程持續時間較長（Chard, 1989/1997, p. 62）。一個方案過程是先有計畫，次有設計，再有發展，最後才形成一個成品出來（簡楚瑛，2001，頁3）。

2. 設計原則

設計原則與主題課程設計原則相似，但方案課程更重視幼兒參與課程學習歷程。從老師與幼兒共同訂定方案名稱，邀約幼兒和家長共同蒐集相關資料，接著師生共同討論課程參訪地點，以交通往返便利為考量，大多選擇鄰近幼兒園周遭在地社區，以利於實地踏查與觀察記錄、訪問與蒐集資料，回園（班）討論與建構。也就是透過反覆實地踏查與回園（班）討論建構發展課程。

3. 示例說明

以「南海的小花小草」活動（幸曼玲等人，2018，頁 263-310）為例，如圖 6-7～圖 6-9 所示。

⑴「主題概念網」是在活動前，老師會依據對幼兒的了解（興趣、經驗、能力）簡略規劃，再與幼兒共同訂定方案名稱，並邀約幼兒和家長共同蒐集相關資料。

⑵「流程圖」是觀察幼兒先備經驗與現在的學習位置，在幼兒學習興趣之上搭鷹架，銜接設計下一個活動，以漸漸培養幼兒學習能力。活動進行隨著幼兒的興趣發現與能力表現而調整學習方向，擬訂活動計畫（可參考主題活動計畫），而且可以邀約相關達人或專業人士入班與幼兒對話討論。

⑶重視活動過程的觀察記錄與省思，系統化有邏輯整理活動紀錄。方案結束，於事後再重新整理「流程圖」和「主題事後網」。

⑷本示例是「方案結合學習區」課程，其學習區配合方案進行不斷調整更換教材教具或素材工具，甚至打破與變更學習區的設置方式與名稱，例如：幼兒為了讓教室成為小花小草園地，各學習區

都有幼兒實作小花小草相關的情境，進行的時間長、做出的作品保留不拆，情境的布置延續再延續，深入形成方案課程學習情境。

圖 6-7 主題概念網（方案）

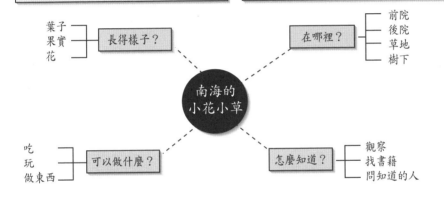

認-1-2 蒐集自然現象的訊息
認-2-2 整理自然現象訊息間的關係
社-3-6 關懷生活環境，尊重生命
美-1-1 體驗生活環境中愉悅的美感經驗
美-1-2 運用五官感受生活環境中各種形式的美

認-1-2 蒐集自然現象的訊息
認-2-2 整理自然現象訊息間的關係
語-2-2 以口語參與互動
社-3-6 關懷生活環境，尊重生命

葉子
果實
花　──　長得樣子？

在哪裡？──　前院
　　　　　　後院
　　　　　　草地
　　　　　　樹下

南海的
小花小草

吃
玩
做東西　──　可以做什麼？

怎麼知道？──　觀察
　　　　　　　找書籍
　　　　　　　問知道的人

身-2-1 安全應用身體操控動作，滿足自由活動及與他人合作的需求
身-3-1 應用組合及變化各種動作，享受肢體遊戲的樂趣
社-1-6 認識生活環境中文化的多元現象
社-3-6 關懷生活環境，尊重生命
美-1-2 運用五官感受生活環境中各種形式的美
美-2-1 發揮想像並進行個人獨特的創作

認-1-2 蒐集自然現象的訊息
認-2-2 整理自然現象訊息間的關係
語-1-5 理解圖畫書的內容與功能
語-2-1 以肢體語言表達
語-2-2 以口語參與互動

註：引自幸曼玲等人（2018，頁 264）。

圖 6-8　流程圖（方案）

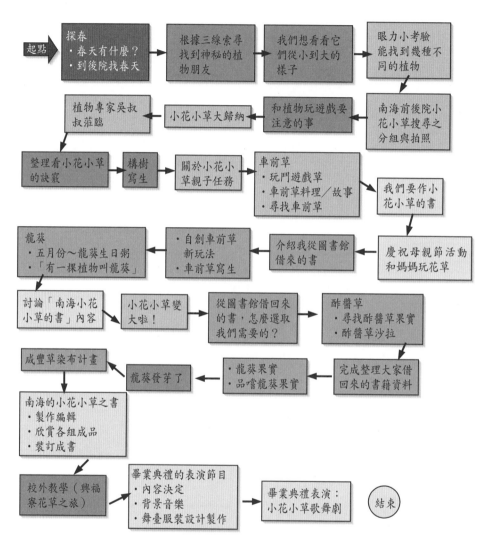

起點　探春
・春天有什麼？
・到後院找春天

根據三線索尋找到神秘的植物朋友

我們想看看它們從小到大的樣子

眼力小考驗能找到幾種不同的植物

南海前後院小花小草搜尋之分組與拍照

和植物玩遊戲要注意的事

小花小草大歸納

植物專家吳叔叔蒞臨

整理看小花小草的訣竅

構樹寫生

關於小花小草親子任務

車前草
・玩鬥遊戲草
・車前草料理／故事
・尋找車前草

我們要作小花小草的書

慶祝母親節活動和媽媽玩花草

介紹我從圖書館借來的書

自創車前草新玩法
・車前草寫生

龍葵
・五月份～龍葵生日粥
・「有一棵植物叫龍葵」

討論「南海小花小草的書」內容

小花小草變大啦！

從圖書館借回來的書，怎麼選取我們需要的？

酢醬草
・尋找酢醬草果實
・酢醬草沙拉

完成整理大家借回來的書籍資料

・龍葵果實
・品嚐龍葵果實

龍葵發芽了

咸豐草染布計畫

南海的小花小草之書
・製作編輯
・欣賞各組成品
・裝訂成書

校外教學（興福寮花草之旅）

畢業典禮的表演節目
・內容決定
・背景音樂
・舞臺服裝設計製作

畢業典禮表演：小花小草歌舞劇

結束

註：引自幸曼玲等人（2018，頁302）。

圖 6-9　主題事後網（方案）

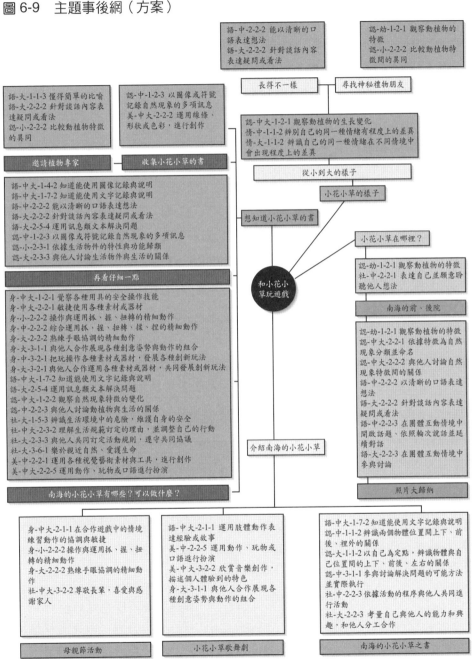

註：引自幸曼玲等人（2018，頁 303）。

（四）以學習區出發的課程設計

・融入課程（單元或主題）的學習區

　　學習區的進行，因應現場狀況而有不同的設計方式，建議除了參考教育部 2022 年的「幼兒園課程與教學評估表」，做為準備規劃與擬定學習區學習的方向，以下提供不同案例參考，協助教學者釐清了解學習區對應學習指標的關係、引導方式與提問內容，以及素材與工具的準備。

1. 各學習區的特性與素材工具

　　⑴依據各學習區的特性，以及基本素材與工具事先計畫，提供幼兒自由探索，或是融入課程進行個別或小組的學習。

　　⑵學習區更換新的素材或操作方式，需要引導說明與學習操作使用。以某幼兒園語文區計畫為例，如表 6-12 所示。

表 6-12　學習區活動設計：語文區

○○幼兒園○○學年度第○學期學習區設計：語文區

幼兒年齡層／班別：企鵝／中	教學者姓名：○○○	
	日期：	
素材與工具	學習指標	引導重點
錄放音機 耳機 CD 光碟盒 （國語／閩南語／英語／客家語／或班上幼兒來自其他國家的有關植物歌謠）	身-中-1-2-1 **覺察**各種用具安全的操作技能	引導幼兒操作使用錄放音機／撥放 CD ／戴上耳機： 「小朋友，你知道如何播放 CD 光碟的方法嗎？」 「你看這是開啟放 CD 光碟的按鈕。」 「這是播放 CD 光碟的按鈕。」 「這是停止 CD 光碟的按鈕。」 「現在戴上耳機，兩隻手輕輕拉開耳機兩邊的圓頭，戴在頭上，再聽聽看聲音有沒有出來。」

表 6-12　學習區活動設計：語文區（續）

素材與工具	學習指標	引導重點
故事圖卡（《我會說》／信誼） 印章／印臺 小白板／白板筆 粗大三角鉛筆／圖畫紙 偶戲台 圖書類 ＊敘事文本 　《幸福的粉紅種子》／閣林國際 ＊訊息類文本 　《自然植物圖鑑》／遠足文化 ＊知識類圖書 　《常見的野花》／華一書局	語-中-1-3-1 **知道**生活環境中有各種不同的語言 語-中-1-6-2 **知道**書名的位置與閱讀方向 語-中-1-6-3 **知道**華文一字一音的對應關係	「也可以在錄放音機的聲音鈕調大小聲。」 「你來試試看操作播放 CD 光碟。」 「你操作播放 CD 光碟，你知道如何操作嗎？你試試看？」 「這裡有好幾片 CD 光碟，有國語／閩南語／英語／客家語／等。你想播放哪一片CD光碟？」 例如：幼兒選擇閩南語兒歌《紅龜粿》，老師引導幼兒想想回應： 「聽到這歌曲和我們平常在講的話有一樣嗎？」 「你有聽過臺語嗎？」 「我們來看看這本《幸福的粉紅種子》圖畫書的名字位置在哪裡？要如何唸書的名字（封面）？」 老師引導幼兒手比書名位置唸： 「打開書的第 1 頁要從哪裡開始唸？我們來試試看？我唸一遍，換你也唸唸看？」 「當你在看《幸福的粉紅種子》圖畫書時，看到有中文字，我們可以一隻手比著一個字一個音唸唸看？」

註：學習區設計的空白表格，請參閱附錄十二。

2. 幼生在學習區的經驗

學期初，幼生對於學習區的經驗不足或缺乏學習區經驗，為培養幼生學習區操作的能力，老師嘗試從單一學習區開始引導，循序漸進增加開放其他學習區。以美勞區計畫為例，如表 6-13 所示。

表 6-13　學習區活動設計：美勞區

○○幼兒園○○學年度第○學期學習區活動設計：美勞區

學習區	美勞區	班級／年齡層	小中班／3～4 歲
		設計者	林○宣、廖○芬
活動名稱	**葉子的組合造型**	活動時間	40 分鐘
課程目標	身-1-2 模仿各種用具的操作 美-2-2 運用各種形式的藝術媒介進行創作		
學習指標	身-中-1-2-1 **覺察各種用具安全的操作技能** 美-小-2-2-1 把玩各種視覺藝術的素材與工具，**進行創作** 美-中-2-2-1 運用各種視覺藝術素材工具，**進行創作**		
學習區目標	**覺察**美勞區各種用具**安全**的操作技能（中班） 把玩各種不同素材與美勞工具，**進行創作「葉子的組合造型」**（小班） 運用各種不同素材與美勞工具，**進行創作「葉子的組合造型」**（中班）		
活動資源	圖畫紙、毛根、洞洞眼、葉子、蠟筆、彩色筆、剪刀、膠水、膠台、訂書機等不同素材與美勞工具。		
學習指標	活動內容與過程		
	一、引起動機（10 分鐘） 1. 老師介紹說明不同素材和美勞工具名稱與使用方法。 　・素材：圖畫紙、毛根、洞洞眼、葉子等。 　・美勞工具：蠟筆、彩色筆、剪刀、膠水、膠台、訂書機等。 2. 邀幼兒分享撿拾不同造型葉子：樟樹、臺灣欒樹、榕樹等。 二、發展活動（25 分鐘） （一）小組活動 1. 引導幼兒想一想如何使用不同素材（如圖畫紙、毛根、葉子等）與美勞工具（如蠟筆、彩色筆、剪刀、膠水、膠台等），創作「葉子的組合造型」。		

表 6-13　學習區活動設計：美勞區（續）

學習指標	活動內容與過程
身-中-1-2-1 **覺察**各種用具**安全**的操作技能	「想一想會使用的材料與工具有哪些？」 「如何使用剪刀、膠水、膠台？怎樣使用才安全？」 「怎麼知道使用剪刀、膠水、膠台的安全方法？」 2.邀請幼兒設計「葉子的組合造型」圖。 （二）個別創作 1.引導幼兒依據自己的設計圖使用不同之素材（如樟樹葉子）與工具（如剪刀、膠水、蠟筆），創作「葉子的組合造型」。
美-小-2-2-1 把玩各種視覺藝術的素材與工具，**進行創作** 美-中-2-2-1 運用各種視覺藝術素材工具，**進行創作**	「試一試、玩一玩如何將葉子變成什麼（如蝴蝶）？還可以變成什麼？如何使用剪刀、膠水？」（小班） 「想一想，如何用葉子組合成什麼（如蝴蝶）？還可以組合成什麼？加上毛根、蠟筆可以創作什麼？如何使用剪刀、膠水或膠台呢？」（中班） 2.邀請幼兒將自己創作的「葉子的組合造型」作品放在作品擺放區。 三、綜合活動（5 分鐘）：回顧分享 　　老師邀請幼兒展示自己創作的「葉子的組合造型」作品，並請幼兒互相觀賞彼此作品與分享。 1.分享使用剪刀、膠水、膠台等美勞工具的安全方法。（中班） 2.展示與發表如何將葉子組合變成一隻（蝴蝶）的方式。（小班／中班） 3.發表如何用不同素材（如葉子、毛根等）和美勞工具（如剪刀、膠水、蠟筆等）來創作。（中班）

註：以小組活動的方式探索體驗學習區的素材，有助於老師引導與幼兒學習成效。

‧學習區萌發課程

1.定義

　　學習區（學習角、角落）是專供幼兒自我探索，依幼兒個人自由選擇嚮往的教具或玩具，能充分發揮自我學習的本能，同時培養自我糾正

能力，有時是各自操作、有時是與同學合作（簡楚瑛等人，2003，頁65）。學習區提供幼兒自由探索學習的方式，進而再透過操作體驗逐漸萌發一個議題／主題課程，而此議題／主題是依幼兒興趣萌發，持續深入探究延伸成為「學習區萌發課程」。

以自由探索的學習區作為幼兒學習經驗建構的主要場域，宜關注學習環境的設置：規劃哪些學習區？學習區內要放置哪些素材？以及學習區內的學習情境要培養幼兒哪些能力（幸曼玲等人，2018b，頁49）？

2. 設計原則

⑴準備原則：依據各園在地資源取材、各班學習區設置，充分提供多元豐富的素材與工具、教材教具，讓幼兒自由操作與探索體驗的機會；製作教具「提示卡」，協助幼兒參考的線索，自主操作與建立成功經驗。當學習區萌發主題，即可依著主題再蒐集相關資料、素材或教具等發展主題課程。

⑵適切性原則：尊重幼兒自由選擇權、讓幼兒依照自己的步調操作學習、鼓勵自主創作。再依據幼兒在學習區興趣的探索萌發主題，適切擬訂主題課程計畫、引導重點與可能的學習方向之活動計畫。

⑶銜接原則：依據幼兒在各學習區進行現況，約2至3星期後檢視使用的學習指標情形，不斷調整活動計畫，思考素材與工具、教材教具的延展性，以加深加廣學習內涵。依著幼兒學習能力引導與搭鷹架，銜接幼兒每一階段的學習能力。

⑷統整原則：從單一個學習區發展成為主題課程，計畫仍須涵蓋身體動作與健康、認知、語文、社會、情緒、美感等領域。

3. 示例說明

以「科學區／毛毛蟲」活動為例說明主要延續幼兒對於毛毛蟲的探索與觀察，深化其對「羽化」歷程的了解，並增進愛護自然及尊重生命的態度，如表6-14所示。

表 6-14　學習區活動設計：科學區

主題名稱：毛毛蟲		
幼兒年齡層／班別：小／中班	教學者姓名：○○○	
	日期：	
活動類型	課程目標	學習指標
科學區 毛毛蟲	認 1-2 **蒐集**自然現象的訊息	認-小/中-1-2-1 **觀察**動植物的生長變化 ① ② ③
	認 2-2 **整理**自然現象訊息間的關係	認-中-2-2-2 *與他人討論自然現象***特徵間的關係**
	社 3-6 **關懷**生活環境，尊重生命	社-小-3-6-1 **關懷愛護**動植物 ① ② ③ ④ 社-中-3-6-1 **維護**生活環境的整潔
流程／步驟		指標運用說明
觀察經驗與閱讀經驗的初步充實 1. 第一週中，幼兒在菜圃小白菜葉上發現毛毛蟲，簡要進行討論後，為了**保護幼蟲免於小鳥的攻擊**，在教室科學區中加入飼養箱，讓幼兒照顧並觀察其成長變化。		社-小-3-6-1 **關懷愛護**動植物 ①
2. 第二週第 1 天，在科學區發現毛毛蟲有不同的變化，與幼兒討論。 　「我們來看看，那隻毛毛蟲有什麼變化？」 　「為什麼牠會縮起來？」 　「牠正在做什麼？為什麼要這麼做？」		認-小/中-1-2-1 **觀察**動植物的生長變化 ① 延續幼兒的好奇（因為幼蟲是幼兒們帶回來的，所以對幼蟲更易產生照護的心），引導主動探索並觀察毛毛蟲成長的動機。
3. 持續觀察毛毛蟲的變化，幼蟲逐漸變成蛹，兩旁尖尖凸出的地方有些透明，可以看到蛹中的幼蟲似乎還在動。		
4. 第二週第 3 天，引入圖畫書《無尾鳳蝶的生日》（遠流）介紹**蝴蝶的生態**，例如：常見的蝴蝶種類、幼蟲的自我保護方式、吸引蝴蝶的植物、幼蟲成長、羽化過程或其他相關事項。		

表 6-14　學習區活動設計：科學區（續）

流程／步驟	指標運用說明
5. 第二週第 5 天，開始數算日期，期待蝴蝶從蛹中羽化而出。 再次閱讀的經驗成為搜查食物來源的行動契機 6. 第三週第 1 天，討論觀察的結果，並透過**閱讀**與幼兒討論蝴蝶的覓食來源。 7. 討論後，連續幾天幼兒嘗試利用時間，**分組**到校園中扮演小偵探，尋找蝴蝶的食物。 紋白蝶羽化完成與放生 8. 第四週第 4 天，發現**科學區**紋白蝶羽化，分享觀察與發現。 　「你們觀察到牠是怎麼從蛹變成蝴蝶嗎？」 9. 討論紋白蝶的未來。 　「這隻紋白蝶我們要把牠繼續留在教室嗎？」 10. 經過一番討論，決定利用午餐前的時間，將紋白蝶帶至戶外回歸大自然。 透過觀察與影片欣賞，持續提供對毛毛蟲羽化的了解 11. 第四週第 5 天，播放「昆蟲王國」短片，觀察幼蟲生活型態、化蛹過程及羽化成蝶歷程。之後，更進一步運用提問，強化幼兒對於幼蟲羽化歷程的認識。 　「蝴蝶怎麼從毛毛蟲變來的？」 新朋友的加入——無尾鳳蝶和樺斑蝶幼蟲 12. 第五週第 1 天，在**科學區**加入戶外金桔樹上發現的**無尾鳳蝶幼蟲**及從家中帶來的**樺斑蝶幼蟲**。	 認-小/中-1-2-1 **觀察**動植物的生長變化 2 延續幼兒的好奇，持續討論紋白蝶羽化歷程與觀察。 社-小-3-6-1 **關懷愛護**動植物 2 認-小/中-1-2-1 **觀察**動植物的生長變化 3 透過影片的觀看，幫助幼兒觀察和組織紋白蝶羽化歷程。

表 6-14　學習區活動設計：科學區（續）

流程／步驟	指標運用說明
13.第五週第 2 天，討論幼蟲太多，飼養箱容納不下的問題。 「蝴蝶幼蟲愈來愈多，牠們的家快要住不下，會對幼蟲有什麼影響？」 「如果我們要幫蝴蝶的幼蟲蓋一個適合牠們生長的新家，可以怎麼蓋？」	社-小-3-6-1 **關懷愛護**動植物 3
14.第五週第 3 天後，在**科學區**運用籠子、網子或鐵絲等，幫蝴蝶幼蟲蓋新家。持續觀察與飼養，並成為毛毛蟲保母，例如：放入新的葉子、清理大便、記錄成長變化等。	
持續討論，進行更細微的觀察 15.第六週第 2 天，利用**分享時間**邀請幼兒敘說這幾天在科學區的觀察與發現。 「我們來分享對毛毛蟲的觀察。」 「你們都觀察到無尾鳳蝶的幼蟲聞起來臭臭的。為什麼牠要臭臭的？」 16.第六週第 3 天，**科學區**加入顯微鏡，幼兒嘗試運用顯微鏡觀察各種蜜源植物。 17.第六週第 4 天，介紹顯微鏡使用方式，例如：樣本的取放、玻片位置的調整、焦距的調整等。當植物放到顯微鏡下，幼兒發現肉眼看到的植物有些不一樣，認為「看起來像蓋房子的磚塊一塊一塊連起來」、「一個圈圈一個圈圈相連」、「長得好像蜂窩」等。	認-中-2-2-2 與他人討論自然現象**特徵間的關係** 幼兒的比較整理訊息能力，會依年齡有所不同，本班是混齡班，中班幼兒在蒐集訊息後，會繼續追問更深究性的問題，例如：「為什麼會臭臭的？」協助幼兒了解不同現象特徵間的關係
持續幼蟲的觀察與照顧，以攔網保護未孵化的幼蟲 18.第六週第 5 天，幼兒發現**科學區**中的無尾鳳蝶幼蟲消失，就在四周尋找時，於桌腳發現幼蟲的蹤跡，也觀察	社-小-3-6-1 **關懷愛護**動植物 4

表 6-14　學習區活動設計：科學區（續）

流程／步驟	指標運用說明
到幼蟲的不同處，例如：身體有些捲曲、身體有兩條絲固定起來等。 19.當下有著前幾週飼養紋白蝶經驗的小白提出「牠要變成蛹了」的看法，為避免蛹不小心被其他物品傷害到而無法孵化，幼兒們決定使用網狀的籃子將蛹圍起來，作為保護，待蛹羽化後再將其帶至戶外野放。 20.第七週第 2 天，樺斑蝶幼蟲也陸續結蛹，幼兒在觀察後，提出紋白蝶與樺斑蝶的蛹顏色不同的發現，例如：有的蛹是綠色、有的是咖啡色、有的是吊著、有的會黏在柱子上等。 21.教學者進一步入區引導幼兒了解垂蛹與帶蛹（或是懸蛹）的差異。 22.之後，蝴蝶的飼養工作仍持續著，每當羽化出蝴蝶時，幼兒就會帶牠們到**戶外野放**，每當**戶外遊戲時間**，就可見到幼兒聚集於金桔樹或馬利筋附近尋找毛毛蟲的蹤跡，並帶到教室的飼養箱中。	社-中-3-6-1 **維護**生活環境的整潔 從認知蒐集訊息的歷程中，幼兒逐漸對於蝴蝶的生態有更多的了解，而對其生命與照顧的感情，逐日加深，能從許多貼心的行動中（例如：摘葉子、清理糞便、放生、保護等），增進幼兒樂於親近自然及愛護生命的態度。

註：1.學習指標已更新為新的「**課程大綱**」學習指標。

　　2.學習區萌發式課程活動計畫的空白表格，請參閱附錄十三。

　　3.引自林玫君、王慧敏（2015，頁 52-54）。

第三節　混齡教學與融合教育的教保活動課程設計

目前，普遍混齡教學（multiage teaching）常見於公立幼兒園，班級年齡層可能是「3～4歲」、「4～5歲」、「3～6歲」等，為避免學習經驗與能力落差問題，建議以「3～5歲」、「4～6歲」為最合宜，避免「3～6歲」混齡。而融合教育（inclusion education）意指，班級有疑似特殊生或領有身心障礙手冊特殊生，在同一間教室一起學習的方式，能提供身心障礙兒童正常化的教育環境，並擬訂學生的個別化教育計畫（Individual Education Plan，簡稱 IEP），而 IEP 學習計畫內容最好與班級課程學習相結合。現就混齡教學和融合教育的定義、設計步驟、示例，簡略說明如下。

壹、混齡教學

一、定義

係指教師在混齡班級中，設計適合不同年齡的課程內容，並進行各種教學活動，以幫助學生有效學習（吳清山，2016）。

二、設計原則

設計原則與主題課程設計原則相似，需注意的是「適切性原則」，說明如下：

1. 學習指標要涵蓋班級內不同年齡層的幼兒學習指標。
2. 活動內容：關注不同年齡不同能力的幼兒可以進行哪些活動？例如：觀察繪畫園裡花草討論內容：
   · 請小班幼兒分享自己在園裡看到哪些花草？

- 請中班幼兒分享自己觀察園裡花草的感覺？以及花草長的樣子？
- 請大班幼兒分享自己在園裡哪裡看到花草？花草長什麼樣子？過程發生什麼事？結果呢？
- 注意討論分享時間，例如：小／中班 10～20 分鐘、中／大班 20～30 分鐘，避免過久，影響幼兒學習的專注與坐不住。

3. 教學資源：關注不同年齡不同能力的幼兒，提供不同層級教材教具／素材工具，例如：數學區：小班拼圖 10 片、中班拼圖 20 片、大班拼圖 30 片。

基本上，混齡班級就像一個大家庭的兄弟姊妹，有不同年齡的孩子共同生活和學習在一起。一般而言，混齡班級透過混齡教學，其優點是年幼者和年長者學習，學到楷模，激勵學習，努力達到年長者的學習水準；而年長者則有機會幫助年幼者學習，培養照顧年幼者的責任感，亦可建立學習成就感。此外，混齡教學亦可幫助幼兒語言學習、學會尊重與分享，以及知道如何與他人相處，這也是混齡教學的優點所在（吳清山，2016）。

三、示例說明

以某幼兒園為例，有時因編班需求，會有「3～6 歲」混齡班的狀況，如表 6-15 所示。

表 6-15　混齡教學活動計畫

○○幼兒園○○學年度第○學期主題活動計畫

| 主題名稱：
園裡的花草 | 班別／年齡：蘋果／混齡
（3～6 歲） | 設計者：○○○ |
| | 幼兒人數：30 | 活動日期：○○.○○.○○ |

活動名稱	花草遊戲	
學習指標	社-小-2-3-2 *聽從成人指示*，**遵守**生活規範 社-中/大-2-3-2 *理解生活規範訂定的理由，並**調整**自己的行動* 身-中-3-2-1 *把玩操作*各種素材或器材，**發展各種創新玩法** 身-大-3-2-1 *與他人合作***運用**各種素材或器材，**共同發展創新玩法**	

學習指標	活動內容與過程	活動資源
社-小-2-3-2 *聽從成人指示，***遵守**生活規範	一、引起動機 引導幼兒想想在園內和「花草」有玩過什麼遊戲？（例如：蒲公英—空中散花；水蜈蚣—戒指；牽牛花—頭冠；咸豐草—飛鏢玩具；牛筋草—拔河繩；幸運草—大力士／手鍊） 二、發展活動 （一）團體討論 1-1.在園內和「花草」玩時要注意的事（小班）（例如：避免丟到臉部危險部位、只摘取要玩的花草、玩過放回泥土旁當堆肥或帶回教室做美勞等方式） 1-2.請幼兒想想在園內和「花草」玩遊戲要注意什麼？玩時要注意的事？（中／大班） 2-1.等一下我們用排隊的方式分成兩組玩花草遊戲。（小班） 2-2.討論如何分組進行玩花草遊戲？如何玩？（中／大班）	蒲公英 水蜈蚣 牽牛花 咸豐草 牛筋草 幸運草 放大鏡 塑膠蒐集袋

表 6-15　混齡教學活動計畫（續）

學習指標	活動內容與過程	活動資源
社-中/大-2-3-2 理解生活規範訂定的理由，並調整自己的行動	（二）小組活動 1. 分成兩組進行花草遊戲，幼兒在玩發生不當的行為時，師生討論（中／大班）： 「你為什麼這樣做呢？」 「別人的感覺是什麼？」 「那我們要如何做？自己可以開心玩，別人也不會不舒服？」 2. 再次進行小組玩花草遊戲。 3. 鼓勵幼兒運用多元方式（例如：口語、動作），分享自己如何做到遵守玩花草遊戲應注意的事。當幼兒做不到時，師生再討論（中／大班）： 「為什麼做不到？」 「原因理由是什麼？」 「那我們要如何做到？」	
身-中-3-2-1 把玩操作各種素材或器材，發展各種創新玩法 身-大-3-2-1 與他人合作運用各種素材或器材，共同發展創新玩法	4. 再次進行小組玩花草遊戲： 「你怎麼玩？可以怎樣玩？有更新的玩法嗎？」（中班） 「你如何跟別人合作，一起想出／做出更新的玩法嗎？」（大班） 5. 再鼓勵幼兒運用多元方式（例如：口語、動作），分享自己如何做到遵守玩花草遊戲應注意的事，以及有哪些創新玩法。（讓幼兒有多次體驗與經驗後，並討論自己要如何調整修正自己的行為） 6. 請幼兒收拾整理場地、攜帶使用過的花草帶回活動室。 三、綜合活動 1. 展示不同花草的玩法。 2. 分享自己和「花草」玩遊戲時如何調整修正自己的行為。	

貳、融合教育

一、定義

融合教育指的是,將身心障礙兒童和普通同儕放在同一間教室一起學習的方式,它強調提供身心障礙兒童一正常化的教育環境,而非隔離的環境,在普通班中提供所有的特殊教育和相關服務措施,使特殊教育及普通教育合併為一個系統(教育部,2014)。

二、設計原則

設計原則與主題課程設計原則相似,需注意的是「適切性原則」,說明如下:

1. 活動設計時,學習指標要彈性調整,例如:特幼生年齡層是 4 歲,而其學習能力僅在 3 歲以下,則要使用往下年齡層的學習指標(2～3 歲學習指標)。

2. 現場融合教育實施方式,普通班編制內有數名特幼生;特教班特幼生某個時段式融入普通班。普通班考量全班幼兒身分不同類別屬性,以及了解特幼生療育需求與學習現況,參酌醫院評估報告、相關鑑定報告或評估表、個別化教育計畫 IEP 等有關資料,結合班級進行的課程,調整使用學習指標的年齡層;特教班特幼生某個時段式融入普通班學習,融入時段是半天或是某一時段,例如:餐點時間、小組活動、學習區活動、全園性活動等設計活動。

3. 基本上,融合教育乃採取一元的教育系統(普教結合特教合一),教育的對象是班級內所有具特殊需求的幼兒,而由普通班教師或是特教老師為主要教學人員,針對特幼生提出個別化教育計畫(IEP),且可以諮詢入園的特教巡迴輔導員及相關專業團

隊人員，例如：語言治療師、職能治療師、物理治療師協同合作，分擔責任，共同完成教學工作，讓特殊生獲得適宜的支援，普通生與特殊生均蒙其利。

三、示例說明1

普通班編制內有數名特殊生，以某幼兒園為例，如表6-16所示。

表 6-16　融合教育活動計畫 1

○○幼兒園○○學年度第○學期單元活動計畫

單元名稱： 園裡的花草	班別／年齡：海豚／混齡 （4～5歲） 4歲特幼生1名 5歲特幼生1名	設計者：○○○
	幼兒人數：30	活動日期：○○.○○.○○
活動名稱	花草遊戲	
學習指標	社-小-2-3-2 聽從成人指示，**遵守生活規範**（4歲／5歲特幼生） 社-中/大-2-3-2 理解生活規範訂定的理由，並**調整**自己的行動 身-中-3-2-1 **把玩操作**各種素材或器材，**發展各種創新玩法**（5歲特幼生） 身-大-3-2-1 與他人合作**運用**各種素材或器材，**共同發展創新玩法**	
學習指標	活動內容與過程	活動資源
	一、引起動機 引導幼兒想想在園內和「花草」有玩過什麼遊戲？（例如：蒲公英—空中散花；水蜈蚣—戒指；牽牛花—頭冠；咸豐草—飛鏢玩具；牛筋草—拔河繩；幸運草—大力士／手鍊）	

表 6-16　融合教育活動計畫 1（續）

○○幼兒園○○學年度第○學期單元活動計畫

學習指標	活動內容與過程	活動資源
社-小-2-3-2 聽從成人指示，**遵守**生活規範（特幼生）	二、發展活動 （一）團體討論 1-1.在園內和「花草」玩時要注意的事（特幼生）（例如：避免丟到臉部危險部位、只摘取要玩的花草、玩過放回泥土旁當堆肥或帶回教室做美勞等方式） 1-2.請幼兒想想在園內和「花草」玩遊戲要注意什麼？玩時要注意的事？（中／大班） 2-1.等一下我們用排隊的方式分成兩組玩花草遊戲。（特幼生） 2-2.討論如何分組進行玩花草遊戲？如何玩？（中／大班） （二）小組活動	蒲公英 水蜈蚣 牽牛花 咸豐草 牛筋草 幸運草 放大鏡 塑膠蒐集袋
社-中/大-2-3-2 理解生活規範訂定的理由，並**調整**自己的行動	1. 分成兩組進行花草遊戲，幼兒在玩發生不當的行為時，師生討論（全班）： 「你為什麼這樣做呢？」 「別人的感覺是什麼？」 「那我們要如何做？自己可以開心玩，別人也不會不舒服？」 2. 再次進行小組玩花草遊戲。 3. 鼓勵幼兒運用多元方式（例如：口語、動作），分享自己如何做到遵守玩花草遊戲應注意的事。當幼兒做不到時，師生再討論（全班）： 「為什麼做不到？」 「原因理由是什麼？」 「那我們要如何做到？」	

表 6-16　融合教育活動計畫 1（續）

學習指標	活動內容與過程	活動資源
身-中-3-2-1 **把玩操作**各種素材或器材，**發展各種創新玩法**（特幼生） 身-大-3-2-1 **與他人合作運用**各種素材或器材，**共同發展創新玩法**	4. 再次進行小組玩花草遊戲： 　「你怎麼玩？可以怎樣玩呢？有更新的玩法嗎？」（中班／5歲特幼生） 　「你如何跟別人合作，一起想出／做出更新的玩法嗎？」（大班） 5. 再鼓勵幼兒運用多元方式（例如：口語、動作），分享自己如何做到遵守玩花草遊戲應注意的事，以及有哪些創新玩法。（讓幼兒有多次體驗與經驗後，並討論自己要如何調整修正自己的行為） 6. 請幼兒收拾整理場地、攜帶使用過的花草帶回活動室。 三、綜合活動 1. 展示不同花草的玩法。 2. 分享自己和「花草」玩遊戲時，如何調整修正自己的行為。	

四、示例說明 2

　　特教班特幼生某個時段式融入普通班，融合教育課程與教學教案如表 6-17 所示。

新北市立鶯歌幼兒園大象班，陳可熏（5歲）

表 6-17　融合教育活動計畫 2

新北市○○區○○國小附設幼兒園○○學年度第○學期
融合教育課程與教學教案

主題名稱：蛋蛋家族	活動期程： ○○.○○.○○～ ○○.○○.○○	班別：貓熊班 （中／小混齡）
	教學者：○○○、○○○	
特殊需求全融幼兒：崴崴（3歲）、 　　　　　　　　　　翰翰（3歲）	部分時間融合幼兒：捷捷（4歲）、 　　　　　　　　　　凱凱（5歲）	

課程目標：
- 語-2-3 敘說生活經驗
- 認-2-2 整理自然現象訊息間的關係
- 身-2-2 熟悉各種用具的操作
- 情-4-1 運用策略調節自己的情緒
- 社-2-2 同理他人，並與他人互動
- 美-2-2 運用各種形式的藝術媒介進行創作

註：四位特殊需求幼兒的教學目標依其 IEP 項目融入本主題之課程目標執行。

學習指標	活動內容與過程	活動資源
語-幼-2-3-2 **簡單描述**自己的觀察 語-中-2-3-1 **敘說時表達**對某項經驗的觀點或感受 認-小-2-2-1 **依據**動植物的特徵**歸類**	活動一：蛋蛋大不同 一、引起動機 展示不同的蛋，例如：雞蛋、鴨蛋、皮蛋、鳥蛋等，分享討論。 二、發展活動 1.團體討論 師生共同討論比較蛋的樣子（形狀、大小、顏色）： ・說一說，你看到的蛋是什麼樣子呢？（小班/崴、翰、捷） ・你以前看過這些蛋嗎？ ・說一說，這些蛋有什麼不一樣？（中班/凱） ・請跟老師說一次：「雞蛋、鴨蛋、皮蛋」，我們把一樣的蛋放在一起。（小班/崴、翰、捷）	常見蛋類實物（雞蛋、鴨蛋、皮蛋、鳥蛋等）

185

表 6-17　融合教育活動計畫 2（續）

學習指標	活動內容與過程	活動資源
認-中-2-2-1 **依據**特徵為自然現象**分類**並命名	• 我們如何把不一樣的蛋分開？分開的蛋一籃一籃在一起要叫什麼名字？做做看。（中班/凱） 2. 分組觀察與操作	
語-中-2-3-1 **敘說時表達**對某項經驗的觀點或感受	• 觀察與觸摸雞蛋並說出對雞蛋的感覺。 請說一說看到雞蛋的樣子？還有摸到雞蛋的感覺。（中班/凱）	生雞蛋 碗 攪拌器 動物圖卡：蛋
身-小-2-2-1 **平穩使用**各種素材、工具或器材 身-中-2-2-1 **敏捷使用**各種素材、工具或器材	• 老師示範打蛋到碗的方法，並邀請幼兒試試看。 小朋友，你拿著雞蛋輕輕在碗邊敲打一下，撥開蛋殼把蛋放到碗內，再用攪拌器攪拌蛋黃和蛋白。（全班） 三、綜合活動 1. 發表看到的蛋是什麼樣子。 2. 分享如何分類蛋的方法。	
	活動二：轉轉蛋 一、引起動機 準備一顆熟雞蛋（水煮蛋）和生雞蛋，請幼兒看看有什麼不一樣？ 二、發展活動 1. 團體討論	水煮蛋 生雞蛋
身-小-2-2-1 **平穩使用**各種素材、工具或器材 身-中-2-2-1 **敏捷使用**各種素材、工具或器材	• 請你猜一猜這兩顆蛋哪一顆是生雞蛋？哪一顆是熟雞蛋？為什麼？ • 我們要如何旋轉生雞蛋或熟雞蛋？（全班） 2. 分組競賽 • 小朋友先試試「生雞蛋與雞熟蛋轉一轉」，比一比哪顆蛋會轉？哪顆不會轉？（全班）	

表 6-17　融合教育活動計畫 2（續）

學習指標	活動內容與過程	活動資源
情-小-4-1-2 **處理**分離焦慮或**害怕**的情緒 情-中-4-1-1 **運用等待或改變想法的策略**調節自己的情緒 社-中-2-2-4 運用合宜的方式**解決**人際**衝突** 社-小-2-2-4 尋求成人協助以**解決**同儕**衝突**	・遇到幼兒不敢轉動雞蛋，與幼兒討論怎麼辦： 　當不敢轉動雞蛋，會害怕，你怎麼辦呢？（小班/崴、翰、捷） ・當要等很久才能輪到轉動雞蛋，與幼兒討論怎麼辦： 　你有什麼方法可以解決要等很久很煩才能輪到轉動雞蛋？你試試看這解決的方法。（中班/凱） ・當雞蛋轉破了，發生吵架時： 　有什麼方法可以解決吵架？（中班/凱） 　可以找老師或同學幫忙解決吵架，你試試看這解決的方法。（小班/崴、翰、捷） 三、綜合活動 1. 分享自己不敢轉動雞蛋，如何解決害怕。 2. 發表自己和同學如何解決吵架的方法。	
	活動三：神奇創意蛋 一、引起動機 準備蛋殼，請幼兒看看蛋殼，並摸摸蛋殼 二、發展活動 1.團體討論 ・請幼兒摸摸蛋殼後，想想蛋殼可以做什麼？ ・介紹各種視覺藝術的素材與工具，並討論：	蛋殼 蛋殼 膠水 白膠 書面紙 圖畫紙

表 6-17　融合教育活動計畫 2（續）

學習指標	活動內容與過程	活動資源
美-中-2-2-1 運用各種視覺藝術素材與工具，**進行創作** 美-小-2-2-1 把玩各種視覺藝術的素材與工具，進行創作	如何使用膠水或白膠、紙類？（中班/凱） 蛋殼和這些素材與工具可以做什麼呢？（中班/凱） 可以怎麼玩這些材料與工具呢？（小班/崴、翰、捷） ・邀請幼兒可以到美勞區自由選用蛋殼、膠水、書面紙、圖畫紙、瓦楞紙、厚卡紙、皺紋紙、蠟筆、彩色筆等進行創作；扮演區延伸打蛋到碗，攪拌蛋黃和蛋白「蒸蛋」；語文區「動物圖卡與蛋的分類配對」。 2.學習區活動 ・美勞區：蛋殼創意畫 ・扮演區：實際操作打蛋到碗，攪拌蛋黃和蛋白加點調味料「蒸蛋」：	厚卡紙 皺紋紙 瓦楞紙 各式各樣的筆，例如：蠟筆、彩色筆、色鉛筆 生雞蛋 攪拌器 碗 鹽巴 醬油 湯匙 電鍋
身-中-2-2-1 **敏捷使用各種素材、工具或器材** 身-小-2-2-1 **平穩使用各種素材、工具或器材**	你如何打蛋？把蛋放到碗裡，再使用攪拌器攪拌呢？可以加上什麼調味料？（中班/凱） 你如何使用攪拌器攪拌碗裡的蛋呢？（小班/崴、翰、捷） ・語文區：圖文配對「動物圖卡與蛋的分類配對」 三、綜合活動 1.分享到美勞區如何選用蛋殼、膠水或白膠、紙類進行創作。 2.發表自己使用攪拌器攪拌蛋黃和蛋白加點調味料「蒸蛋」的方法。	

表 6-17 融合教育活動計畫 2（續）

中班幼兒學習評量	小班幼兒學習評量	特殊需求幼兒學習評量
1. 敘說時表達對生活中看過蛋的觀點。 2. 依據特徵為蛋類分類並命名。 3. 敏捷使用美勞素材、攪拌器工具。 4. 運用等待或改變想法的策略調節自己的情緒。 5. 運用合宜的方式解決人際衝突。 6. 運用各種視覺藝術素材與工具，進行蛋殼創意畫創作。	1. 簡單描述自己對蛋的觀察。 2. 依據動物蛋的特徵歸類。 3. 平穩使用美勞素材、攪拌器工具。 4. 處理害怕的情緒。 5. 尋求成人協助，以解決同儕衝突。 6. 把玩各種視覺藝術的素材與工具，進行蛋殼創意畫創作。	**崴崴**：（全融/3 歲/小班/發展遲緩） 1. 能仿說雞蛋的名稱。 2. 嘗試用手轉動熟雞蛋。 3. 觀察活動中能持續專注 5 秒。 4. 經提醒尋求成人協助以解決同儕衝突。 **翰翰**：（全融/3 歲/小班/自閉症） 1. 能仿說雞蛋的名稱。 2. 會自己用手轉動熟雞蛋。 3. 觀察活動中能持續專注 10 秒。 4. 能觀察友伴共同進行遊戲。 5. 經提醒尋求成人協助，以解決同儕衝突。 **捷捷**：（部融/4 歲/中班） 1. 能專注參與蛋殼創意畫活動。 2. 在協助下會用手轉動熟雞蛋。 3. 能嘗試將鳥蛋、雞蛋、鴨蛋等一樣的放在一起。

表 6-17　融合教育活動計畫 2（續）

中班幼兒學習評量	小班幼兒學習評量	特殊需求幼兒學習評量
		凱凱：（部融/5 歲/大班） 1. 能參與蛋殼創意畫活動。 2. 在協助下會用手轉動熟雞蛋。 3. 能嘗試把不一樣的蛋分別放到不同的籃子。

教學策略與教學調整：

1. 團體活動：
・學習參與討論，簡單描述自己觀察蛋的樣子（形狀、大小、顏色）。
・觀察活動中能持續專注 10 秒，以及嘗試把鳥蛋、雞蛋、鴨蛋等一樣的放在一起。
・尋求成人協助，以解決同儕衝突。

2. 分組遊戲活動：
・透過模仿的遊戲、同儕的帶動，增加個案主動與同儕對話互動的能力。（透過肢體的節奏活動，練習口腔功能，雖無法清晰與主動的表達，亦能跟上口腔的節奏，喃喃念著「雞蛋、鴨蛋、皮蛋……」，希望透過說白節奏遊戲，增加口腔功能）
・藉由分組競賽活動，增進其與同儕對話和舌唇的力量。

3. 餐點時間：
增加手部手指的功能，透過抓握的能力，增加口腔與手部的協調性：
・鼓勵個案透過餐點，學習健康飲食概念與練習口腔訓練功能。
・藉常規及團體討論飲食後潔牙的重要性，並設計相關學習單，了解如何潔牙步驟和時間點。
・延伸由老師示範刷牙方式，再讓個案實際的操作牙齒模具練習刷牙的方式，透過刷牙訓練其口腔功能，以達到學習口腔動作能力，而增加其口腔的靈活度，促進語言表達的能力。

表 6-17　融合教育活動計畫 2（續）

4.親師交流：
* 請媽媽或爸爸陪著孩子玩模仿遊戲，增加其反應能力。
* 玩節奏遊戲「雞蛋、鴨蛋、皮蛋……」，練習口腔器官的敏捷度，以增加
說話清晰度與力道。
* 刷牙時間玩咕嚕咕嚕遊戲：親子比賽誰咕嚕的最久就勝利，訓練其口腔控
制能力，以增強說話器官的敏捷度。
* 藉由咀嚼韌性食物如鱈魚香絲、法國麵包等增加其舌唇之口腔功能。

註：新北市文德國小附設幼兒園提供。

思考與練習題

1.試比較「課程目標」、「學習指標」、「活動目標」的差異。
2.試以「我的幼兒園」主題依「統整性主題課程設計 ABCD1D2E 步
　驟」，擬出一份統整性主題課程設計。
3.試以「好吃的食物」主題擬出一份中班活動計畫。
4.試以「我的家人」主題擬出一份混齡班（大／中班）活動計畫。

幼兒學習評量

羅素玲

> 「幼兒學習評量有何功能？」
> 「幼兒學習評量的種類與工具為何？」
> 「幼兒學習評量要怎麼設計與實施？」

幼兒園的評量分為教學評量與學習評量，教學評量將於本書第九章介紹，本章僅談學習評量，內容分為三節說明，依次為「幼兒學習評量的意義、功能與特性」、「幼兒園常見的評量種類與工具」，以及「幼兒園學習評量的實施」。本章僅介紹幾種目前在幼教現場較為普遍使用的基本評量形式，期望幼教老師能依幼兒園或個別需求加以變化，以期符合實務所需。

第一節　幼兒學習評量的意義、功能與特性

本節首先闡明幼兒學習評量的意義為支持或調整老師的教學計畫，並能協助老師判斷是否介入幼兒的個別指導，接著概述幼兒學習評量的特性為「不適合紙筆測驗」、以「在真實情境中」評量最為合宜。

壹、幼兒學習評量的意義

幼兒評量是一質量並重、主客觀方法兼採，教保服務人員、家長與幼兒共同合作的歷程（王珮玲，2021，頁4），而幼兒學習評量是評量個

別幼兒的學習成效（幸曼玲等人，2018b，頁56）。由此可知，幼兒學習評量是幼兒在學習歷程中，老師觀察幼兒的學習成效，評量幼兒的表現與改變。

貳、幼兒學習評量的功能

老師在教室裡的主要任務是教學，為了能擁有專業的教學效能，需要利用評量來評估教室內活動之有效性，以幫助幼兒進行有效的學習。此外，評量資料也能協助家長了解並協助幼兒的發展與學習。幼兒園裡的評量資料能幫助我們了解幼兒從一個初學者變成精熟者的歷程，以及在各領域能力上的改變，因此評量在幼兒園課程發展中扮演重要角色。簡楚瑛（2009）指出，評量提供課程發展一個參考指標，亦能反映幼兒學習成果，故評量工作與課程內容是密切不可分的。本書第一章曾提到幼兒的評量方法以觀察法運用最為普遍，老師要在課程活動中，持續觀察與評估幼兒的發展，以改進教學與學習的狀況。所以，讓老師了解評量的功能是很重要的，說明如下。

一、支持或調整老師的教學計畫

老師進行教學活動前，事前的規劃很重要，而教學內容與師生互動，必須建立在幼兒現有的能力之上，這現有的能力，老師可經由評量得知，例如：當老師唸一本有關數數的圖畫書給幼兒聽，對幼兒提問：「小熊手上有幾朵花？」有的幼兒沒有回答，有的回答：「有很多花。」此時老師蒐集到的訊息是：幼兒不知道如何數數。於是調整教學計畫，對幼兒說：「讓我們一起來數數看，小熊手上有幾朵花？」

又如：老師計畫進行「昆蟲」的統整課程，先在教室裡放了裝有昆蟲的觀察箱，隨後老師便觀察幼兒的行為，包括：誰問了什麼問題、誰顯示出先備知識、幼兒的態度如何等，得以初步評估昆蟲主題的合適性。經過觀察與記錄，老師與幼兒團討，了解幼兒對昆蟲知道什麼、想學什

麼、能做什麼、要提升什麼能力？藉此評估幼兒目前的學習與發展狀況，來判斷幼兒尚需學習的部分，這就是以評量來支持或調整教學計畫。評量資訊讓老師的思考更周延，不僅讓幼兒直接受益，還可更加精進老師的教學專業。

二、判斷介入個別指導的時機

　　老師要了解如何使用評量資料來幫助幼兒發展和學習，使評量更有意義。在團體中，總有些特定的幼兒需要老師較多的關注，有的幼兒學習動機高昂，有的反應非常敏捷，也有幼兒可能會對學習活動不知所措。老師若能花心思去了解幼兒，只要用心觀察，在與幼兒互動的過程中，往往能獲得最有用的資訊，例如：老師在桌上擺放不同顏色的毛線所組成的圖案，然後請幼兒繼續把圖案完成，想了解幼兒是否能看出圖案的規律而繼續完成。有些幼兒不清楚老師擺放的規律，只是繼續把毛線段接起來，當幼兒完成之後，老師接著在桌上擺了一個比較簡單的圖案，將難度調整到接近幼兒的程度。老師可將這些評量訊息記下來，日後繼續幫助幼兒學習「規律」的概念與方法。

　　此外，學習區是目前多數幼兒園正在實施的學習型態，當老師藉由學習區檢核表發現某個幼兒很少參與美勞區活動，但他喜歡操作性的活動，老師就可利用他這個興趣引導他到美勞區進行操作性的美勞創作。又如：「課程大綱」的認知領域談到歸類與分類由簡而難的層次，於是老師給中班幼兒各式各樣的貝殼，並提問：「有哪些貝殼是好朋友？」，讓幼兒自由檢視、分類；有些幼兒馬上就理解，不需任何指示就能很有創意的分類，但有些幼兒剛好相反，只看到一堆貝殼且無法分類，或有些幼兒可能剛開始沒看出任何類別，或只發現一些很簡單明顯的類別。此時，老師可以很有技巧地把有顏色的紙卡放在貝殼旁邊，誘使幼兒使用顏色來歸類。老師若能了解評量的意義並善用評量結果，就可依評量資訊判斷是否介入幼兒的個別指導，幫助幼兒發展和學習。

三、提供家長了解與協助幼兒發展與學習

幼兒家長最關心孩子的學習狀況，幼兒學習評量可以提供家長有關幼兒學習的資訊，評量資料可作為老師與家長討論的重要依據。多數幼兒園會安排時間舉辦親師溝通會議，或讓家長有機會與老師面對面溝通談論幼兒的學習狀況，老師可依據觀察或評量結果和家長共同討論幼兒的長處與需要，並為幼兒擬訂下一階段的學習計畫（江麗莉，2004，頁16）。

親師溝通是幼兒園老師非常重視的工作，因為家園同心，才能促進幼兒正向的身心發展與成長。老師若能善用幼兒學習評量資料與家長溝通說明，相信一定能獲得家長極大的肯定與認同。

參、幼兒學習評量的特性

舉凡各學習階段的評量，應屬學前階段最為獨特，因幼兒發展尚未成熟，所以須藉由教師的多種評量方式蒐集幼兒學習成長的資訊，以下說明幼兒學習評量的特性。

一、幼兒不適合紙筆測驗

紙筆測驗對幼兒是不適用的，因為幼兒的精細動作技巧不佳，用紙筆測驗會受「寫字」能力影響，即便知道答案，不純熟的閱讀和書寫技巧也會使他們表現不好。其實，在成人世界中，大人在接受測驗時也很難避免緊張的情緒，更何況幼兒若面臨測驗也一定會感到焦慮。

再者，幼兒容易分散注意力，很快就失去興趣或不易安撫，所以在接受紙筆測驗時特別容易出現各類問題甚至拒絕參與；但幼兒園會設計讓幼兒使用紙筆完成的學習單，學習單若採用圖形而非文字方式實施，則適合幼兒。總之，幼兒園老師宜採用「非文字」如圖形、實際操作的方式觀察幼兒的學習狀況，以進行幼兒學習評量。

二、真實情境的評量對幼兒最合宜

　　幼兒教育的精神是不強求幼兒的學習與成長都是「速成」，而是重視學習歷程的點滴。所以在學習歷程中，老師會營造學習情境，且透過觀察蒐集評量訊息，亦即在真實情境中評量幼兒的學習狀態是最合宜的。真實情境的評量又稱「實作評量」，例如：要評量幼兒與人合作的能力，老師就要提供機會讓幼兒參與合作性學習的活動，亦即評量應該要盡可能與目標行為直接相關。

　　即便幼教老師非常認真細心地在幼兒的日常生活中觀察與評量幼兒的學習與成長，但 McAfee 等人認為，人類行為是複雜的，而評量人類行為的工具相對而言是粗略的，評量結果再好，也只是一種估算；況且幼兒的行為非常容易受到生病、睡眠不足、飢餓或家庭問題等外在因素的影響，因此老師要避免武斷主觀的想法，必須將評量結果視為暫時的、可能有誤的，且可依新的資訊修正的（McAfee et al., 2007/2008, pp. 2-27）。

三、以老師進行「幼兒行為觀察」實施評量

　　幼兒在學習活動中，展現技巧、創作來呈現他們的能力，而老師在這種真實情境中可觀察幼兒知道什麼？能做什麼？是否願與人合作？有無解決問題的能力？這正是幼教老師相當普遍運用的評量技巧。

　　幼兒在幼兒園所有的活動場所中的生活與學習，是對幼兒最適切、真實的評量，例如：讓幼兒以實際計數來解決問題，而非讓幼兒數算某一頁練習單中有多少黑點或圖形（McAfee et al., 2007/2008, pp. 1-3）。這種實施評量的方式，好處是幾乎可以評量幼兒在各方面的進步，而不限於知識和技巧而已。但是，老師要避免主觀意識，McAfee 等人建議以下幾點可避免主觀：(1)覺察自己的個人偏見；(2)避免標籤及刻板印象；(3)努力精準的描述觀察到的行為；(4)將事實及推論分開敘寫（McAfee et al.,

2007/2008, pp. 4-8）。現場老師若能秉持這些原則，就能朝客觀觀察的專業能力邁進。畢竟善用客觀觀察技巧，敏銳而有憑據的主觀評析，是幼教老師要持續追求的專業能力。

由此可知，採用適合幼兒階段的多種評量方式並提供幼兒熟悉的情境是很重要的，可運用各種不同的方法取得評量資訊，但仍應時時檢視修正，這才是最真切的幼兒學習評量。

第二節　幼兒園常見的評量種類與工具

本節談及幼教實務現場較常見的評量種類與工具，評量種類有很多種分法：一為文字與非文字：在幼兒階段適用非文字評量，如圖形或照片；二為標準化測驗（心理測驗）與教師自編評量：標準化測驗是經過專家嚴謹設計，施測者多數也需經過訓練，因此不在本章討論。本章以老師依據教學活動自行設計的評量為主，說明起始評量、形成性評量、總結性評量與追蹤評量。至於評量工具，本節僅約略提及幼兒園常用的檢核表、軼事紀錄、學習區（角落）觀察評量、作品評量、影音紀錄等，至於更詳盡的評量工具，請讀者參考其他學習評量專書。

壹、評量種類

幼兒學習評量是一個循環的歷程，老師要根據觀察結果判斷幼兒目前的能力，並據以規劃多元的學習活動，以提升幼兒的各領域能力，除了在學習告一段落時總結幼兒的學習狀況，也要進行追蹤評量（後設評量）。

幼兒學習評量包括：起始評量（準備評量）、形成性評量（過程評量），以及總結性評量，其流程關係如圖 7-1 所示（王珮玲，2021，頁276）。

圖 7-1　起始評量、形成性評量和總結性評量的關係流程圖

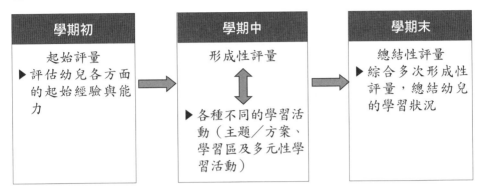

註：引自王珮玲（2021，頁 276）。

　　老師在教學活動結束一段時間後，雖已進行總結性評量，但仍想了解幼兒是否已將學習內化，並追蹤尚待提升的能力，因此也會再進行追蹤評量，讓評量系統更具效益。圖 7-2 為筆者繪製的「幼兒學習評量系統流程圖」。

圖 7-2　幼兒學習評量系統流程圖

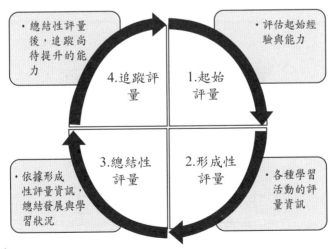

註：筆者自繪。

一、起始評量

起始評量是幼兒在入園之前或是開學初時進行評估，目的是為了了解幼兒的起始能力，以做為了解幼兒發展、課程設計或教學分組的參考依據（王珮玲，2021，頁 276）。

幼兒園多使用衛生主管單位統一版本之發展檢核，也稱為「發展篩檢」，新北市政府社會局網站可下載表格（https://www.sw.ntpc.gov.tw/），適用於初步判斷幼兒是否可能有學習障礙或身心障礙的狀況，內容通常是大小肌肉協調能力、認知和語言發展，此份發展篩檢通常由衛生所（或健康服務中心）在學期初委託幼兒園老師實施，如表 7-1 所示。

幼兒園除依規定進行衛生主管單位提供的「兒童發展檢核表」對幼兒進行「發展篩檢」外，亦可自行參考有關幼兒發展的專書及發揮園內老師的專業與經驗，自行設計發展檢核表，藉以了解期初幼兒的學習能力，以做為整個學期課程與教學規劃的參考。

新北市立鶯歌幼兒園大象班，張立暘（5 歲）

表7-1　新北市學前兒童發展檢核表

新北市學前兒童發展檢核表　5

5歲 (4歲11個月16天~5歲11個月15天)

檢查單位：＿＿＿＿＿＿＿＿　　　　單位電話：＿＿＿＿＿＿＿

填表人姓名：＿＿＿＿＿　身分：□醫療人員　□老師　□社政人員　□家長　□其他＿＿＿＿＿＿＿

原始國籍：父：□本國籍　□大陸　□泰國　□印尼　□越南　□柬埔寨　□緬甸　□其他：請註明＿＿＿＿＿

　　　　　母：□本國籍　□大陸　□泰國　□印尼　□越南　□柬埔寨　□緬甸　□其他：請註明＿＿＿＿＿

☞ 兒童基本資料

兒童姓名：＿＿＿＿＿＿＿＿　性別：□男　□女　檢查日期：＿＿年＿＿月＿＿日

身分證字號：＿＿＿＿＿＿＿　出生日期：＿＿年＿＿月＿＿日 (早產)預產日期：＿＿年＿＿月＿＿日

　　　　　　　　　　　　　　　實足年齡：＿＿歲＿＿個月＿＿天 (請務必填寫)

戶籍住址：＿＿縣(市)＿＿區鄉鎮市＿＿里＿鄰＿＿路(街)＿＿段＿巷＿弄＿＿號＿＿樓

聯絡住址：＿＿＿＿＿＿＿＿＿＿＿＿　電話：(日)＿＿＿＿＿　(夜)＿＿＿＿＿

☞ 發展遲緩高危險因子

1. ①□早產(懷孕期未滿36週) ②□出生體重未滿2500公克 ③□以上皆無
2. ①□能聲體異常(如唇顎裂、特殊外疾等) ②□頭顱顏面異常(如耳朵位置、大小及形狀異常) ③□先天性新陳代謝異常(如苯酮尿症、甲狀腺功能低下等) ④□水腦脊柱裂 ⑤□頸骨授手合小 ⑥□先天心臟病 ⑦□以上皆無
3. 產前、產程或產後問題 ①□孕期前3個月感染德國麻疹等 ②□障礙姙娠期不正常出血～糖尿病、妊娠毒血、輕毒、酗酒、抽煙 ③□產程有胎心音下降、吸入胎便、呼吸窘迫、窒息缺氧病
4. 頭部疾病或受傷
5. 家族或成長環境因子

☞ 發展里程檢表

兒童符合該項目描述的現象圈選「是」，若不符合或沒有該項目描述的現象圈選「否」。註記(實作)的題項表示附有圖形，請實地測試，再記錄兒童反應。

	是	否
★ 1. 能不須扶東西輕鬆自地蹲下玩玩具然後恢復站立的姿勢	是	否
2. 能跑地 (姿勢性異或常跌倒不算通過)	是	否
3. 能雙腳輪地連續跳躍(雙腳心須能同時離地熱騰同時著地，否則稱向造成向衝高低不一，則不算通過)	是	否
4. 能不須扶牆壁或欄杆走下樓梯，一腳一階	是	否
5.(實作)看圖樣仿畫＋□△◇十三個圖形(圖1:寫條條不斷，無嚴重越線或同環、角數目正確即稱算無困難)	是	否
★ 6. 能約向別人述發生在自己身上的事情(如轉告老師交待的事、描述學校發生的事件等)	是	否
7.(實作)能說出四種顏色的名稱(圖2用手指著紅、黃、藍、綠的圖圖間問「這是什麼顏色?」)	是	否
8.(實作)有「七個」的數量概念(圖3:要求兒童「請你用第一個一個圖小黑點，圖到7個就停下來，把筆遮給表」，兒童如果圖第6個或8個，鼓勵兒童再檢查一次，以第二次為準計分)	是	否
9.(實作)能唸讀阿拉伯數字(圖4:用手依序指著5、8、7、4、6、3、9、2並問「這是什麼數字?」答對7個通過) 紀錄正確個數：　 / 8	是	否
★ 10. 口齒清晰，常需要未同說一遍或向照顧大人傳譯才能聽懂	是	否
★ 11. 已能用手手表達，但說話語調翻不起順，十句話裡有向分出現結巴現象，且持續半年以上	是	否
★ 12. 常常自言自語，或像錄音機一樣重複說自己有興趣的事，而不管別人的反應	是	否
13. 因為下列任一行為問題而在團體裡出現突出:如(1)上課無法維持在座位上，走來走去或離開教室;(2)常常與同學或老師發生爭執對立衝突而被孤立、排斥;(3)通常自己一個人玩，不會主動交朋友;(4)完成工作、參與活動需不上同學、常常需要別人特別協助等	是	否

圖1

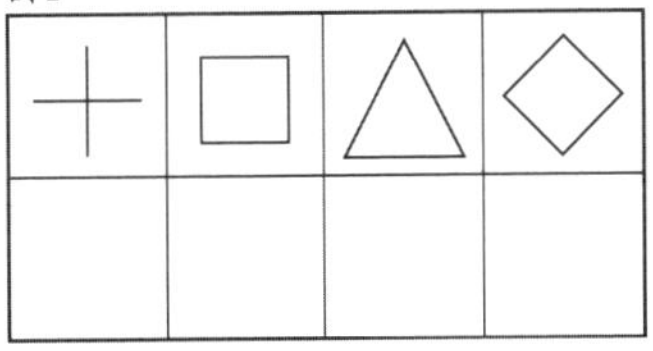

圖2　圖3

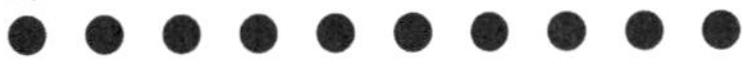

圖4　**58746392**

有任何2題答案是圈選在網底欄內，或有上列表內題號前有★之任何1題答案是圈選在網底欄內，或填寫人認為兒童有其他不尋常的功能或行為表現，請協助轉介至合約醫療院所做進一步檢查。請寫是否領有身心障礙手冊：
□是(身心障礙類別：＿＿＿＿＿＿＿等級)　□否　□申請中

若沒有2題以上答案圈選在網底欄內，且無任何1題有★的答案是圈選在網底欄內，表示通過此階段的檢測。
日後仍請隨著小孩的發展，以不同年齡層使用的檢核表持續追蹤發展情形。

- (請沿虛線撕取)

兒童篩檢回條

兒童姓名：＿＿＿＿＿＿　　　　　　　　　　檢查單位：＿＿＿＿＿　日期：＿＿＿＿

親愛的家長：　　您的寶寶健康檢查結果如下：
- □目前發展情形符合同年齡發展狀況，請記得帶著您的寶寶按時接受預防注射與健康檢查。
- □您的寶寶在＿＿個月/歲的檢查之第＿＿題，尚需再觀察。
- □您的寶寶在＿＿個月/歲的檢查之第＿＿題需再確認，請您帶寶寶至早療評估醫院做進一步檢查，若需後續療育或相關福利協助，醫師將為您的寶寶向「新北市政府兒童健康發展中心」進行通報與轉介，以提供您相關服務資訊。

新北市政府衛生局關心您

註：引自新北市政府社會局（2018）。

二、形成性評量

　　形成性評量是指蒐集資訊，然後用以協助形塑及改進課程，這些資訊常用來規劃教學內容，以幫助幼兒的學習（McAfee et al., 2007/2008, pp. 1-4）。老師設計教學活動並依據課程目標、學習指標及學習歷程主軸訂定評量項目，每個年齡層的發展不同，老師要順應幼兒的個別差異設計評量，因此「**課程大綱**」的學習指標又區分為幼、小、中、大四個年齡層，老師可依教學對象的年齡層，選用幼兒能力可及又不失挑戰性的學習指標設計活動，並依學習指標改寫成年齡相符的活動評量。幼兒園大多於每個單元／主題課程結束時，為幼兒進行學習評量，可經由改寫「**課程大綱**」的學習指標而得，但要把握「保留動詞、修改名詞」的原則。

　　進行每一個單元／主題教學時，可挑選一些重複出現、重要的學習指標，針對這些重要學習指標改寫設計成單元／主題評量，而不必將所有的學習指標都設計成單元／主題評量。老師可依自己的判斷挑選重要的學習指標進行改寫，原則是更換學習指標的名詞，但不可更換動詞，因為學習指標的動詞代表要培養的領域能力，是進行評量時要觀察的重點，例如：「認-小-1-2-1 觀察動植物的生長變化」，評量時可改寫為「觀察葉子的生長變化」，保留動詞「觀察」，更改名詞「動植物」為「葉子」：

〔學習指標〕　→「觀察<u>動植物</u>的生長變化」
〔單元／主題評量〕→「觀察<u>葉子</u>的生長變化」

　　因為學習指標的陳述與範圍都較籠統廣泛，老師可對籠統的指標做更具體明確的改寫說明，才能對評量結果加以判斷、詮釋。進行幼兒的單元／主題評量時，並不是單一活動的評量，而是在主題中進行一系列活動之後，選擇重要的學習指標所設計的評量（教育部，2017a，頁55）。

學習評量表格通常會清楚標示「單元／主題評量」、「主題名稱」、幼兒姓名及評量完成日期,提醒紀錄者要填入完整的資料,評量老師也要在評量表下方簽名,如表 7-2 為某幼兒園的主題學習評量。

表 7-2　主題評量(形成性評量)

○○幼兒園○○學年度第○學期主題評量

主題名稱:結婚進行曲　　　　幼兒姓名:　　　　　完成日期:　　年　　月　　日

領域	評量指標	熟練	發展中	尚未發展
身體動作與健康領域	拍照時,能擺 POSE。			
認知領域	能以撲克牌完成十的合成。			
語文領域	使用簡單的比喻,來表達愛的感覺。			
	在「愛的連線」配對遊戲中,能說出配對成功或不成功的原因。			
	能運用肢體動作表達動物或昆蟲的求偶方式。			
	能從圖片中,覺察出動物或昆蟲求偶的方式。			
	看到自己的婚紗照,分享拍攝婚紗照的過程。			
	看自己的婚紗照敘說自己愛的故事。			
	創造一本愛的故事書。			
	能主動參與舉辦婚禮的議題討論。			
	在「世紀婚禮」的扮演情境中,能詮釋出自己所扮演的角色。			
社會領域	能對照顧自己的家人表達感謝。			
	在「愛的連線」配對遊戲中,能接受別人和自己有不同的想法及選擇。			
	說說看,比較喜歡東方還是西方的文化。			
	參觀慈惠宮,並向月老求一條紅線。			
	能和他人分工合作,完成婚禮中的細節工作。			
情緒領域	能說出可以運用哪些正向的策略,調節在「愛的連線」配對遊戲中沒有配對成功的失落感。			

表 7-2　主題評量（形成性評量）（續）

領域	評量指標	熟練	發展中	尚未發展
美感領域	運用各式化妝品及裝飾來妝扮自己或友伴。			
	能運用各種創作素材，布置或設計婚禮中所需的物品。			
	能進行「世紀婚禮」中角色的扮演遊戲。			
教師評語或輔導建議				

班級老師：　　　　　　　　　園長：

註：新北市私立光星幼兒園提供。

　　幼兒園常會採用或參考坊間的課程參考資料，這些教材通常會附上評量表格，老師可依班上幼兒的發展現況及實際進行的活動加以增刪，以利評量幼兒在主題活動後的進步，畢竟最了解活動實質內容及幼兒學習狀態的人是班級老師，坊間的參考資料所能提供的細節仍是有限。

新北市立鶯歌幼兒園蘋果班，劉芊蜜（4 歲）

三、總結性評量

　　總結性評量指的是某一階段結束時（如學期或學年結束），用來決定課程的成效，以判斷幼兒是否有能力升上下一個學習階段（McAfee et al., 2007/2008, pp. 1-4）。在幼兒的學習歷程中，老師持續觀察記錄幼兒的表現與進步，並註明支持的證據，當幼兒出現進步時，老師就將新資料加入，到了期末要寫總結性評量時，就有幼兒在重要領域上過去到目前為止的學習與進步資料。一份客觀的總結性評量，不能缺少平日所記錄的評量資料，因此總結性評量須依據整學期或整學年所蒐集的證據而撰寫，並非單憑老師的印象敘寫。幼兒學習與成長的跡象需靠老師日復一日的陪伴與發現，才能整理出幼兒發展與能力的進步及轉變。

　　《幼兒教育及照顧法》第 12 條第 1 項第 5 款明定：幼兒園之教保服務內容包含記錄幼兒生活與成長及發展與學習活動過程。廣義來說，各種觀察方式都可當評量來用，可用來評量幼兒的概念與能力，也就是說「觀察」即是一種「評量」（蔡春美等人，2016，頁 244）。由此可知，幼兒學習評量就是蒐集與記錄幼兒在學習歷程的行為模式與進步情況，因此幼兒學習評量是我國幼兒教育法令所規範，也是幼兒園必須實施的，所以非常重要。

　　筆者在參加由「**課程大綱**」團隊主講的「課程大綱與幼兒學習評量」研習時（新北市立蘆洲幼兒園承辦，2018 年 7 月 2 日），講師以簡要圖表說明「課程大綱」六大核心素養之定義，如圖 7-3 所示。

圖 7-3 「課程大綱」六大核心素養之定義

一、覺知辨識：運用感官，知覺自己及生活環境的訊息，並理解訊息及其間的關係。

定義：
運用感官覺察到訊息

強調的能力：
注意到訊息的存在

定義：
分辨（比較）訊息間的差異與理解
訊息的意義和訊息間的關係

強調的能力：
區辨異同、理解意義

覺知　　辨識

範圍：自己及生活環境訊息
人文環境訊息、社會環境訊息
自然環境訊息

「課程大綱」六大核心素養「覺知辨識」之定義

二、表達溝通：運用各種符號表達自己的感受，並傾聽和分享不同的見解與訊息。

定義：
運用媒介表達

強調的能力：
內容的完整性，技巧的
複雜度，有個人感受

單向表達

定義：
聽懂後協商、調整

強調的能力：
傾聽、切題回應、協商、
調整想法

雙向溝通

表達　　溝通

評量範圍：
口語表達、視覺藝術素材表達、
圖像符號表達、口語溝通

「課程大綱」六大核心素養「表達溝通」之定義

圖 7-3　「課程大綱」六大核心素養之定義（續）

三、關懷合作：願意關懷與接納自己、他人、環境和文化，並願意與他人協商，建立共識，解決問題。

定義：關心與接納

強調的能力：
理解需求、關係後，依據需求與關係提供適當的關懷、協助或回應

定義：
為共同目的，彼此協調完成工作

強調的能力：
為考量彼此才能或興趣，協商與調整

關懷　　合作

評量範圍：
・關懷的對象：自己、他人、社區、環境
・合作的對象：他人

「課程大綱」六大核心素養「關懷合作」之定義

四、推理賞析：運用舊經驗和既有知識，分析、整合及預測訊息，並以喜愛的心情欣賞自己和他人的表現。

定義：分析訊息，推出不同訊息間存在的道理

強調的能力：
整合眾多已知訊息推出道理的能力

定義：用喜愛的心情回應自己和他人的表現

強調的能力：
正向回應環境內人事物的特色

推理　　賞析

評量範圍：
・找出特徵與特徵間的關係（歸類、比較、排序、分類、類別間的上下層關係、型式、合成與分解）
・追因推果

評量範圍：
・欣賞的對象：自己、他人、自己及他人所產生出的作品或表現

「課程大綱」六大核心素養「推理賞析」之定義

圖 7-3 「課程大綱」六大核心素養之定義（續）

五、想像創造：以創新的精神和多樣的方式表達對生活環境中人事物的感受

定義：產生新意象與思維的歷程

定義：以想像為基礎，產生新思想，發現和創造新事物

想像　創造

強調的能力：
・創作的素材具多樣性
・創作的產物具獨創性
・創作的技法具變通性

評量範圍：幼兒的作品
使用媒介：視覺藝術、音樂、戲劇扮演、肢體、敘事文本

「課程大綱」六大核心素養「想像創造」之定義

六、自主管理：根據規範覺察及調整自己的行動

定義：能夠自己規劃和執行行動

強調的能力：
自我控制、自我照顧

定義：調節，能夠自我修正、修整

強調的能力：
自我協商、自我調節

自主　管理

評量範圍：
・操控身體以執行活動（肢體動作活動、精細動作活動）
・自我照顧（自我保護、生活自理）
・根據規範調整（自己的想法、情緒或行為）

「課程大綱」六大核心素養「自主管理」之定義

註：整理自教育部（2018c）。

教育部國民及學前教育署已於 2019 年 3 月出版《幼兒園教保活動課程：幼兒學習評量手冊》，並開設研習課程讓教保服務人員參與學習。這本書是為了課程大綱量身打造的評量系統，於六大核心素養中發展出29 條評量指標，包括：覺知辨識 8 條、表達溝通 4 條、關懷合作 4 條、推理賞析 3 條、想像創造 5 條、自主管理 5 條。研究團隊主持人廖鳳瑞強調：實施此評量系統的前提是幼兒園必須實施課程大綱，而且最好是已有兩年課程大綱的實踐經驗；因為已熟悉課程大綱的精神及內涵，課程運作穩定，再融入此幼兒學習評量系統，可以避免以評量領導教學的誤用（廖鳳瑞、張靜文，2019，頁 8）。

　　有些幼兒園會特別聘請課程大綱評量團隊的專家學者入園，帶領園內老師研討及實作，以園內幼兒為對象，讓老師的實作經驗更深刻。以下為新北市立鶯歌幼兒園提供園內研討實作的實例，園長特別說明研習開設之緣由，亦對研習表達深切的心得。評量指標示例說明如下。

　　新北市立鶯歌幼兒園進行一年幼兒學習評量專業知能成長，感謝廖鳳瑞教授入園授課指導，剛開始自行閱讀《幼兒園教保活動課程：幼兒學習評量手冊》一書，接續課程研討，首先釐清「六大核心素養」（覺知辨識、表達溝通、關懷合作、推理賞析、想像創作、自主管理）的定義與範圍，再認識「評量指標及評分指引」的概念，進而「設計觀察紀錄蒐集資料的表格」，尋找課程大綱相關的「學習指標」，進行「實作蒐集資料觀察紀錄」。以「想像創造」核心素養之評量指標 1「能透過視覺藝術素材進行想像創造」示例說明如下。

（一）閱讀與理解《幼兒園教保活動課程：幼兒學習評量手冊》一書

1. 指標說明。
2. 名詞釋義：視覺藝術素材。
3. 評鑑規準：多樣性、獨特性、元素的組合。
4. 評分指引：等級、等級描述、規準層級、範例。

（二）設計觀察紀錄蒐集資料的表格

想像創造 1：能透過視覺藝術素材進行想像創作

幼生姓名：		紀錄者：		分析／落等		
日期：		情境：				
想像創造1	觀察記錄 作品照片			素材多樣性	單一素材	
					多樣素材（二種或以上）	
				作品獨特性	模仿或隨意創作	
					個人**獨特**意義	
				元素的組合	用一種元素	
					組合不同元素（二種）	
					組合不同元素（三種）	
				等級		

（三）尋找課綱相關的學習指標

1. 美-幼-1-2-1 探索生活環境中事物的色彩、形體、質地的美。

2. 美-小-1-2-1 探索生活環境中事物的色彩、形體、質地的美。

3. 美-中-1-2-1 探索生活環境中事物的色彩、形體、質地的美，感受其中的差異。

4. 美-大-1-2-1 探索生活環境中事物的色彩、形體、質地的美，感受其中的差異。

5. 美-幼-2-1-1 享受玩索各種藝術媒介的樂趣。

6. 美-小-2-1-1 享受玩索各種藝術媒介的樂趣。

7. 美-中-2-1-1 玩索各種藝術媒介，發揮想像並享受自我表現的樂趣。

8. 美-大-2-1-1 玩索各種藝術媒介，發揮想像並享受自我表現的樂趣。

9. 美-小-2-2-1 把玩各種視覺藝術素材與工具，進行創作。

10. 美-中-2-2-1 運用各種視覺藝術素材與工具，進行創作。

11. 美-大-2-2-1 運用各種視覺藝術素材與工具的特性，進行創作。

12. 美-小-2-2-2 運用線條、形狀或色彩表現想法，並命名或賦予意義。

13. 美-中-2-2-2 運用線條、形狀或色彩進行創作。

14. 美-大-2-2-2 運用線條、形狀或色彩進行創作。

（四）實作蒐集資料觀察紀錄與落等級

想像創造 1：能透過視覺藝術素材進行想像創作

幼生姓名：○○琳　　紀錄者：○○○		分析／落等		
日期：2023.1.15	情境：學習區時間			
想像創造1	**觀察記錄** 學習區的時間，琳到美勞區拿了紙杯，說自己要做一隻貓。拿了橘色的彩色筆將紙杯全部塗滿，再拿白色圖畫紙畫出兩個三角形並剪下來塗上顏色，當貓的兩個耳朵，再拿活動眼睛當貓眼，拿黑色彩色筆畫上貓腳與鼻子。 	素材多樣性	單一素材	
			多樣素材（二種或以上）	✓
		作品獨特性	模仿或隨意創作	
			個人獨特意義	✓
		元素的組合	用一種元素	✓
			組合不同元素（二種）	
			組合不同元素（三種）	
		等級		3

註：新北市立鶯歌幼兒園提供。

等級分析如下：

等級	1	2	3	4
規準層級	・單一素材 ・模仿或隨意創作 ・用一種元素	・單一素材 ・個人獨特意義 ・用一種元素	・多樣素材 ・個人獨特意義 ・用一種元素	・單一素材 ・個人獨特意義 ・組合不同元素（二種）	・多樣素材 ・個人獨特意義 ・組合不同元素（三種）
落點			✓	

註：**多樣素材**：紙杯、紙、活動眼睛；**個人獨特意義**；**用一種元素**：形狀（三角形的耳朵、圓形的眼睛）。因為彩色筆塗紙杯、畫貓腳與鼻子來創作是平面繪畫，不屬立體。**此視覺藝術是以「立體工」為主。**

透過以上研討增能與實作討論，分享心得如下：

1. 幼兒達到評量指標等級，是因為平時老師提供學習指標的學習方向所累積的能力。

2. 學習指標因各園課程內容不一、選擇也有所不同，對應「評量指標」尋找課綱相關的學習指標，各園也有差異，「實作蒐集資料觀察紀錄與落等級」的表格填寫內容不同，各園可以「園本位」課程發展「總結性評量」。

3. 透過實作案例討論說明，從中領略「幼兒的學習表現」跟「老師使用學習指標（提供孩子的學習內容）」有很大關聯。因此，幼兒學習評量可以知道老師的教學缺乏了什麼內容？還有孩子的學習能力不足需要再加強的方向。

4. 由「幼兒學習評量」與「教師教學評量表」的檢視，更能看到幼兒的學習表現成效。

以上示例為新北市立鶯歌幼兒園分享的實例，值得參考。此評量系統有非常明確的指標說明、名詞釋義及評鑑規準，期許教保服務人員皆能踴躍參加相關研習，提升總結性評量實施的專業能力。

四、追蹤評量

追蹤評量是指，在教學活動結束一段時間之後，老師要了解幼兒將學習成果內化程度的一種評量。亦即老師進行總結性評量過一段時間之後，再對幼兒尚待提升的部分進行追蹤評量，以利適時提供輔導措施或進行課程與教學的改善，這樣具有循環性的評量系統才能完善有效。

貳、幼兒園常見的評量工具

在幼兒學習評量相關的文獻中，評量工具很多，但在幼教實務現場多為老師自編，一般常用的為檢核表、軼事紀錄、學習區（角落）觀察

評量、作品評量、影音紀錄。茲說明如下。

一、檢核表

　　檢核表（Checklist）係指在特定情境中，記錄幼兒行為的「有」和「無」的方法。表上有一系列明確具體的行為，由評定者觀察幼兒的行為，勾選行為的「有」和「無」（王珮玲，2021，頁 23），是一種簡便、實用的評量工具，能記錄大量資料，適用各種不同的用途，規準多為「可說出」、「會運用」、「能指出」等內容。檢核表的限制是無法提供表列以外的其他訊息。表 7-3 是某幼兒園在學期初發給新生家長的檢核表示例。

二、軼事紀錄

　　軼事紀錄是一種觀察紀錄，係指觀察者在不刻意安排的自然情境中，將重要事件或有興趣的事件，以文字描述的方式記錄事件發生的經過和情境（蔡春美等人，2016，頁147）。軼事紀錄是對於某一特殊事件所做的有焦點的簡短敘述，廣泛用於記錄個別幼兒的獨特行為及技巧（McAfee et al., 2007/2008, pp. 5-4）。

新北市立鶯歌幼兒園蘋果班，胡思孟（4 歲）

表 7-3　新生生活自理能力檢核表

○○幼兒園○○學年度第○學期新生生活自理能力檢核表

親愛的家長您好，很高興我們可以陪伴寶貝成長與學習，這份檢核表主要是
想了解寶貝在家中的生活自理能力，請您就平日觀察予以勾選，若幼兒可以
完成的項目請打√，無法完成的項目請打╳，謝謝！

□會表示要吃東西

□會用湯匙吃東西或拿杯子喝水

□會練習用筷子吃東西

□可自己脫外套

□可自己穿襪子、鞋子

□可自己穿上衣

□能獨立完成洗手及擦乾

□可自行刷牙

□在大人提醒下會收拾玩具

□能規律進行日常作息與睡眠

小班老師：　　　　　　　感謝您！

註：新北市私立光星幼兒園提供。

　　幼兒園老師觀察幼兒同儕互動狀況的軼事紀錄，常註明日期及幼兒
姓名與記錄之教師。敘述內容的長度及詳細度可因人而異，當事件發生
時，老師可先隨手記下幾個關鍵字以幫助自己記住所發生的事，並在事
後儘速整理軼事紀錄單。搭配照片更可保留重要細節，省去長篇文字描
述。如果評量的目的是要與家長分享資料，此種照片搭配文字敘述的紀
錄，很受家長歡迎。

　　軼事紀錄要花較多的時間整理，不像單純的檢核表只是打勾劃記，
但檢核表相對於軼事紀錄，卻需要花較多的時間做評量前的準備，因為
檢核項目必須清楚陳述、設計。對於軼事紀錄，老師不必每日為每一位
幼兒撰寫，可以每天寫一至兩位即可。表 7-4 是某幼兒園的軼事紀錄單
示例。

　　此軼事紀錄的兩個觀察時間具連續性，可看出幼兒的成長進步。有
前後相似的評量情境與條件，就容易比較相同的技巧或行為，例如：在

表 7-4　幼兒園軼事紀錄單

○○幼兒園軼事紀錄單

觀察涵蓋領域：
■身體動作與健康　□認知　□語文　■社會　□情緒　□美感

班級：<u>大班</u>　姓名：<u>李○○</u>　日期：2014.03.17 & 04.08
相片：

（03.17）

（04.08）

教師敘述：
　　○○在 3/17 的組合建構區中進行搭建「運動場」，進角落之前，老師說明了搭建的規則是與同儕一起合作，在進角落之後，觀察到○○獨自進行搭建（如 03.17 的照片），老師介入提醒她可以和同儕一起搭建，但仍選擇獨自搭建。其間雖然有同儕想加入和她一起搭建，但○○並未理會任何人，最後獨自完成自己的作品。（在之前的角落活動中，也曾觀察到○○較喜歡獨自活動）
希望提升○○與同儕互動、合作搭建的行為，所以讓她在 4/8 再進入組合建構區中進行搭建「運動場」，進角落之前，老師一樣說明搭建規則（同儕間的合作），也鼓勵○○可以試著和同儕一起討論、搭建。開始搭建後，這次她主動和同儕一起合作（先以口語表達請求協助，再討論如何組合、分配工作），他們選擇了大型積木來搭運動場的「大門」，因為不是很容易將積木上、下固定（因有懸空處），所以○○請旁邊的同儕幫忙先固定壓著，她負責固定上、下的積木，雖然他們花了好～久、好～久的時間，才把積木固定住，最終，也讓他們成功的達成目標。
在 4/8 的角落活動中，觀察到○○在與他人合作的部分，大大的提升了，另外也發現○○在經歷失敗的經驗後，能保有堅持、繼續完成的恆心，耐心亦是她另一方面的成長與改變（剛上大班時，遇到沒有把握，或是有失敗的經驗後，就立刻放棄了呢！）

記錄老師：○○○ 2014.04.30　園長簽章：○○○ 2014.04.30

註：新北市私立光星幼兒園提供。

此軼事紀錄中，3 月 17 日與 4 月 8 日的情境，都是同儕互助合作進行積木搭建的活動，很容易判斷幼兒在社會互動領域能力的進步。

另外，此份軼事紀錄列出「課程大綱」的六大領域，老師可依觀察內容勾選涵蓋領域，可單選或複選。軼事紀錄一學期可做二至三次以上，假如幾次軼事紀錄所觀察的內容偏重某些領域而缺少某些領域，老師可找出原因，有時是因不均衡的課程內容與活動安排，老師可針對原因加以調整。發展是複雜的過程，涵蓋不同領域間的多元互動與交互運作，因此可複選要觀察到的領域。

三、學習區觀察評量

學習區俗稱角落。學習區的學習型態在幼兒園已非常普及，教育部國民及學前教育署已於 2022 年 6 月將《幼兒園課程與教學評估表》（林佩蓉，2022）放在「全國教保資訊網」（https://www.ece.moe.edu.tw/）。此評估表對於學習區的規劃有非常詳盡的介紹，是現場老師非常珍貴的參考資源，幼兒園可依據評估表內容設計符合需求的學習區觀察評量表，表 7-5 是某幼兒園自編的示例。

當幼兒在學習區完成創作，若想為自己的作品留下紀錄，亦可在「學習區紀錄表」中畫出自己的作品，老師可透過聆聽幼兒述說代為標記，如此可以更了解幼兒創作的想法，讓作品意義鮮明。紀錄表中加入家長回饋欄位，讓家長對於幼兒的學習與成長更有參與感，也能深刻理解孩子的想法，當家長對幼兒創作表達正向回饋，更能促進幼兒更想創作的意願。這種讓幼兒自行繪製與述說的方式，除了可增進孩子的自信，也可提升表達能力，在幼教現場通常稱之為「畫與話」。此外，也可將紀錄表改成學習區計畫表，先讓幼兒將心中想法畫出來，再依計畫創作。老師可以多元彈性運用表格，符應需求。表 7-6 為幼兒自行繪圖留下學習區的紀錄。

表 7-5　學習區活動紀錄暨觀察評量表

○○幼兒園○○學年度第○學期

幼兒學習區活動紀錄暨觀察評量表

班級：星星班　　　　　幼兒姓名：　　　　　　　　觀察時間：12/01～01/12

組合建構區評量指標		日期				積木區評量指標		日期			
		12/28						12/20			
1	能專心操作教具，並維持一段時間	☆				1	樂於與人合作完成作品	☆			
2	有獨立思考、解決問題的能力	☆				2	能嘗試不同的建構方式	☆			
3	對各項教具表現適度的好奇心及興趣	☆				3	樂於與人分享積木、教具	☆			
備註						備註					
美勞區評量指標		日期				語文區評量指標		日期			
		12/06	01/03								
1	善於應用各種材料	☆	☆			1	安靜閱讀圖書				
2	能自由創作	☆	☆			2	有說故事的能力				
3	欣賞與讚美別人的作品	☆	☆			3	能安靜操作配對卡				
備註						備註					
扮演區評量指標		日期						日期			
		12/05	12/19								
1	樂於扮演各種角色	☆				1					
2	活動中能與友伴互動	☆				2					
3	會利用現有的用具進行角色扮演	☆				3					
備註						備註					

符號說明：☆ 精熟　◎發展中

照片	照片	照片
學習區名稱：扮演區 日期：106.12.05 說明：我是美味料理大師	學習區名稱：積木區 日期：106.12.20 說明：我們一起將積木組合成陀螺	學習區名稱：美勞區 日期：107.01.03 說明：我要用紙條摺二隻毛毛蟲帶回家送給弟弟

班級老師：　　　　　教務組：　　　　　保育組：　　　　　園長：

註：臺北市立內湖幼兒園提供。

表 7-6　學習區紀錄表

○○幼兒園○○學年度第○學期
○○班　學習區紀錄表

註：宜蘭縣私立福爾摩莎幼兒園提供。

四、作品評量

　　作品評量又稱為作品樣本或作品取樣系統，優點是可以持續的呈現幼兒在幼兒園內所有時段的活動作品，老師可以透過不同作品分析幼兒的發展和學習。老師若能把握作品評量原則，將會是極優的非正式評量方法，原則如下（江麗莉，2004，頁 12）：

1. 幼兒成品的不同類型樣本應該被蒐集，例如：由幼兒所說的口述或錄音經驗；繪畫、著色或其他平面的藝術設計成品；幼兒設計成品的照片；唱歌或語言活動的錄音；任何活動的錄音資料；練習單或學習單等。
2. 幼兒作品樣本有系統且定期的蒐集。
3. 作品樣本註明幼兒的說明和態度。

由此可知，尋找能展現幼兒發展與成長的作品，並分析幼兒作品內涵，是最直接能獲得評量資訊的方式。具體作法可以直接在作品上記錄幼兒姓名、日期、幼兒口述及保留的原因，或寫在紀錄單再浮貼在作品上，但要留意不破壞幼兒作品的呈現。圖7-4為幼兒作品評量示例。

圖 7-4　幼兒作品評量

老師在幼兒作品上直接註解或以紙卡標示作品資訊，將之浮貼於作品適當處時，以不破壞作品畫面為原則。教師註解可說明老師觀察幼兒作畫時的態度、拿取素材的方式，以及任何發現到的評量訊息，表7-7為教師浮貼於幼兒作品上的註解紙卡。

表7-7　幼兒作品：教師註解紀錄單

幼兒姓名：婷婷　　日期：107.9.11（二）
主題：玩一玩貼畫
幼兒口述： 我喜歡的完成的這顆樹，好美喔！我想要在這顆樹下休息、喝下午茶。
教師註解： 　　寶貝在創作時，很有自己的想法，從一開始動手時，就能看出其自信，像是在畫手的輪廓時，雖然沒有完整的畫出，但她說：樹的樹幹也會長成這樣！而在畫草時，她說：學校大樹旁的草，是往上長的，所以她畫出的草是一根根往上畫出去的！由此部分，不難看出她在觀察力上的優勢。

五、影音紀錄

　　隨著科技進步、網路普及的時代趨勢，使用數位影音工具協助老師蒐集幼兒的學習與成長資訊，已非常普及。幼教現場老師通常非常忙碌，很可能在事件當下無法理解幼兒行為的意義與重要性，這些細節都可以讓影音工具捕捉以利事後回顧。目前，教育主管單位或專業幼教團體皆大力推動影音紀錄的專業養成與分享，例如：新北市幼教研習暨資訊中心每年皆辦理數位影音技巧增能研習，而教育部國民及學前教育署也積極推動幼兒園專業發展輔導，其計畫主持團隊所建置的「幼兒園專業發展輔導粉絲專頁」也鼓勵現場老師將數位影音蒐集整理的幼兒學習歷程照片、影片上網發表與分享，帶動幼教現場共學共好的氛圍。同時，也要注意幼兒相關資料的使用《個人資料保護法》，須取得家長同意書為宜。

目前常用的影音紀錄形式包含照相、錄影及錄音，雖然這三種形式皆有專門的工具可操作使用，例如：照相機、DV攝影機及錄音筆，但現今市面上多數手機也可拍出良好畫質的相片，也都有錄影、錄音的功能，而用「口說」即可呈現文字，也取代以「手指」鍵入文字的繁瑣；手機體積輕巧、操作簡單方便，對於必須掌握關鍵時刻捕捉情境發生當下的觀察評量工作有很大幫助，因此手機已成為幼教老師普遍使用的影音紀錄工具。

影音紀錄雖然方便，但因檔案資料龐雜，整理時要花費一些時間，因此可先計畫好要拍攝的重點，較能聚焦評量資訊。老師在使用影音工具時也要多留意現場周遭的事情，才能充分蒐集幼兒的表現資料。使用影音紀錄要盡快整理歸檔或加入標籤提示人、事、時、地等訊息，亦可寫在記事本以做為事後整理的提醒。

總而言之，每種評量方法各有特色，老師可依幼兒園的規範、自己的時間、實際教室的狀況或需求做選擇與設計。關鍵在於老師充分蒐集幼兒各方面的發展與學習訊息，除了記錄還要組織、分析，才能有效運用評量資料，做為調整教學及輔導幼兒的依據。但觀察紀錄應清楚扼要，因為時間是老師最珍貴的資源，為避免太瑣碎的記錄，可多參考「**課程大綱**」之學習指標以做為觀察的方向。若能掌握在真實活動情境中觀察幼兒的原則，就不會低估或高估幼兒的能力，老師也能在教學歷程中，持續調整教學。此外，幼兒非常好奇，當幼兒問老師在寫什麼時，McAfee等人認為可以誠實告訴幼兒：「我在寫我們做的事和說的話，這樣我才會記得」、「我在記錄我們學過的和還沒學的事情」、「我寫這些是要幫助我教得更好」（McAfee et al., 2007/2008, pp. 9-4）。可見，坦然面對幼兒的好奇詢問，也是良好的師生互動方式。

第三節　幼兒園學習評量的實施

　　幼兒學習評量是課程設計的重要部分，評量內容需要教學者用心設計，本節概略說明幼教現場學習評量的實施情形，包含幼兒學習評量實施的注意事項。而對於前述許多幼兒的學習評量資料，可以用有系統的方式整理，亦即「檔案評量」，一般稱為「幼兒學習檔案」，也有人稱之為「幼兒成長檔案」，本節會略述整理方式。

壹、幼兒學習評量的注意事項

　　幼兒學習評量要事先規劃，評量實施前、中、後的過程都應嚴謹用心，以下說明進行學習評量過程中應注意的事項。

一、評量前的注意事項

　　1. 保護幼兒的隱私權。

　　2. 閱讀幼兒基本資料，了解身心發展概況。

　　3. 確定評量工具。

　　4. 等待幼兒度過新環境適應期。

二、評量實施過程的注意事項

　　1. 規劃情境並留意幼兒的反應。

　　2. 分辨幼兒回答問題的動機與意涵。

　　3. 依據幼兒個別差異調整評量速度。

　　4. 敏覺幼兒的需求。

　　5. 適時給予讚美與鼓勵。

三、評量結果解釋的注意事項

1. 依據多元、多次的評量結果解釋幼兒行為。
2. 將評量結果視為暫時的、可依新資訊修正的。
3. 避免將評量結果當成幼兒的標記。
4. 評量資料應嚴加保密。

貳、幼兒學習檔案資料的蒐集與整理方式

筆者曾擔任新北市教保輔導團輔導員十二年，服務期間對公私立幼兒園幼兒學習評量的設計與實施有概略的了解。教保服務人員常依坊間參考資料提供的評量表進行修改，而成為自己幼兒園的單元或主題學習評量，次數各園不一，多數為每一單元或主題結束會彙整一份評量表。至於有系統的設計起始評量、形成性評量及總結性評量者為數不多。多數幼兒園會將幼兒各項學習、評量資料及作品匯集成一本檔案冊，稱為「幼兒成長檔案」。

「幼兒成長檔案」在臺灣幼教實務現場非常普遍，是將幼兒在園裡的生活與學習點滴及評量資訊加以蒐集並組織編排的幼兒成長紀錄，也是將不同方法得來的資料加以聚集組織的方式。一般常見的「幼兒成長檔案」是以文書資料夾或電子化儲存的方式蒐集整理，以下略述。

一、以文書資料夾蒐集整理

表 7-8 為某幼兒園「幼兒成長檔案」目錄，建議各園應凝聚園內教師共識，決定可以蒐集的「幼兒成長檔案」內容，編成目錄讓園內老師有所依循。

表 7-8　幼兒園「幼兒成長檔案」目錄

○○幼兒園小班幼兒成長檔案目錄

☆我們的寶貝
☆寶貝的最愛
☆我的小手＆腳丫
☆幼兒基本資料
☆健康紀錄（預防接種卡、健康檢查表）
☆發展檢核表
☆教學後主題概念活動網
☆學習單
☆作品評量
☆主題學習評量
☆觀察記錄
☆生活花絮
☆學習總評
☆親師訪談／家長回饋

註：新北市私立光星幼兒園提供。

二、以電子化儲存的方式蒐集整理

此方法是指老師運用電腦科技、相機、掃描器蒐集整理幼兒各項學習、評量資料及作品，將資料直接儲存進電子檔案加以管理，老師也可以加入註解，電子檔案可以收錄說話、音樂、戲劇或肢體動作表現。電子檔案讓家長或幼兒下一階段的老師觀看都非常方便。善用科技的老師，甚至可以直接將檔案內容加以編輯，配上音樂或旁白成為家長座談會上感動人心的畫面。

總之，無論採用何種方式，「幼兒成長檔案」能提供教學資訊及幼兒的學習與進步狀況，檔案內會有不同時間的作品，呈現幼兒隨著時間的推進不斷成長進步的軌跡，例如：圖 7-5 是幼兒園在學年初與學年末，

蒐集幼兒用蠟筆畫的自畫像，以了解幼兒在抓握、力道、細節觀察及精細動作發展的前後差異，藉此可看出幼兒在一年中的進步與發展狀況。特別提醒的是，實施幼兒自畫像評量時，所用的素材應前後一致，例如：若選用鉛筆，則三次皆採用鉛筆；若選用蠟筆，則三次皆採用蠟筆。如此前後比較就能一致。

圖 7-5　小班幼兒自畫像

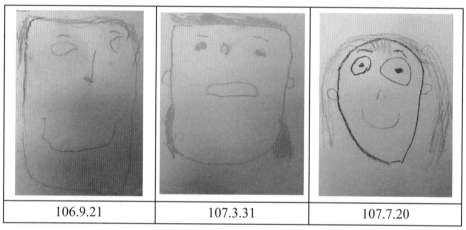

| 106.9.21 | 107.3.31 | 107.7.20 |

註：新北市私立光星幼兒園提供。

　　對於蒐集在檔案裡的項目要有周詳計畫，建置「幼兒成長檔案」可設定要蒐集的項目，前述示例編排目錄可以提醒老師要蒐集哪些資料，這對忙碌的幼教老師在進行檔案整理時，有很大的幫助。此外，每個年齡層的目錄可因應幼兒經驗及發展狀況而有些不同，例如：幼幼班幼兒的學習檔案內容就與大班幼兒的學習檔案內容可能不同，至於細節與差異，最好由全園老師共同討論各年齡層目錄如何搭配安排、要放哪些資料，只要全園老師達成共識即可。如此，會更清楚要蒐集什麼及蒐集多少資料放入「幼兒成長檔案」中，以避免毫無取捨的蒐集。有幼兒園將幼兒在園裡的每個年齡階段檔案資料加以連續整合，由不同年齡層帶班

老師持續接力蒐集幼兒在幼兒園階段的成長與學習，將之整合成一份包含各年齡層的學前階段「幼兒學習檔案」，在幼兒每個學年、學期定期提供家長參閱，再收回由老師繼續蒐集幼兒的各項成長資訊，並於畢業時整理給家長，作為幼兒童年回憶珍貴的紀念。

　　幼兒學習評量對幼兒及家長非常重要，對老師更是非常珍貴的幼教專業，老師要順利進行幼兒學習評量，就應在實施的每個過程環節處用心，也要對評量資料客觀分析並做有系統的整理，如此方能讓幼兒、家長及園方都受益。

思考與練習題

1. 請觀察一位幼兒的「合作行為」，並完成一份軼事紀錄。
2. 何謂形成性評量？
3. 何謂總結性評量？
4. 如果你是中班的班級老師，你會如何編排「幼兒學習檔案」的內容？

新北市立鶯歌幼兒園蘋果班，謝祐生（4歲）

第八章
幼兒園教保活動課程設計的迷思與澄清

蔡春美

「幼兒園的老師在設計課程時，常有哪些迷思？」
「這些迷思的傳布會帶來不良影響，急待澄清、導入正確觀念。」

本章旨在說明幼兒園現場老師常會有些共同的迷思，就是一些似是而非的想法，也許是因某些老師誤解了課程設計的理論，而產生對課程設計的迷思，尤其在評鑑期間，通過評鑑的幼兒園老師會去跟尚未評鑑的幼兒園老師說一些祕訣或消息，例如：「你們一定要進行主題教學，評鑑委員不喜歡單元教學……」，這是一種自以為是的迷思，需加以澄清。

本書從第一章至第七章詳述課程設計的理論與實務後，特別在第八章提出筆者歷年來蒐集的十二則常見的有關課程設計的迷思，並加以澄清，藉以加深各位讀者對前七章的理解，以建立更正確的課程設計概念，以期於幼兒園現場實踐時能有正確的作法。

本章分三節，說明有關課程規劃、教學實施及評量的迷思與澄清，由於本書以課程設計為主軸，所以第一節所列的迷思較多，茲將各節的迷思與澄清羅列於下。

第一節　關於課程規劃的迷思與澄清

有關課程規劃的迷思與澄清共有七則，茲分述如下。

迷思一：以為主題、方案課程最好，單元課程是落伍的。

澄清

　　本書第六章已說明單元教學、主題教學、方案教學等不同課程取向的教學，這些教學所依據的課程之所以流傳於現場一定有其存在的理由，因為每一種教學取向的課程都有其存在的背景，有時因當地的社會民情保守或老師年輕經驗不足，所以實施單元課程較易為家長接受，新手老師也較能駕輕就熟；有些地區的幼兒園已有多年基礎，老師經驗豐富，可以進行主題課程或方案課程。至於蒙特梭利課程、華德福課程則與辦學者的理念及經驗有關，因為他們對這些課程學有專精，也嚮往這些課程的理念，當然希望付之實現。總之，教育部頒行「幼兒園教保活動課程大綱」之後，這些課程的實施更沒有優劣之分，只要能以「**課程大綱**」的幼、小、中、大的學習指標去規劃課程，那麼不管幼兒園是實施何種教學取向的課程，就沒有優劣之分了，重要的是老師如何運用「**課程大綱**」的學習指標規劃自己的課程，以及落實程度為何。一個實施單元教學課程設計的幼兒園，如果能夠注意到幼兒的發展、興趣與需要，依照學習指標去規劃單元教學課程，培養幼兒在該年齡應學到的能力，那也是很好的教學，所以請不要以「課程取向」來論斷教學的優劣，須實際觀察其運用「課程大綱」於規劃課程的落實程度，以及幼兒在學習時是否快樂、是否有學得能力為論斷標準。

迷思二：以為課程既然應跟著孩子的興趣發展，就不宜事先規劃設計課程。

澄清：

許多幼兒園老師會說：「課程不是應跟著孩子的興趣發展，那為何要事先規劃呢？」或說：「我在教學時看看孩子喜歡什麼就教什麼，不是最符合興趣原則嗎？」各位想一想，如果只在教學時臨時起意跟著孩子的興趣走，結果會毫無系統，無法給孩子符合年齡應有的能力學習機會，何況孩子通常對容易的事、好玩的事有興趣，無法延伸到更高一層的學習，常易流為零碎而片段的學習。

老師課前的規劃是根據孩子的經驗與能力做課程引領方向的預想，有事先的預想，才有教材教具的準備和資源的提供（幸曼玲等人，2018，頁13）。那麼老師要如何規劃課程呢？一來老師是受過專業訓練的，了解各年齡層幼兒的身心發展；二來是根據「課程大綱」規劃。「課程大綱」係研編小組用五年多的時間在臺灣東、西、南、北各地找現場幼兒實證其能力編輯而成，老師們依據自己的專業與經驗，再依循「課程大綱」各年齡層幼兒的學習指標規劃出教學內容，就是一種有系統的課程設計，也較能保證幼兒的能力可以提升，且又能學到生活所需的各方面能力不會偏廢。何況在實際教學過程中，老師如發現原先的規劃不合宜之處尚可修正，所以事先規劃課程是有必要的，我們要做負責任、有準備的老師，不要成為信口開河，想到哪兒、教到哪兒的老師。

迷思三：以為課程設計就是事先設計時選好學習指標就萬事OK，以後的教學過程中都不能再增刪學習指標。

澄清：

許多幼兒園老師在開學前備課時把預定的教材準備好，依照統整性主題課程設計步驟 ABCD1D2E 來設計（幸曼玲等人，2018b，頁

38-50），選擇各領域的學習指標，就說已備課好了。事實上，預先備課只是一種負責任的作為，並不表示在真正教學時照本宣科就一切 OK 了，因為實際教學時會有許多狀況，例如：低估或高估幼兒的能力、準備的資源不足或不適合、幼兒的先備知能不夠或幼兒不感興趣等，遇到這些情況，老師就要增刪原訂的學習指標，記錄於教學紀錄或教學週誌中。老師應隨時檢視自己的教學計畫是否合宜，隨時與同班老師討論修正，以班上幼兒的狀況為規劃課程、進行教學的依據是很重要的。用心的老師在教學歷程紀錄中會有教學前的主題概念網與教學後的主題概念網，其道理就是教學是可以隨時修正，學習指標是可以來回檢視進行增刪、有所取捨的。

迷思四：以為坊間幼教廠商所出版的課程設計就是幼兒園的合宜課程。

澄清：

幼兒園的個別特色是在課程與教學，我們可以說如果幼兒園的課程是老師自編的，那應該是獨一無二的，因為每班的老師只針對自己班上幼兒設計課程，所以其他老師不可能設計一模一樣的課程。坊間出售的教材或教育部、縣（市）教育局（處）提供的幼教課程設計，都只能當參考教材用，不能照本宣科，而幼兒園課程可貴的地方，也就在各園老師為各班幼兒量身訂做的自編課程了。

以前常見同一園的各班單元或主題名稱與內容完全相同，這種齊一課程的時代已過時了。雖然目前仍有許多幼兒園為提供家長資訊，而統一印製課程說明，為方便而讓各班的單元或主題名稱相同，例如：第1～4週是「可愛的動物」，但各班老師仍會各自編寫自己班上合宜的教學活動設計，不該用相同的教學內容。因此，各班的教學歷程紀錄（如週誌、教學日誌）的內容是不會相同的。如果相同，那就是由一位老師編寫教案，提供其他各班照本宣科，這完全是「教師本位」的課程與教學，忽視幼兒的需求與個別差異。

迷思五：以為「作息表」規劃只是給家長和評鑑委員看的，並不屬於課程設計。

澄清：

　　「幼兒每天從踏入幼兒園的第一刻開始到離開幼兒園為止」都是課程規劃的範圍，可分為「例行性活動」、「全園性活動」和依據不同課程取向而異的「多元學習活動」三類。因此，幼兒園「作息表」的規劃也是課程設計的重要部分。有些幼兒園老師認為作息表只是應付家長與評鑑委員用的，所以隨便抄抄別的幼兒園的作息表就 OK 了，這是大錯特錯的想法。

　　本書第五章第三節提及統整課程的作息表，讀者閱讀後就會明白作息表該如何規劃。如果幼兒園的作息表能呈現幼兒園的特色及統整課程的理念，這就是課程設計已跨出正確的第一步，然後每週依原訂的主題或單元參照作息的時間分配去設計課程，那麼這所幼兒園的課程應該會步上正軌。希望老師們能正視「作息表」規劃這件事，於每學期備課時能好好重新檢視「作息表」，作適當的調整，因為作息表的規劃亦是課程設計的工作，不可忽略。

　　教保活動課程是以「課程」的概念，來看待幼兒在幼兒園的各種學習行動。幼兒每天從踏入幼兒園的第一刻開始，到離開幼兒園為止，都應該是教保服務人員規劃和實踐課程的時間與範圍。

迷思六：以為「學習指標」與「活動目標」沒有關係。

澄清：

　　前幾章曾提到「活動目標」，就會想起過去編寫教案是先寫「教學目標」再寫「活動目標」，自從「課程大綱」公布之後，各領域都有領域目標、課程目標與學習指標，如要從過去寫教案的習慣轉換到「**課程**

大綱」公布後寫教案的方式，常令許多老師感到困惑。許多教授會說就以各領域的課程目標代替過去的「教學目標」，只要找到課程目標，就可以選擇相關的學習指標了，例如：某幼兒園中小班的主題名稱：「春天的花草」，老師選了認知、美感、身體動作與健康三個領域的相關課程目標，其中的認知領域選了「認1-2 蒐集自然現象的訊息」，再找到「認-小-1-2-2 觀察自然現象特徵的變化」，然後就根據這項學習指標來設計活動，但是因為學習指標往往較抽象，如能再增加更具體的活動目標當「中介」，則老師設計活動時更能得心應手；因此老師可再寫與「認-小-1-2-2 觀察自然現象特徵的變化」相關又能聚焦到教材的「活動目標」，例如：「觀察咸豐草特徵的變化」，讓老師更明確清楚知道要設計的活動是能觀察咸豐草特徵的變化。可見「學習指標」與「活動目標」是息息相關，可做為老師設計活動參考的方向，尤其對新任老師或初次學習運用「課程大綱」設計課程的老師來說，有具體的「活動目標」當中介，應該更能得心應手。雖然「課程大綱」並未提及「活動目標」，如新手老師在過渡期覺得有「活動目標」較能聚焦，還是可以運用的。

迷思七：以為設計幼兒園混齡班的課程，只要以人數較多的年齡層幼兒的學習指標來規劃課程就可以。

澄清：

　　筆者到幼兒園評鑑時，常會請老師給筆者看教學有關的資料，當看到明明是大班與中班的混齡班，但他們的幼兒學習評量是全班都一樣，以大班為準。筆者問老師為什麼，對方回答因為班上大班有 20 位幼兒，中班有 10 位，所以少數服從多數，就以大班生的評量表給全班用，還跟筆者說：「教授！其實大班跟中班幼兒學習情況差不多啦！」筆者馬上回問她：「請問妳是哪一所學校畢業的，妳的幼兒發展輔導的老師是誰？」如果大班生與中班生差不多，為何學習指標要分幼－小－中－大四個年齡層呢？混齡班是一起上課，教材相同沒錯，但教學是講求「個

別化教學」，要能適應個別差異。所以，可藉幼兒園的多元學習活動，例如：團體活動、小組活動、個別活動，以及作息表上的例行性活動或全園性活動，來觀察個別的幼兒進行教學與個別的評量。因此，大班生與中班生的評量表應是兩套的，如班上有一或兩位特殊需求幼兒，亦可再有第三套、第四套評量紀錄。老師設計大班與中班幼兒的混齡班教學活動內容時，應同時列出大班與中班的學習指標，也要對應寫出大班與中班幼兒的教學內容與學習評量內容。

第二節　關於教學實施的迷思與澄清

　　有關教學實施的迷思與澄清共有三則，茲分述如下。

迷思一：以為教育部公布的「幼兒園教保活動課程大綱」會限制老師的課程設計，導致教學內容一致，毫無特色與創意。

澄清：

　　這是對「課程大綱」最大的誤解與迷思。「課程大綱」給的是規劃方向，不是直接提供教材內容，所以不會限制老師的設計，更不會導致老師設計的課程毫無特色與創意，茲更進一步說明如下。

　　1.讀者可以想像「課程大綱」就像寺廟裡的籤詩一樣，世間有各式各樣的人去廟裡求籤，許多人求到同一號碼的籤，但問的事可能是婚姻、可能是疾病、可能是事業……，每位信徒都可以各自去理解這些籤詩就像是「神仙的話」，再運用到自己人間的事上，例如：籤詩說「開春漸漸好」，問婚姻的信徒就理解春天就有機會談成婚事，問「疾病」的信徒就理解春天疾病會好轉，但是各位一定要各自努力去實踐看看。以這個比喻來說，「課程大綱」是神仙的話，是一種原則、指引方向，至於幼兒園老師運用在各種不同取向的課程，就是各自努力、各顯神通，自己要用腦力去

激盪教學活動的內容，這樣怎會讓課程一致、毫無特色與創意呢？

2.例如：當老師運用「身-中-1-1-1 覺察身體在穩定性及移動性動作表現上的協調性」這個學習指標時，可以用呼拉圈或皮球或在平衡木上行走，來設計幼兒的活動，「**課程大綱**」並沒有限制老師的器具或教材內容，而有很大的空間選材和選擇器具，也可決定最適合的玩法進行，只要活動中可以讓幼兒能覺察到身體在穩定或移動時如何能協調就可以，且也不必要求達成，只要給各種機會讓幼兒「覺察」來練習就可以了。在沒有限制內容、器材、玩法、場地……的情況下，老師的特色與創意是可以無限發揮的。

迷思二：以為幼兒園依規定每班有兩位老師，所以可以採輪流設計課程、輪流教學。

澄清：

幼兒年紀小，在班級與老師的比例上當然與小學不同，依《幼兒教育及照顧法》（教育部，2022）的規定，幼兒園大、中、小班的師生比是 1：15，幼幼班則是 1：8。為何要有 2 位老師教 30 位（幼幼班 16 位）幼兒呢？當然是照顧較能周到，其實在課程設計上也是很需要兩位老師互相討論、互相支援。然而，在現場常聽到老師們忽略法規的美意，採兩人輪流教學，課程設計也各編各的，這是很重大的迷思。同樣是一個班級的兩位老師，甚至有些私幼額外聘請的藝術老師、體能老師、音樂老師們都應該共同討論該班整學期（學年）的課程設計，並採協同方式，如此幼兒才能學到有系統、有前後連貫的課程，幼兒的能力才能一點一滴的累積培養。我們都知道教學有先易後難、先簡單後複雜的原則，如果兩位老師各自設計，則第一週教的課程與第二週如何連貫呢？孩子的學習經驗變成片段支離破碎，這是急待改進的迷思。

迷思三：以為「引起動機」和「引導語」不必設計，隨口說說就可以。

澄清：

　　本書在第五章曾提及幼兒園教保活動課程發展，並說明學年與學期的課程計畫，當老師設計全學年或全學期的課程計畫後，就進入細部的每個單元或每個主題的教學設計。我們都知道教學活動設計又稱教案，通常教案的內容分準備活動、發展活動與綜合活動，課程乃依此三類活動發展，每日的教學只能進行整個單元或主題的一小階段，但也有這一小階段的準備、發展、綜合活動，其中準備活動常以「引起動機」來說明。此外，不管活動的大小，老師的「引導語」也很重要，有些老師很用心去設計發展活動與綜合活動，對準備活動則以為小事一樁不用設計，信口開河的講講就可帶過。其實，準備活動的引起動機，及各種活動的引導語是非常重要的，更需好好設計，老師應從幼兒的身心發展狀況與其生活經驗著手思考，以有趣的方式、能刺激幼兒思考探索的問句開始，引發幼兒的學習動機與興趣，則更能達成學習的效果。

　　在此，筆者簡略整理「課程大綱」中，有關提問或引導語的重點如下（教育部，2016）。

1. 轉化幼兒常常提出一般事實性問題為探究性問題

　　「這是什麼？」、「媽媽在哪裡？」、「為什麼會變成這樣？」老師應協助幼兒將提問延伸為探究性問題：「如果這樣……，會發生什麼事或要怎麼做？」

　　探究性問題需要進行驗證才能獲得解答，是認知領域中希望幼兒解決的問題，當幼兒提問：「這動物叫什麼名字？」老師可接續提出導引式的問題：「當你不知道這個動物叫什麼名字時，你可以做什麼？」然後讓幼兒實際試試看。老師應協助幼兒從漫無目的探索進入有系統的訊息蒐集，並整理分析訊息，解決所遇到的或所提出的問題。

當幼兒說：「這朵花比較大。」老師可追問：「你怎麼判斷它比較大？」、「你可以用什麼方法說明它比較大？」

2. 不直接給予幼兒答案的提問與引導語

老師可以運用「做了什麼？」、「怎麼做的？」、「如果這樣……，會發生什麼事？」、「試試看……」、「……和……有什麼不一樣？」、「……怎麼辦？」、「為什麼？」、「還有什麼方法？」、「你怎麼想出來的？」等引導的方式，而不是直接給予幼兒答案或指示幼兒去做什麼？

3. 有關情緒能力發展的提問與引導語

情緒能力的發展與幼兒的心理健康有相當密切的關係，因此老師需隨著日常生活掌握隨機教學的機會，或配合其他領域進行學習。老師隨時可運用下列四個問句：「你或他（們）覺得怎樣？」、「為什麼會覺得這樣？」、「這樣說適合嗎？」、「真的是這樣嗎？還有什麼可能？」以協助幼兒情緒能力的發展。

第三節　關於評量的迷思與澄清

有關評量的迷思與澄清共有三則，茲分述如下。

迷思一：以為課程大綱中的分齡學習指標就是分齡評量指標。

澄清：

老師們很容易看到分齡學習指標，就以為這是用來評量幼兒的評量指標，初次的反應是：「我的班上幼兒做不到這個學習指標啦！」這是很多老師的迷思。其實，「課程大綱」的分齡學習指標不是評量指標，而是提供老師做為設計課程的參考，以及檢視自己的課程所提供給幼兒

的學習機會是否均衡（教育部，2018a，頁56）。老師們運用學習指標應有的態度是：「看到學習指標就想到如何設計活動，才能提供幼兒有這方面的學習機會，而不是想到幼兒會不會，或一定要幼兒達到這個指標。」

那麼，老師具備上述態度之後，要如何選擇學習指標呢？老師可以先思考要培養幼兒什麼領域的什麼能力，從領域雙向細目表來尋找課程目標，定位課程目標之後再找分齡的學習指標，了解學習指標的意思，再使用來設計活動才能靈活運用，例如：找到學習指標「身-中-1-1-1 覺察身體在穩定性及移動性動作表現上的協調性」，老師可從下列三方面思考如何設計課程：

1. 覺察：是幼兒自己親身做完動作有觀察，說出自己感覺的過程。老師可以提問：「你是怎麼做這動作？」、「你身體的感覺是什麼？」

2. 穩定性及移動性動作的定義，例如：半蹲雙腳跳，半蹲（穩定性動作）、雙腳跳（穩定性及移動性動作）。

3. 協調性：指一連串連續的動作（穩定性及移動性動作）做出來的協調流暢。

從這三方面的重點就可設計運用不同器材或不用器材，以自己身體的動作來做為教材內容。

迷思二：以為幼兒園的評量就只有老師對幼兒所作的「學習評量」。

澄清：

幼兒園的老師一提到評量，就以為評量只有一種，那就是老師來評量幼兒，也就是本書第七章所說明的「幼兒學習評量」。讀者研讀第七章後，對幼兒學習評量就非常了解，在此是要澄清不要以為老師只要評量學生就好，其實「教學」是包括「教」與「學」，既然幼兒的學習要評量，那麼教學者本身是不是也應該要評量呢？因此，新的觀念是評量

可分老師自己對自己的「教學評量」與老師對幼兒的「幼兒學習評量」
兩種。

　　老師要常常反躬自省，所以每日或每週的教學省思就是重要的「教
學評量」。當然也有學者或幼兒園自己發展出老師自我評量或相互評量
的「檢核表」，就某些教學重要項目分四等分法（如完全符合、大部分
符合、小部分符合、不符合）去打勾。當然，由教育主管單位定期進行
的「評鑑」也是一種評量。不過就實際效益而言，老師每日或每週所作
的「省思」還是最有助益的。有關老師的教學評量與省思請參看本書第
九章。

迷思三：以為幼兒園學習評量就是用教育部公布的「六大素養」之「評
　　　　量指標」就可以，所以凡是幼兒園的評量就都用部頒「六大素
　　　　養」來寫評量，甚至改用自己的話來描述幼兒在六大素養表現
　　　　如何，這是很大的誤解。

澄清：

　　迷思二已說明幼兒園的評量有老師的「教學評量」與「幼兒的學習
評量」，而幼兒的學習評量已在本書第七章有詳細的說明。

　　2019 年 3 月教育部公布的六大素養（覺知辨識、表達溝通、關懷合
作、推理賞析、想像創造、自主管理）所列出總共 29 條之評量指標是經
過六年的研究才編擬完成，這是一種對照用的指標，幼教老師不可改變
其用語。

　　在本書第六章說明的日常課程教案設計，是以課程大綱不同年齡層
的學習指標來設計課程，因此評量就依學習指標來編擬，例如：「認-小
1-2-1 觀察動植物的生長變化」，評量時可改寫成「觀察葉子的生長變
化」，保留動詞、更改名詞「動植物」為「葉子」，因為在短短 40 或 50
分鐘可能只能讓幼兒學習觀察葉子，不可能觀察所有的動植物變化。

　　如果幼教老師以為評量只能用教育部頒布的六大素養來改寫，例如：

主題是「結婚進行曲」，老師若找出有關學習指標來設計活動，但到評量時卻以六大素養來寫，例如：在「覺知辨識」一項：「幼兒覺知辨識結婚進行的方式」，像這樣直接套用六大核心素養，自說自話，這是很大的錯誤。

　　總之，如使用「學習指標」來設計課程，則其評量就用該學習指標來改寫就可以。那麼「六大素養」的評量指標何時要用呢？

1. 六大素養的評量指標是一種總結性評量，評量時間點為開學後六至八週、學期末、學年末。
2. 六大素養的「評量指標」是老師隨時觀察幼兒的行為，以事實的表現記錄，蒐集與彙整幼兒表現資料，依據評分指引做等級判斷，其評量指標及評分指引請參閱《幼兒園教保活動課程：幼兒學習評量手冊》一書。
3. 評量指標案例可參閱本書第七章第二節。

思考與練習題

1. 請說明為何「幼兒園教保活動課程大綱」的學習指標並不是評量指標。
2. 如你要教中班幼兒「我的家人」這個主題，你將如何擬引導語？請列舉你所擬的引導語。

第九章

幼兒園老師在教保活動課程設計中的角色與教學評量

蔡春美

「幼兒園老師在課程設計中扮演何種角色？」
「教學評量的定義與方式為何？」
「幼兒園老師如何進行教學省思？」

本章旨在說明幼兒園老師在教保活動課程設計中的角色與教學評量，全章分三節說明。首先，說明老師在課程設計中扮演的角色；其次，說明教學評量的定義與方式；最後，說明老師如何進行教學省思，以供讀者了解課程設計時老師的角色、教學評量的內容，以及省思的意涵。

第一節　老師在課程設計中的角色

課程設計是教學的藍圖，教學是課程設計的實踐。為達成教育目的，課程設計與教學缺一不可。好的課程設計可讓教學更順利，而課程設計

轉化為教學的重要人物是老師。本書的前言曾特別說明在幼兒園的教保服務人員中，直接與課程設計有關的是教師與教保員，在本書中則以「老師」代表二者，因幼兒在幼兒園裡都稱他們為「老師」。課程設計需由老師來執行教學，才能達到教育目的，可見老師在課程設計中的角色是非常重要的。老師在課程設計中至少有四種角色，茲說明如下。

壹、課程決定者

從「課程」與「教學」的定義可知，課程計畫先於教學，在計畫過程中，既為課程也為老師而做決定。MacDonald 與 Leeper（1965）將課程視為是為了進一步行動所做的計畫，而教學則是將計畫付之實踐。幼兒園老師雖有教育部發布的「**課程大綱**」可遵行，但那只是原則性的文件，說明幼兒園的教育目的與不同年齡層幼兒的課程目標與學習指標，並不能直接拿到課室中教學。老師必須決定整學年的課程主題，安排每週、每日的教學活動，所以老師是課程決定者，老師必須具備專業能力，依據幼兒的身心狀況及社會需求來決定課程的內容與進行方式。

貳、實施課程者

當課程計畫由老師實踐為教學時，老師是實施課程的人。在實施課程時，老師的角色可再細分如下三者。

一、教學設計者

老師必須遵照「課程大綱」來設計教學步驟，選擇教學內容，運用合宜的教學方法，營造合宜的教學環境，將學年、學期的計畫設計好，並仔細安排每週、每日的教學過程實施教學。

二、幼兒的引導者

老師在實施課程時，必須了解幼兒的身心發展與生活經驗，進行觀

察記錄，協助並引導幼兒學習，尤其幼兒在學習過程中有許多行為需要老師輔導，才能有效學習，達成教學目標。

三、老師是給予者

老師實施課程時，有三種給予的角色（簡楚瑛，2016，頁256）：一為適時對幼兒的創作給予幼兒意見；二為給幼兒思考的機會並鼓勵之；三則是給予幼兒行動的機會。老師在教學過程中與幼兒的互動與給予，可促動幼兒不同的學習。當幼兒沒有主動提問或發現問題時，老師可以先刺激幼兒的知覺，然後再提出與該情境有關的想法；當「問題情境」出現時，老師所扮演的角色是刺激幼兒就該情境下進入問題的探索；當幼兒主動有想法希望嘗試時，老師的認同與機會的給予，可以使幼兒有檢視思考與行動之關聯性的機會。

參、評鑑與改進課程者

老師對課程的實施成效需靠評鑑。「課程評鑑」（curriculum evaluation）係指評鑑在課程領域之應用，換言之，課程評鑑就是指評鑑人員蒐集有關課程的資料，用以判斷課程的優劣價值（黃光雄、蔡清田，2015）。老師對自己設計的或別人設計的課程都需在教學實施後，加以評鑑，以了解幼兒的學習效果，並做為改進教學或改進課程設計的參考。圖 9-1 是 Glaser 提出的教學基本架構圖（Glaser, 1965）。

圖 9-1　Glaser 教學基本架構圖

註：引自 Glaser（1965）。

　　從圖 9-1 可知，課程設計化為教學設計時，要先訂立教學目標，再預估教學對象的需求與能力，並經適當教學程序，如教材、教法、情境的選擇，最後一定要評鑑才知教學成效。老師在教學過程中或教學後對幼兒所作的學習評量，以及老師對自己教學所作的教學評量都是課程評鑑，從回饋路線可檢討教學歷程中的教材與方法選擇是否合宜、教學情境是否適當，也可檢討目標是否定得太高或太低的問題，以做為改進的參考。

肆、課程發展者

　　老師在課程設計中的角色，除了課程決定者、實施課程者，以及評鑑與改進課程者外，尚有課程發展的角色。「課程發展」（curriculum development）是指，課程經由發展的歷程與結果，強調演進、生長的課程觀念。課程發展是一種動態的歷程，在本書第四章幼兒園教保活動課程發展，已詳述幼兒園老師在課程設計中做為課程發展者的角色，尤其在幼兒園為本位的課程模式中，各班的課程設計不同，老師必須以其專業將幼兒園的教室做為課程發展的實驗室，而扮演「教室層次的課程發展者」。老師身為教室層次課程發展的重要人物，必須是一個了解教育目標與工作條件的教育藝術家，能夠有創意的激發，引導學生朝向課程目標邁進（Tyler, 1959）。

　　總之，課程設計是靜態的，必須由老師轉化為教學過程，而老師在課程設計中的角色，至少有課程決定、實施課程、評鑑與改進課程，以及課程發展四種角色，所有的幼兒園老師都能以專業能力與態度扮演好上述四種角色，課程設計才能真正落實於教學，而達成教育的目標。

第二節　教學評量：評量表、週誌省思、檢核課程規劃的小工具

　　一般課程理論或教學原則所提及的「教學評量」，是指教師對學生學習成效的評量，亦包含老師對自己教學效果的評量。在教育部頒布的「課程大綱」中，卻明文界定「教學評量」乃指教保服務人員在教學時，對自己課程設計與教學成效的評量；而對幼兒的評量則用「幼兒學習評量」一詞。因此本節所稱的「教學評量」，是專指教學者對自己課程設計與教學成效的評量。

　　幼兒園教保活動課程的評量乃是決定教學之進步與效率的一種實測方法，評量應為一種連續不斷的歷程，而且是幼兒園教保課程設計整體中的一部分。從本書第七章幼兒學習評量的結果，亦可評斷教學的成效，但只靠對幼兒的學習評量，仍不足以判定課程設計、教學活動設計與教學方法的適當與否，尚需有專對教學者的教學評量合併評估，才能據以判斷課程與教學的優劣，做為改進之參考。

　　教育部為推廣「課程大綱」，編有《幼兒園教保活動課程手冊》上冊和下冊，在下冊第51～55頁有專節說明教學評量的部分。茲將課綱對教學評量的定義、目的及方式，擇要說明如下。

壹、教學評量的定義與目的

　　教學評量是指，透過幼兒的學習成效來評量教學者的教學，評量教學的目的是要協助教保服務人員在未來的教學生活裡，成為更有信心、更能發揮專業知識的教學者。簡言之，有效的教學評量將可幫助教學者觀察幼兒的學習狀況、修正自己的教學，檢視自己為何忽略某些領域的教學，或是自己的教學是否符合課綱的精神。

貳、教學評量的方式

以下介紹三種教學評量的方式，其中有「課程大綱」提出的兩種方式：運用教學評量表與書寫含教學省思的週誌，在第一種方式中，「課程大綱」只提出檢視使用各領域學習指標情形的表格，筆者將再補充自我檢核教學的評量表，供讀者參考。此外，筆者從輔導幼兒園運用「課程大綱」的經驗中，歸納出第三種運用「課程大綱」的「主題統整課程設計工具」檢視課程規劃的教學評量方式，茲分述如下。

一、運用教學評量表

（一）運用檢視學習指標的教學評量表

老師可以依照各學期所進行的例行性活動、多元學習活動和全園性活動，根據所使用的課程目標和學習指標，分領域檢核自己的教學，茲舉中班「情緒」領域之教學評量表為例，如表 9-1 所示。

表 9-1 的使用不一定要到學期末才檢視，其實每個月皆可檢視，教學者發現某些領域的學習指標有較少使用或未曾使用的狀況，即可檢討理由，在下個月進行補救，希望六大領域的學習指標在該年齡層的上下學期都能運用到。檢核是一種必要的動作，但思考未使用理由力求改進，更是重要的過程，因為如此才可以回頭來改進課程設計、活動設計與教學方法。

新北市立鶯歌幼兒園大象班，張辰恩（5 歲）

表 9-1　教學評量表：中班情緒領域（示例）

幼兒園名稱：○○幼兒園			評量日期：○○年○月○日				
幼兒年齡層／班別： 4～5 歲（白兔班）			教學者姓名：○○○、○○○				
領域名稱			領域目標				
情緒領域			・接納自己的情緒 ・以正向態度面對困境 ・擁有安定的情緒並自在地表達感受 ・關懷及理解他人的情緒				
課程目標	學習指標	主題名稱		其他活動名稱			
		快樂上學去	小小設計師	心情話卡	大肌肉活動	學習區	假日分享	生活教育
情 1-1 察覺與辨識自己的情緒	情中 1-1-1 辨認自己常出現的複雜情緒	✓	✓					✓
	情中 1-1-2 辨別自己的同一種情緒有程度上的差異							
	情中 1-1-3 辨識自己在同一事件中存在著多種情緒							✓
情 1-2 覺察與辨識生活環境中他人和擬人化物件的情緒	情中 1-2-1 從事件脈絡中辨識他人和擬人化物件的情緒						✓	
	情中 1-2-2 辨識各種文本中主角的情緒							✓
情 2-1 合宜地表達自己的情緒	情中 2-1-1 嘗試表達自己的情緒							
	情中 2-1-2 運用動作、表情、語言表達自己的情緒					✓		✓
	情中 2-1-3 以符合社會文化的方式來表達自己的情緒					✓		✓
情 2-2 適當地表達生活環境中他人和擬人化物件的情緒	情中 2-2-1 適時地使用語言或非語言的形式表達生活環境中他人或擬人化物件的情緒					✓		✓

表 9-1　教學評量表：中班情緒領域（示例）（續）

課程目標	學習指標	主題名稱		其他活動名稱				
		快樂上學去	小小設計師	心情話卡	大肌肉活動	學習區	假日分享	生活教育
情 3-1 理解自己情緒出現的原因	情中 3-1-1 知道自己複雜情緒出現的原因							
	情中 3-1-2 知道自己在同一事件中產生多種情緒的原因							
情 3-2 理解生活環境中他人和擬人化物件情緒產生的原因	情中 3-2-1 理解常接觸的人或擬人化物件情緒產生的原因							√
	情中 3-2-2 探究各類文本中主要角色情緒產生的原因							
情 4-1 運用策略調節自己的情緒	情中 4-1-1 運用等待或改變想法的策略調節自己的情緒				√	√	√	
	情中 4-1-2 處理分離焦慮或害怕的情緒							√

註：1.√表示該活動有運用到此學習指標。

　　2.引自幸曼玲等人（2018b，頁 52-53）。

（二）運用檢核教學狀況的教學評量表

　　利用簡易的評量表來評量是較快速、有效觀察教學的方法，最好是觀察一段教學活動的時間，例如：一週或一個月，再由自己對自己評量或同班兩位老師互評，將可找出一些可以再努力的項目，力求改進。請參考表 9-2。

表 9-2　教保服務人員教學評量表

項目		評分要點	等級	評語及備註
教學準備	一、教學活動設計	• 能依幼兒的能力、興趣設計適宜的教學活動。 • 活動內容充實、富變化，敘寫清楚、容易明瞭。 • 符合幼教原理，內容完整可行。 • 能經常修正的教學計畫，改進教學。	5 4 3 2 1	
	二、環境、教具準備	• 布置合宜的教學環境。 • 事先準備豐富的教材教具。	5 4 3 2 1	
教學能力	一、教室管理	• 能維持教室內良好秩序，引發幼兒濃厚的學習興趣。 • 能留意幼兒遵守生活常規。 • 能妥當處理活動中的偶發事件。	5 4 3 2 1	
	二、教學活動指導	• 能採用適當的團體、分組（角）、個別等教學方式。 • 能有效地利用教材教具進行生動活潑的教學活動。 • 能適當靈活調整教學方法以配合幼兒的興趣與需求。 • 能有效地掌握整個活動的流程與活動間的銜接。	5 4 3 2 1	
	三、教學技巧	• 能兼顧不同程度的幼兒，能注意到每位幼兒的需要，讓大部分幼兒都有參與的機會。 • 讓幼兒有機會去思考問題、解決困難。 • 提供多種素材，讓幼兒有創作、探索的機會。 • 能給幼兒正向的回應和鼓勵。	5 4 3 2 1	

表 9-2　教保服務人員教學評量表（續）

項目		評分要點	等級	評語及備註
教學與學習態度	一、表達能力、溝通技巧	・對幼兒的說明、指示清楚可行。 ・能用幼兒聽得懂的語言指導幼兒或與其交談。 ・能聆聽幼兒的想法，注意到幼兒的情緒反應。 ・簡單而有效地回答幼兒的問題。 ・鼓勵幼兒在適當的時候發問、交談。	5 4 3 2 1	
	二、輔導能力	・能用和藹、堅定的語氣適當地處理幼兒的行為問題，而不大聲斥責或體罰。 ・能依幼兒的個別狀況、不同的需求給予適宜的輔導。	5 4 3 2 1	
	三、師生關係	・課室中的氣氛是溫暖的、活潑的、富鼓勵性，並能促進學習的。 ・與幼兒建立良好關係（老師與幼兒、幼兒與幼兒間有良好的互動關係）。 ・與實習老師間搭配良好，相處和諧愉快。	5 4 3 2 1	
	四、敬業精神	・能不遲到、不早退。 ・主動、積極、有進取心。 ・負責。 ・盡量做到不請假。	5 4 3 2 1	

註：1. 5：表現優良；4：表現相當不錯；3：表現尚可；2：表現不佳；1：表現極差。

　　2. 引自蔡春美等人（2017，頁 353-354）。

二、書寫含教學省思的週誌

　　除了前述用評量表定期檢視所訂計畫與課程實踐的關係外，老師還可以定期在教學省思裡敘寫自己回顧教學歷程的發現，從這些發現裡重塑行動方向與方式。換言之，教學省思可以幫助老師了解自己的教學，藉由回顧與反省，針對教學進行修正及改進，既可增進老師的專業成長，更能提升教學的品質（幸曼玲等人，2018b，頁54）。有關省思的涵義、目的及方法，將於下節詳述，在此僅先說明週誌的意義、功能與格式如下。

（一）週誌的意義和功能

　　過去幼稚園及托兒所常用的教室日誌是為了記錄當天的班級活動內容和偶發事件，但近年來的幼兒園大多以週誌記錄每週的教學歷程，再彙整每學期週誌裝訂成班級的「教學檔案」。簡言之，老師的班級教學週誌是用來記錄教學歷程。教學週誌通常是整合活動設計、活動紀錄和教學省思的一種紀錄方式：活動設計是事前規劃、活動紀錄和教學省思則是事後記錄，且通常是以週為單位的方式。因此，教學週誌可以包含事前和事後的紀錄，也就是說，事先設計活動和事後的活動紀錄和教學省思可以合在同一張表格進行（教育部，2017a，頁59）。

（二）教學週誌的格式

　　教學週誌的內容包括班級一週的活動歷程及幼兒在學習區（角落）活動情形，通常也會加入「教學省思」欄位，以便根據事前的課程規劃省思自己的教學。幼兒園可根據實際需求規劃記錄內容，設計表格的格式。由於幼兒的整日生活都是課程，包含例行性活動、全園性活動和多元學習活動三大類，因此週誌的表格可以包含這三大類活動（如附錄十五），逐日記錄；亦可不必逐日記錄，而以每一活動的準備活動、發展活動及綜合活動進行歷程來記錄（如附錄十六的示例）。

三、運用課綱的「主題統整課程設計工具」檢視課程規劃

　　老師可利用全國教保資訊網的「主題統整課程設計工具」（以下簡稱小工具）（https://ece.moe.edu.tw/）（操作步驟詳見附錄十七）規劃主題課程，選擇適合的學習指標來設計活動內容。當老師順著工具編寫完成後，此工具會自動顯示使用六大領域的學習指標數量的網狀圖，還有這些學習指標以各領域的領域能力所代表分布情形的長方體統計圖，這兩種統計圖可以方便設計課程者檢視自己設計的課程是否有缺漏。茲舉一位幼兒園廖老師設計的「園裡的花草」主題套用小工具所呈現的實例，如表 9-3、表 9-4、圖 9-2、圖 9-3 所示（原來的小工具所呈現並無「表」與「圖」之代號，筆者為有利讀者閱讀，特加「表」與「圖」）。

新北市立鶯歌幼兒園蘋果班，沈玥霖（4 歲）

表 9-3　主題計畫：「園裡的花草」

主題名稱：園裡的花草

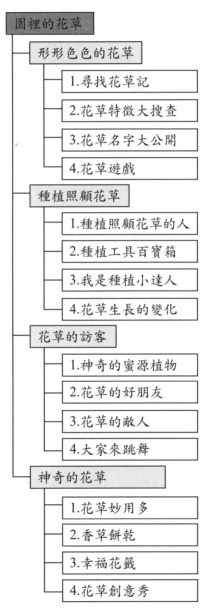

表 9-4　概念、活動之課程目標及學習指標一覽表

概念	活動	課程目標	學習指標	附註
形形色色的花草	1.尋找花草記	社-1-2 覺察自己與他人內在想法的不同	社-中-1-2-1 覺察自己和他人有不同的想法、感受、需求	能發現自己和別人有不一樣的想法、感受。
		語-2-3 敘說生活經驗	語-中-2-3-1 敘說時表達對某項經驗的觀點或感受	會說出自己觀察到的花草或畫出來花草的看法或感受。
		認-1-2 蒐集自然現象的訊息	認-中-1-2-3 以圖像或符號記錄自然現象的多項訊息	以圖像繪畫記錄所看的、碰到、聞到的花草特徵。
	2.花草特徵大搜查	身-1-2 模仿各種用具的操作	身-中-1-2-1 覺察各種用具安全的操作技能	安全使用剪刀採集花草。
		美-1-2 運用五官感受生活環境中各種形式的美	美-中-1-2-1 探索生活環境中事物的色彩、形體、質地的美，感受其中的差異	親身體驗看到、摸到、聞到花草不同顏色、樣子與感覺，並說出不同的地方。
		認-2-2 整理自然現象訊息間的關係	認-中-2-2-1 依據特徵為自然現象分類並命名	將所採集的花草依據特徵分類並命名。
	3.花草名字大公開	語-1-5 理解圖畫書的內容與功能	語-中-1-5-1 知道知識類圖畫書的功能	找相關書籍查詢花草的名字。
		認-3-1 與他人合作解決生活環境中的問題	認-中-3-1-1 參與討論解決問題的可能方法並實際執行	討論解決花草名字問題的可能方法並實際行動。
	4.花草遊戲	身-3-2 樂於善用各種素材及器材進行創造性活動	身-中-3-2-1 把玩操作各種素材或器材，發展各種創新玩法	利用花草材料發展出不同的創新玩法。

表 9-4　概念、活動之課程目標及學習指標一覽表（續）

概念	活動	課程目標	學習指標	附註
		社-2-3 調整自己的行動，遵守生活規範與活動規則	社-中-2-3-2 理解生活規範訂定的理由，並調整自己的行動	說出遵守玩花草遊戲應注意的事，並調整自己的行動。
		情-2-1 合宜地表達自己的情緒	情-中-2-1-2 運用動作、表情、語言表達自己的情緒	運用動作、表情、語言表達自己玩花草遊戲的情緒。
種植照顧花草	1.種植照顧花草的人	社-1-3 覺察生活規範與活動規則	社-中-1-3-1 辨別生活環境中能做或不能做的事	分辨對花草植物能做或不能做的事。
		社-3-3 關懷與尊重生活環境中的他人	社-中-3-3-2 尊敬長輩，喜愛與感謝家人	表達對別人種植與照顧花草辛苦的尊敬。
		語-2-3 敘說生活經驗	語-中-2-3-1 敘說時表達對某項經驗的觀點或感受	說出曾看過別人如何種植與照顧花草的經驗。
	2.種植工具百寶箱	身-2-2 熟練各種用具的操作	身-中-2-2-1 敏捷使用各種素材、工具或器材	敏捷使用種植工具或器材。
		社-2-2 同理他人，並與他人互動	社-中-2-2-3 依據活動的程序與他人共同進行活動	與他人共同進行種植活動的程序。
		語-2-5 運用圖像符號	語-中-2-5-2 運用自創圖像符號標示空間、物件或記錄行動	運用圖像符號標示種植工具的使用與種植花種子的步驟。
	3.我是種植小達人	社-3-6 關懷生活環境，尊重生命	社-中-3-6-1 維護生活環境的整潔	維護園內花草環境的整潔。
		語-1-5 理解圖畫書的內容與功能	語-中-1-5-2 理解故事的角色與情節	說出《園丁新手大出擊》故事的角色與情節。

表 9-4　概念、活動之課程目標及學習指標一覽表（續）

概念	活動	課程目標	學習指標	附註
		認-2-1 整理生活環境中的數學訊息	認-中-2-1-3 運用十以內的合成與分解整理數量訊息	運用十以內數數幾株幾排的仙丹花。
	4.花草生長的變化	美-2-2 運用各種形式的藝術媒介進行創作	美-中-2-2-4 以高低強弱快慢等音樂元素表達感受	隨著歌曲高低強弱快慢創造兒歌「花兒朵朵開」音樂節奏。
		語-1-5 理解圖畫書的內容與功能	語-中-1-5-1 知道知識類圖畫書的功能	使用《春天，小草躲貓貓》知識類圖畫書查詢花草生長的變化。
		認-2-1 整理生活環境中的數學訊息	認-中-2-1-1 依據序列整理自然現象或文化產物的數學訊息	依據序列整理出花草生長高低。
花草的訪客	1.神奇的蜜源植物	美-1-2 運用五官感受生活環境中各種形式的美	美-中-1-2-2 探索生活環境中各種聲音，感受其中的差異	聆聽蜜源植物周遭環境不同的聲音，感受其中的差異。
		語-1-4 理解生活環境中的圖像符號	語-中-1-4-2 知道能使用圖像記錄與說明	使用圖像記錄蜜源植物的花朵。
	2.花草的好朋友	情-3-2 理解生活環境中他人和擬人化物件情緒產生的原因	情-中-3-2-2 探究各類文本中主要角色情緒產生的原因	探討《紋白蝶來作客》一書中紋白蝶高興的原因。
		語-1-5 理解圖畫書的內容與功能	語-中-1-5-2 理解故事的角色與情節	說出故事《紋白蝶來作客》一書的角色與情節。
		語-2-2 以口語參與互動	語-中-2-2-4 使用簡單的比喻	使用簡單比喻花朵上的昆蟲、動物等訪客的模樣。

表 9-4　概念、活動之課程目標及學習指標一覽表（續）

概念	活動	課程目標	學習指標	附註
	3.花草的敵人	美-2-2 運用各種形式的藝術媒介進行創作	美-中-2-2-5 運用動作、玩物或口語，進行扮演	運用動作、道具或口語進行花草和蝴蝶幼蟲的關係扮演活動。
		語-2-3 敘說生活經驗	語-中-2-3-2 說出簡單的因果關係	說出蝴蝶幼蟲吃嫩葉、小鳥吃幼蟲的因果關係。
		認-2-2 整理自然現象訊息間的關係	認-中-2-2-2 與他人討論自然現象特徵間的關係	與他人討論花草和蝴蝶幼蟲的關係。
	4.大家來跳舞	身-3-1 應用組合及變化各種動作，享受肢體遊戲的樂趣	身-中-3-1-1 在創意想像的情境展現個人肢體動作的組合與變化	發揮創意想像花草上的昆蟲、動物等訪客的情境，表現肢體動作的組合與變化。
		美-2-2 運用各種形式的藝術媒介進行創作	美-中-2-2-3 以哼唱、打擊樂器或身體動作反應聽到的旋律或節奏	哼唱、打擊樂器反應聽到《大自然的化妝舞會》表演的節奏。
		語-2-1 以肢體語言表達	語-中-2-1-1 運用肢體動作表達經驗或故事	利用肢體動作表現《大自然的化妝舞會》一書的故事。
神奇的花草	1.花草妙用多	社-2-2 同理他人，並與他人互動	社-中-2-2-1 表達自己並願意聆聽他人想法	表達自己想法並願意聆聽他人想法。
		美-2-1 發揮想像並進行個人獨特的創作	美-中-2-1-1 玩索各種藝術媒介，發揮想像並享受自我表現的樂趣	利用自然花草素材，發揮想像並享受自我表現的樂趣。
		語-2-3 敘說生活經驗	語-中-2-3-1 敘說時表達對某項經驗的觀點或感受	說出自己對生活中使用花草用品經驗的想法或感受。

表 9-4 概念、活動之課程目標及學習指標一覽表（續）

概念	活動	課程目標	學習指標	附註
	2.香草餅乾	身-2-2 熟練各種用具的操作	身-中-2-2-1 敏捷使用各種素材、工具或器材	使用迷迭香素材與烹飪工具製成「迷迭香餅乾」。
		語-1-4 理解生活環境中的圖像符號	語-中-1-4-2 知道能使用圖像記錄與說明	用圖像記錄與說明「迷迭香餅乾」的過程。
		認-3-1 與他人合作解決生活環境中的問題	認-中-3-1-1 參與討論解決問題的可能方法並實際執行	參與討論解決製作「迷迭香餅乾」的問題。
	3.幸福書籤	社-3-3 關懷與尊重生活環境中的他人	社-中-3-3-1 主動關懷並樂於與他人分享	主動關懷與他人分享「幸福花草書籤」作品。
		美-2-2 運用各種形式的藝術媒介進行創作	美-中-2-2-1 運用各種視覺藝術素材與工具，進行創作	運用花草素材、美勞工具創作「幸福書籤」。
	4.花草創意秀	社-2-3 調整自己的行動，遵守生活規範與活動規則	社-中-2-3-1 理解自己和互動對象的關係，表現合宜的生活禮儀	表現合宜的生活禮儀招待來賓。
		美-3-1 樂於接觸多元的藝術創作，回應個人的感受	美-中-3-1-1 樂於接觸視覺藝術、音樂或戲劇等創作表現，回應個人的感受	參與「花草創意秀」的表演活動，並分享個人的感受。
		語-2-5 運用圖像符號	語-中-2-5-2 運用自創圖像符號標示空間、物件或記錄行動	運用圖畫符號畫出「花草創意秀」的表演活動內容。

圖 9-2　主題計畫：「園裡的花草」

主題計畫（未含學習指標，只列活動名稱）

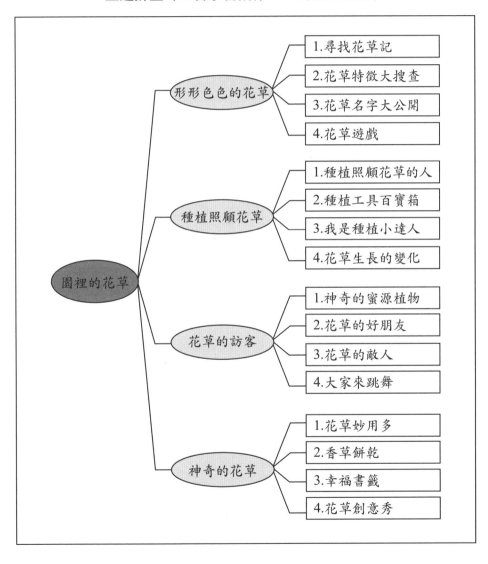

圖 9-3　本主題所使用的各領域學習指標占所使用總學習指標數之百分比

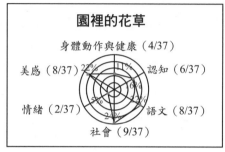

本主題所使用的各領域能力占所使用領域能力之百分比

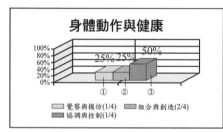

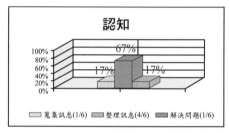

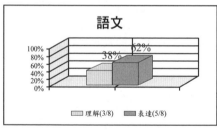

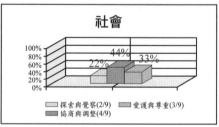

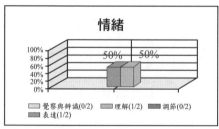

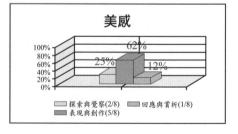

從圖 9-3 的網狀圖，廖老師可檢視自己在規劃「園裡的花草」主題課程時，使用到最多學習指標的是社會領域，其次是語文領域和美感領域，相對的較少用到認知領域和身體動作與健康領域，而情緒領域最少，只占 5%。這樣就可回頭再檢討每個概念之下的每項活動是否可再增刪課程目標與學習指標，這也是廖老師的教學評量之一，用以檢視教學前課程規劃時，使用課程目標與學習指標之數量以及領域之分布情形。當然，並非每一領域的學習指標都要平均使用才是正確，而是要考量主題的性質，以及教學對象的年齡。這份「園裡的花草」主題課程對象是中班幼兒，主題性質應可涵蓋各領域，從網狀圖可見還有調整的空間。這份主題計畫也只是一位現場老師的嘗試而已，如再修改增刪學習指標後，再套入「主題統整課程設計工具」應會呈現不同的網狀圖，讀者可多練習，就會發現其中的道理了。

　　另外，從圖 9-3 的長方體統計圖，老師可以檢視在課程規劃時，選用六大領域的各領域能力的學習指標，占所使用的總學習指標數量的百分比。所謂領域能力是指什麼呢？茲舉身體動作與健康領域的雙向細目表加以說明，從表 9-5 可見學習面向有身體動作、用具操作與健康行動三種，而領域能力也有三種：覺察與模仿、協調與控制、組合與創造。

　　我們可對照「園裡的花草」主題課程使用小工具所呈現的長方體統計圖，第一個圖就是身體動作與健康領域，我們可發現不同顏色的長方體代表不同的領域能力，因廖老師在 16 項活動中使用了 4 個身體動作與健康領域的學習指標，其中①號長方體代表第一個領域能力：覺察與模仿，她用了 1 個覺察與模仿能力的學習指標，所以百分比是 25%；而②號長方體代表第二個領域能力：協調與控制，她用了一個協調與控制能力的學習指標，所以百分比也是 25%；而最右邊的③號長方體代表第三個領域能力：組合與創造，她用了 2 個組合與創造能力的學習指標，所以百分比是 50%。

表 9-5　身體動作與健康領域的雙向細目表

學習面向 領域能力	身體動作	用具操作	健康行動
覺察與模仿	身-1-1 模仿身體操控活動	身-1-2 模仿各種用具的操作	身-1-3 覺察與模仿健康行為及安全的動作
協調與控制	身-2-1 安全應用身體操控動作，滿足自由活動及與他人合作的需求	身-2-2 熟練各種用具的操作	身-2-3 熟練並養成健康生活習慣
組合與創造	身-3-1 應用組合及變化各種動作，享受肢體遊戲的樂趣	身-3-2 樂於善用各種素材及器材進行創造性活動	

註：引自幸曼玲等人（2018a，頁 30）。

　　當我們看到身體動作與健康領域能力的長方體統計圖時，就要想到身體動作與健康領域的雙向細目表的三個領域能力，由上而下是有由容易而漸漸困難的含意，教學時要先讓幼兒覺察與模仿，再求協調與控制，最後才能要求組合與創造。這樣看來，廖老師是不是可對前面兩個領域能力多使用其學習指標呢？又如：第五個有關情緒領域的長方體統計圖，我們可發現情緒領域的雙向細目表（教育部，2016，頁 88）有四個領域能力：覺察與辨識、表達、理解、調節，廖老師的課程規劃以小工具呈現的長方體統計圖有覺察與辨識、調節兩種能力的學習指標未使用，值得再斟酌增加覺察與辨識、調節兩種能力的學習指標。因過去的課程標準未列情緒領域，所以老師在規劃課程時較不熟練，如今有了小工具，就可自我檢視並做修正，實在是很有幫助的教學評量工具，值得讀者好好運用。

第三節　教學評量中的省思

　　教學評量的定義、目的與方式已於第二節說明，有關教學評量方式的第二種方式——教學省思，將在本節進一步說明。省思是指教學者所進行的「教學省思」，仍屬教學評量中的另一種方式，但卻是近年來在師資培育中頗受重視的議題。

　　省思（reflective thinking）是一種沉靜而深入思考的行動，是一般撰寫教學歷程檔案裡最鮮明的特徵。透過省思，老師顯現個人對於兒童、課程內容、發展、個別差異、動機、班級經營、科技、合併、計畫、執行，以及依照重要標準評量等的思考，也顯現個人如何融合教學實務與教學理論，而省思的過程可增強老師對於個人教與學的自我評量，以此結合新經驗與舊知識，繼而形成新知識（Wiltz et al., 2007/2010）。

　　「省思」又稱「反思」，一位能探究、反思的教師就如同一位探險者，要探索的並不是外在的空間，而是內在的世界。為了追尋教學的精進而願意冒險進入未知的領域，一位能探究、反省的教師不但能夠超越事物的表面現象，拒絕將問題貼上簡單的標籤，還會致力於挖掘事實並處理困難的根源（張翠娥，2011）。教學省思是利用反省性教學策略來達成改進教學的目的。茲說明教學省思的涵義、目的與方式如下。

壹、教學省思的涵義與目的

　　教學省思是指，老師藉由平日觀察及定期省思不斷自我評估教學過程是否能滿足不同幼兒的需要，是否能延伸、支持、豐富幼兒的活動內涵，以做為不斷精進教學活動設計之參考。教學省思的目的，在於能設計更符合幼兒能力、更吸引幼兒參與，以及更完善安全的教保活動（教育部，2016，頁 27-28）。

貳、教學省思的方式

　　教學省思要如何寫？寫些什麼？基本上，只要是對老師的教學思考與行動有幫助的省思，就是好的省思。老師就是省思的書寫者，也是最能判斷省思對教學行動有沒有幫助的人，此可以從三個方面進行省思，包括：教學準備時、在教學過程中、教學後或整個主題活動結束後，如表 9-6 所示。

　　此外，有關省思的書寫，有些幼兒園是以週誌方式記錄每週的學習歷程，故到週五才寫整週的教學省思，亦有以省思日誌方式每日書寫者，表 9-7 為另一種省思表填寫說明。

　　目前，幼兒園老師已能每日或每週進行教學省思，但效果並不顯著，因為許多老師只是奉命行事，寫些不是「省思」的省思，例如：記錄今日的教學活動幼兒很喜歡、很開心，或記錄哪些幼兒不乖，有哪些行為問題等，這些都只是表面教學狀況的描述，真正的教學省思應不只是表面檢討或描述，而應挖深一點，例如：幼兒喜歡今日的活動，為什麼？因為老師做哪些安排，運用哪些方法？要寫出來，為何幼兒喜歡？如此才能使老師的教學精進，更須深入探究，這才是教學省思。

新北市立鶯歌幼兒園大象班，賴霈軒（5 歲）

表 9-6　教保服務人員教學省思表 1

幼兒園名稱：		
幼兒年齡層／班別：	教學者姓名：	
	製表日期：　　年　　月　　日	
主題名稱：		
教學省思	**自我評量**	
教學準備的省思： 1.課程規劃 1-1.是否從在地生活情境中選材，規劃課程 1-2.是否根據幼兒經驗、發展狀態規劃課程 1-3.課程規劃是否涵蓋各領域 1-4.是否涵蓋動態、靜態、室內、室外之多元活動 1-5.是否涵蓋團體、小組及個別等教學型態 2.活動設計 2-1.是否提供安全、正向且有意義的學習情境 2-2.是否提供多元的學習活動 2-3.是否了解每個幼兒的發展狀態 2-4.是否提供幼兒自發性或引導性遊戲的機會		
教學中的省思： 師生互動 1.教保服務人員是否提供幼兒主動學習及參與的機會 2.教保服務人員提問與回應的方式 3.教保服務人員是否提供幼兒與他人合作的機會 4.教保服務人員對自我情緒的覺察 5.教保服務人員對不同文化的認識與內涵的理解 6.教保服務人員是否注意特殊需求的幼兒 7.教保活動人員在課程實踐中是否培養幼兒各領域的能力		
教學後或整個主題活動結束後的省思： 課程規劃、活動設計及師生互動的整體實施過程 1.課程活動是否逐漸提升幼兒的能力 2.是否僅執行某些固定學習指標 3.活動實施未達到預期或幼兒能力未逐漸提升的原因為何 4.下次在規劃課程及設計時應如何修正		

註：引自幸曼玲等人（2018b，頁 55）。

表 9-7　教保服務人員教學省思表 2

教師／教保員教學省思表（省思書寫說明）
幼兒園名稱：＿＿＿＿＿＿＿＿　　班級：＿＿＿＿＿＿＿＿ 單元／主題名稱：＿＿＿＿＿＿＿＿＿＿＿＿＿＿＿＿
教師／教保員可針對下列項目進行省思： 壹、課程設計： 一、是否從在地生活情境中選材，規劃課程？ 二、是否根據幼兒發展狀態規劃課程？ 三、課程規劃是否涵蓋各個領域？ 貳、活動規劃： 一、是否提供安全、正向且有意義的學習情境？ 二、是否提供多元的學習活動？ 三、是否了解每個幼兒的發展狀態，藉以規劃合宜的活動？ 四、是否提供幼兒自發性或引導性遊戲的機會？ 參、師生互動： 一、教師／教保員是否提供幼兒主動學習及參與的機會？ 二、教師／教保員提問與回應的方式為何？ 三、教師／教保員是否提供幼兒與他人合作的機會？ 四、教師／教保員對自我情緒的覺察為何？ 五、教師／教保員對不同文化認識與內涵的理解為何？ 六、教師／教保員是否注意特殊需求的幼兒？

註：引自蔡春美等人（2017，頁 356）。

參、教學省思示例

　　表 9-8 所舉的教學省思例子只是示例而不是範例，僅供讀者思考之用。因為教學狀況千變萬化，個人的心思也不盡相同，因此只舉現場老師的實際案例供大家體驗參考。

　　有關教學省思對實際教學的影響有許多學者進行研究，茲舉下列五點供參考（蔡春美等人，2017）：

表9-8　示例：一位中班老師在「捷運文湖線之旅」主題活動週誌中的教學省思

教學省思	筆者評析
1. 這週的教學活動引導孩子認識臺北市立動物園及美麗華樂園，這兩個文湖線捷運景點對班上的孩子並不陌生，我也蒐集了關於上述兩個景點的相關網站及圖片，更是尋找相關的繪本來引導幼兒認識臺北市立動物園及美麗華樂園。本週的教學活動設計領域包含有認知、美感、語文、身體動作與健康等領域，在情緒領域的部分尚未思考到，下週進行課程活動時應設計與情緒領域相關的教學活動。	第一段有省思的感覺！省思的意思是指教完後幼兒快不快樂，有沒有學到什麼，檢討原因，例如：是班級經營或教材準備的問題呢？如教學效果好或不好都可找出原因、寫出來，才能提升教學品質，不要寫表面的孩子很乖或不乖等不夠深入檢討的話。
2. 在教學活動過程中，老師利用繪本及網站資訊等多媒體的素材引導孩子認識臺北市立動物園及美麗華樂園，也透過分組彩繪捷運車廂及設計捷運標誌的活動，提供幼兒互相合作的機會，並透過兒歌改編的方式，培養幼兒語文發展及創造的能力。	第二段有個問題，只有說怎麼準備，沒有省思的部分。
3. 在與孩子的互動過程中發現孩子對上述兩個臺北的景點認識有限，跟老師預期的並不一樣，所提供的網站相關資訊對部分幼兒來說顯得有些困難，以致無法完全融入討論中，與班級老師討論的結果發現，臺北市立動物園及美麗華樂園網站對幼兒來說圖片不夠吸引，內容對幼兒而言較艱澀，老師應該實地造訪拍攝相關照片、影片或是多找尋相關的繪本來引導，孩子的學習可以更順利。	第三段有省思。因為老師發現問題，深入檢討並想出改進方法。

註：取自筆者輔導臺北市內湖幼兒園的教學週誌，教學者希望匿名。

1. 心態的轉變：經歷「反省」的經驗，研究對象體會到接納外界刺激的必要，且願意與合作教師以開放的態度，坦誠面對教學的優缺點，分享並共商解決之道。

2. 教學的反省：研究對象平時的教學工作繁雜，可能在此過程中忽視幼兒需求或教學缺失，失去改進教學的契機；「反省」的經驗使研究對象能停下腳步看待教學背後蘊含的意義。

3. 經驗的開展：「反省」經驗豐富對象的教學，也能從中學習，開展教學的經驗與視野，有助於將來遭遇類似情形的借鏡。

4. 盲點的揭露：「反省」給予深植於教學現場的事實，能重新檢視與釐清的機會。經由「反省」，研究對象能發覺教學的盲點，體會出由不同角度看待教學的必要。

5. 反省的推廣：從「反省」經驗中得到助益與啟示，研究對象認為可以且必要將「反省」應用於幼兒身上；認為幼兒不僅需要而且有能力進行反省，肯定反省對幼兒的學習活動有所助益，並提出幼兒反省需要適當的時機，需要教師加以掌握。

　　本章主要說明幼兒園老師在教保活動課程設計中的角色及教學評量的意義與內容，而省思是教學內容的一種方式。自 2016 年 12 月教育部公布「課程大綱」之後，幼兒園老師可以依據「課程大綱」每一領域的實施原則的「（二）評量原則」去實施教學評量，其中包括兩大部分：一為幼兒的表現；二為教保服務人員的省思，而省思部分則包含平日觀察與定期省思，內容採列舉方式，值得參考。

思考與練習題

1. 幼兒園老師在課程設計中扮演哪些角色？
2. 幼兒園老師的教學評量有哪幾種方式？
3. 何謂教學省思？老師為何要進行教學省思？

參考文獻

中文部分

內政部（1979）。托兒所教保手冊。作者。

方炳林（1992）。教學原理。教育文物。

王文科（1989）。課程論。五南。

王文科（2007）。課程與教學論（第七版）。五南。

王珮玲（2016）。幼兒發展、學習評量與輔導（第六版）。心理。

王珮玲（2021）。幼兒發展、學習評量與輔導（第七版）。心理。

江麗莉（2004）。幼兒學習評量。載於桃園縣幼教資源典藏系列（二）：幼兒評量集。桃園縣政府。

吳淑美（2006）。學齡前課程本位評量：題本（初版二刷）。心理。

吳清山（2016）。教育名詞：混齡教學。教育脈動，**8**，161。

李翠玲（2001）。特殊教育教學設計。心理。

周育如（2018）。幼兒在 STEM 就在生活裡。親子天下，**101**，76-77。

幸曼玲、張衛族、曾慧蓮、周慧茹、林娟伶、鄭玉玲、陳幼君、廖育霈、王珊斐（2018）。幼兒園教保活動課程大綱的實踐：以臺北市立南海實驗幼兒園方案教學為例（第二版）。心理。

幸曼玲、楊金寶、丘嘉慧、柯華葳、蔡敏玲、金瑞芝、郭李宗文、簡淑真、林玫君（2017）。新課綱想說的事：幼兒園教保活動課程大綱的理念與發展（第二版）。心理。

幸曼玲、楊金寶、柯華葳、丘嘉慧、蔡敏玲、金瑞芝、簡淑真、郭李宗文、林玫君、倪鳴香、廖鳳瑞（2018a）。幼兒園教保活動課程手冊（上冊）。教育部國民及學前教育署。

幸曼玲、楊金寶、柯華葳、丘嘉慧、蔡敏玲、金瑞芝、簡淑真、郭李宗文、林玫君、倪鳴香、廖鳳瑞（2018b）。幼兒園教保活動課程手冊（下冊）。教育部國民及學前教育署。

林佩蓉（2022）。教育部幼兒園課程與教學評估表。教育部國民及學前教育署。

林佩蓉、張斯寧（2012）。教育部幼兒園課程與教學品質評估表。教育部國民教育司。

林玫君、王慧敏（2015）。幼兒園教保活動課程：課程發展參考實例（下冊）。教育部國民及學前教育署。

洪福財（2002）。幼兒教育史：臺灣觀點（第二版）。五南。

洪福財（2018）。臺灣幼教史。五南。

翁麗芳（1998）。幼兒教育史。心理。

高廣孚（1998）。教學原理。五南。

張翠娥（1998）。幼兒教材教法。心理。

張翠娥（2011）。發展性早療教師教學輔導系統建構發展之研究。兒童及少年福利，**18**，107-134。

教育部（1987）。幼稚園課程標準。正中。

教育部（2012）。幼兒園教保活動課程暫行大綱。作者。

教育部（2014）。詞條名稱：融合教育。https://reurl.cc/jDlxKZ

教育部（2016）。幼兒園教保活動課程大綱。作者。

教育部（2017a）。幼兒園教保活動課程大綱：課綱推廣 **Q&A**。https://www.ece.moe.edu.tw/ch/filelist/.galleries/filelist-files/201703QA.pdf

教育部（2017b）。**9** 所優秀幼兒園團隊入圍 **106** 年度教學卓越獎。https://reurl.cc/VLggkQ

教育部（2018a）。幼兒園教保活動課程大綱：親職座談會（參考版）。https://www.ece.moe.edu.tw/ch/filelist/.galleries/filelist-files/20180918.pdf

教育部（2018b）。新北市 **107** 年度教保專業課程大綱與統整性教保活動課程實作及反思研習資料。作者。

教育部（2018c）。新北市 **107** 年度教保專業課程大綱與幼兒學習評量研習資料。作者。

教育部（2018d）。一百零七學年至一百一十一學年幼兒園基礎評鑑指標判準原則及注意事項——依指標檢視。作者。

教育部（2019）。幼兒園及其分班基本設施設備標準。作者。

教育部（2022）。幼兒教育及照顧法。作者。

教育部（2023a）。幼兒教保及照顧服務實施準則。作者。

教育部（2023b）。幼兒園評鑑辦法。作者。

教育部（2023c）。一百十二學年至一百十六學年幼兒園基礎評鑑指標。作者。

陳淑琴、謝明昆、李淑惠、施淑娟、張斯寧、張翠娥、劉淑英、王怡云（2018）。幼兒園教保活動統整課程規劃與實施。華都。

黃光雄（1984）。課程設計的模式。載於編輯小組（主編），**中國教育的展望**（頁287-314）。五南。

黃光雄（1996）。**課程與教學**。師大書苑。

黃光雄、蔡清田（1999）。**課程設計：理論與實際**。五南。

黃光雄、蔡清田（2015）。**課程發展與設計新論**。五南。

黃政傑（1991）。**課程設計**（初版）。東華。

黃政傑（2000）。**課程設計**。東華。

黃炳煌（1996）。**教育改革：理念、策略與措施**。心理。

黃炳煌（1999）。談「課程統整」：以國民教育九年一貫為例。發表於國立中正大學教育學院主辦，新世紀的教育展望國際學術研討會，嘉義縣。

黃瑞琴（1997）。**幼稚園的遊戲課程**。心理。

黃瑽寧（2017）。從 **STEM** 教育，進化為 **STEAM** 教育。https://www.parent-ing.com.tw/article/5074185

新北市政府社會局（2018）。新北市學前兒童發展檢核表。取自 https://reurl.cc/mDlWKV

廖信達（2004）。**幼兒遊戲**。群英。

廖鳳瑞、張靜文（2019）。**幼兒園教保活動課程幼兒學習評量手冊**。教育部國民及學前教育署。

歐用生（1994）。**課程發展模式探討**。復文。

歐用生（2010）。**課程研究新視野**。師大書苑。

蔡春美、洪福財、邱瓊慧、盧以敏、張明傑、吳君黎（2016）。**幼兒行為觀察與紀錄**。五南。

蔡春美、張翠娥、陳素珍（2017）。**幼兒教育體系與運作：幼兒教保行政管理與實務**（初版四刷）。心理。

蔡秋桃（1996）。**幼稚教育課程通論**。五南。

蔡敏玲（2014）。幼兒教育的新世界。**國民教育**，**54**（4），4-9。

蔡清田（2004）。**課程統整與行動研究**。五南。

盧素碧（1998）。幼兒教育課程理論與單元活動設計。文景。

簡楚瑛（2001）。方案教學之理論與實務。文景。

簡楚瑛（2009）。課程發展理論與實務：教育改革之核心在課程的發展與教師的教學。心理。

簡楚瑛（2016）。幼兒教育課程模式（第四版）。心理。

簡楚瑛、盧素碧、蘇愛秋、劉玉燕、漢菊德、林玉珠、吳嬡華、張孝筠、林士真、鄭秀容（2003）。幼教課程模式：理論取向與實務經驗（第二版）。心理。

羅瑞鳳、鄧玉霜、李美鵑、施玟琴、張杏妃、黃南城、…蕭惠珊（2016）。我的新北我的家：新北市幼兒園在地化課程教學資源手冊。新北市政府教育局。

Bredekamp, S., & Copple, C.（2000）。幼教綠皮書：符合孩子身心發展的專業幼教〔洪毓瑛譯〕。和英。（原著出版年：1997）

Chard, S. C.（1997）。進入方案教學的世界（I）〔林育瑋、王怡云、鄭立俐譯〕。光佑。（原著出版年：1989）

Helm, J. H., & Katz, L. G.（2012）。小小探索家：幼兒教育中的方案取向（第二版）〔林育瑋、洪堯群、陳淑娟、彭欣怡、陳怡婷譯〕。華騰。（原著出版年：2011）

McAfee, O., Leong, D. J., & Bodrova, E.（2008）。幼兒發展學習的評量與輔導（第三版）〔廖鳳瑞、萊素珠、謝文慧、陳姿蘭、林怡滿、陳欣希譯〕。華騰。（原著出版年：2007）

Shaffer, D. R.（2008）。發展心理學〔王雪貞、林翠湄、連廷嘉、黃俊豪譯〕。湯姆生。（原著出版年：2003）

Wiltz, N. W., Watson-Thompson, O., Skelley, H., & Cawley, H. S.（2010）。教師專業檔案〔廖鳳瑞、陳姿蘭、鄭珊姍譯〕。華騰。（原著出版年：2007）

英文部分

Bobbit, F. (1918). *The curriculum.* Houghton Mifflin.

Bridges, D. (1979). Some reasons why curriculum planning should not be left to the experts. *Journal of Philosophy of Education, 13*, 159-164.

Daly, L., & Beloglovsky, M. (2014). *Loose parts: Inspiring play in young children.* Redleaf Press.

Doll, R. C. (1996). Curriculum leadership: Its nature and strategies. In R. C. Doll, *Curriculum improvement: Decision making and process* (9th ed.) (pp. 489-544). Allyn & Bacon.

Glaser, R. (1965). Toward a behavioral science base for instructional design. In R. Glaser (Ed.), *Teaching machines and programmed learning* (Vol. 2) (pp. 771-809). National Education Association.

Lawton, D. (1983). *Curriculum studies and educational planning.* Hodder and Stoughton.

Lawton, D. (1989). *Education, culture and the national curriculum.* Hodder and Stoughton.

MacDonald, J. B., & Leeper, R. R. (Eds.) (1965). *Theories of instruction.* Association for Supervision and Curriculum Development.

Ornstein, A. C., & Hunkins, F. P. (2009). *Curriculum: Foundations, principles, and issues* (5th ed.). Pearson.

Schubert, W. H., & Schubert, A. L. (1986). A dialogue with Ralph W. Tyler. *Journal of Thought, 21*(1), 91-118.

Skilbeck, M. (1982). School-based curriculum development. In V. Le & D. Zedin (Eds.), *Planning in the curriculum* (pp. 18-34). Hodder and Stoughton.

Skilbeck, M. (1984). *School-based curriculum development.* Harper and Row.

Smith, B. O., Stanley, W. O., & Shores, J. H. (1957). *Fundamentals of curriculum.* World Book Company.

Sowell, E. J. (2000). *Curriculum: An integrative introduction* (2nd ed.). Merrill.

Stenhouse, L. (1975). *An introduction to curriculum research and development.* Heinemann.

Taba, H. (1962). *Curriculum development: Theory and practice.* Harcourt Brace Jovanovich.

Taylor, P. H., & Richards, C. M. (1979). *An introduction to curriculum studies.* NFER.

Tyler R. W. (1949). *Basic principles of curriculum and instruction.* The University

of Chicago Press.

Tyler R. W. (1959). Conditions for effective learning. *NEA Journal, 48*, 47-49.

Wiles, J., & Bondi, J. (2007). *Curriculum development: A guide to practice* (7th ed.). Merrill/Prentice-Hall.

NOTE

國家圖書館出版品預行編目（CIP）資料

幼兒園教保活動課程設計／蔡春美、廖藪芬、
羅素玲著. -- 二版. --新北市：心理出版社股份
有限公司, 2023.09
　　面；　公分. --（幼兒教育系列；51230）
　　ISBN 978-626-7178-67-6（平裝）

1. CST: 學前教育　2. CST: 活動課程　3. CST: 課程
規劃設計

523.23　　　　　　　　　　　　　112011983

幼兒教育系列 51230

幼兒園教保活動課程設計（第二版）

主　　編：蔡春美
作　　者：蔡春美、廖藪芬、羅素玲
總 編 輯：林敬堯
發 行 人：洪有義
出 版 者：心理出版社股份有限公司
地　　址：231026 新北市新店區光明街 288 號 7 樓
電　　話：(02) 29150566
傳　　真：(02) 29152928
郵撥帳號：19293172　心理出版社股份有限公司
網　　址：https://www.psy.com.tw
電子信箱：psychoco@ms15.hinet.net
排 版 者：辰皓國際出版製作有限公司
印 刷 者：辰皓國際出版製作有限公司
初版一刷：2019 年 6 月
二版一刷：2023 年 9 月
二版二刷：2024 年 3 月
I S B N：978-626-7178-67-6
定　　價：新台幣 320 元